बिहार के 25 महानायक

बिहार के 25 महानायक

अशोक कुमार सिन्हा

ज्ञान गंगा, दिल्ली

प्रकाशक : ज्ञान गंगा, 2/42, अंसारी रोड, दरियागंज, नई दिल्ली-110002
सर्वाधिकार : सुरक्षित / संस्करण : 2025 / मूल्य : चार सौ पचास रुपए
मुद्रक : श्री साई प्रिंटर्स, साहिबाबाद ISBN 978-93-93111-01-2

BIHAR KE 25 MAHANAYAK

by Shri Ashok Kumar Sinha ₹ 450.00

Published by **GYAN GANGA**

2/42, Ansari Road, Daryaganj, New Delhi-110002

उन नायकों को,
जिन्हें याद कर
हम आज भी गौरवान्वित होते हैं।

भूमिका

किशोरावस्था में ही मुझे किताबें पढ़ने का चस्का लग गया था। यह चस्का खुद-ब-खुद लगा था, कोई प्रेरित करनेवाला नहीं था। उन दिनों 'नंदन', 'चंपक', 'पराग' और 'चंदामामा' जैसी बाल-पत्रिकाएँ मेरे आकर्षण का केंद्र रहा करती थीं। उन पत्रिकाओं में बाल-कहानियों और पंचतंत्र की कथाओं के साथ-साथ महापुरुषों की जीवनियों को बड़े चाव से पढ़ा करता था। वाल्टेयर, रूसो, लेनिन और महात्मा गांधी से लेकर जयप्रकाश नारायण तक की जीवनियों से उसी दौरान मेरा परिचय हुआ था। पर साहित्य-प्रेम का अंकुर फूटने के बाद मात्र इतने से ही संतुष्ट होनेवाला नहीं था, सो उसने अपनी जड़ें फैलाने और फलने-फूलने के लिए इधर-उधर हाथ-पैर मारना शुरू कर दिया। 'दिनमान', 'धर्मयुग' एवं 'सारिका' जैसी पत्रिकाओं में जब कोई विचारोत्तेजक लेख या कहानी छपती तो उस पर अपनी प्रतिक्रिया लिखकर वहाँ जरूर भेजता। इसी क्रम में संपादक के नाम से लिखी गई मेरी कई चिट्ठियाँ पुरस्कृत भी हुई थीं। उस दौर में इन पत्रिकाओं में 'संपादक के नाम पत्र' कॉलम में एक चिट्ठी छप जाने से लोग मशहूर हो जाया करते थे।

बाद के वर्षों में 'दिनमान', 'धर्मयुग', 'कादंबिनी' और 'साप्ताहिक हिंदुस्तान' जैसे पत्र-पत्रिकाओं में समसामयिक विषयों पर लिखे मेरे लेख छपने लगे। मेरे लेखन की शुरुआत राजनीतिक और सामाजिक विषयों पर टिप्पणियों से हुई। बाद में लोकतांत्रिक समाजवाद को घटित करनेवाले नायकों ने मुझे आकृष्ट किया। सबसे पहले जगदेव प्रसाद, फिर कर्पूरी ठाकुर एवं जयप्रकाश नारायण और बाद में भिखारी ठाकुर, वी.पी. सिंह और डॉ. आंबेडकर की जीवनियाँ

लिखीं। समय-समय पर कई अन्य महापुरुषों के व्यक्तित्व और कृतित्व पर भी लिखता रहा हूँ, जो विभिन्न पत्र-पत्रिकाओं में प्रमुखता से प्रकाशित होते रहे हैं।

बिहार में महापुरुषों की एक लंबी परंपरा है। इसमें महात्मा बुद्ध और भगवान् महावीर से लेकर कर्पूरी ठाकुर तक आते हैं। लेकिन उनमें से बहुत से लोग विस्मृत हो रहे हैं। कई लोग तो ऐसे रहे हैं, जिन्होंने आधुनिक बिहार के नवनिर्माण में अपना पूरा जीवन खपा दिया, लेकिन उनके संबंध में बहुत कम जानकारी उपलब्ध है। इसलिए मैंने प्रस्तुत पुस्तक में आधुनिक बिहार के उन भूले-बिसरे चरित्र-नायकों को चुना है, जिन्होंने अपनी चेतना की मशाल से न सिर्फ बिहार, बल्कि पूरे भारतवर्ष को रोशनी दी है। इस पुस्तक में सारगर्भित ढंग से आधुनिक बिहार के विभिन्न क्षेत्रों से 25 महापुरुषों की जीवनी को शामिल किया गया है। उनमें स्वतंत्रता सेनानी, राजनीतिज्ञ, समाज-सुधारक और क्रांतिकारियों के साथ-साथ गणितज्ञ, कवि और कलाकार भी शामिल हैं। इन सभी ने अपने-अपने ढंग से जीवन के संघर्षों का सामना किया और अपने कार्यों से दूसरे के लिए प्रेरणास्रोत बनकर इतिहास की धारा को एक नया मोड़ दिया। उनमें संथाल नेता सिदो और कर्पूरी ठाकुर से लेकर दशरथ माँझी तक ऐसे लोग हैं, जिनके योगदान की चर्चा के बगैर आधुनिक बिहार की कल्पना नहीं की जा सकती। वर्तमान बिहार को रचने-गढ़ने और इसको विकसित करने में उनका महत्त्वपूर्ण योगदान रहा है। उनका जीवनवृत्त आज भी हमें प्रेरणा देता है। इन 25 असाधारण जीवनियों के माध्यम से आधुनिक बिहार की कहानी को सांस्कृतिक और सामाजिक रूप से सुनाने का मेरा प्रयास है।

मेरे जीवन में दो भूमिकाएँ समानांतर चलती हैं। एक भूमिका में मैं बिहार सरकार में राजपत्रित पदाधिकारी हूँ। मेरी दूसरी भूमिका एक साहित्यकार, कवि, लेखक और लोकतांत्रिक व्यक्तियों के जीवनी लेखक, यानी अपने समकाल के इतिहासकार की है। लेखन मेरा 'विजन' और 'मिशन' दोनों रहा है। मेरा मानना है कि सरकारी सेवा तथा साहित्य, दोनों के केंद्र में समाज और मनुष्य होता है। आज की युवा पीढ़ी अपने नायकों के अवदान और उनकी प्रेरणाओं से अनभिज्ञ है। आवश्यकता इस बात की है कि हम अपनी वर्तमान और आनेवाली पीढ़ियों के बीच अपने नायकों के मूल्यों व आदर्शों का संचार करें, ताकि अपने देश

एवं राज्य के नवनिर्माण में भाग लेने की उन्हें एक सच्ची और जीवित प्रेरणा मिल सके। ऐसी प्रेरणा के अभाव में किसी भी राज्य या देश का विकास नहीं हो सकता। इसी उद्देश्य से मैंने आधुनिक बिहार के 25 महापुरुषों के जीवन-परिचयों को सीमित पृष्ठों में असीमित जानकारी के साथ प्रस्तुत किया है। यह पुस्तक उन सबको जरूर पढ़ना चाहिए, जिनकी रुचि आधुनिक बिहार के सामाजिक, सांस्कृतिक और राजनीतिक इतिहास में है। मुझे पूरा विश्वास है कि बिहार और महापुरुषों की जीवनी में रुचि रखनेवाले जिज्ञासु पाठकों के लिए यह पुस्तक उपयोगी सिद्ध होगी।

दीपावली

अशोक कुमार सिन्हा
पटना

अनुक्रम

पद्मश्री सीता देवी

बिहार के मिथिलांचल के जन-मानस में दो-दो 'सीता' हैं। एक हैं जगत् जननी 'सीता', जिनका उद्भव हजारों वर्ष पहले हुआ था और दूसरी हैं—बीसवीं शताब्दी की 'सीता', जिन्हें मिथिला पेंटिंग को पुनः प्रकाश में लाने का श्रेय प्राप्त है। दोनों के व्यक्तित्व में अद्भुत समानताएँ हैं। दोनों मिथिला की हैं। दोनों का संबंध मिथिला पेंटिंग से है। दोनों जीवन भर दुःख झेलती रहीं; लेकिन अपने त्याग, तपस्या और समर्पण के कारण आज भी लोगों के कंठ पर हैं। मिथिला पेंटिंग की उत्पत्ति और प्राचीनता रामायण काल की मानी जाती है। मान्यता है कि सीता स्वयं कुशल चित्रकार थीं और अपने महल की दीवारों पर मिथिला के पौराणिक बिंबों को उकेरती थीं। इसलिए, जगत् जननी सीता को 'मिथिला चित्रों की जननी' भी कहा जाता है। वर्तमान समय की सीता भी तमाम विषम परिस्थितियों के बीच पूरी तन्मयता से सीता-जन्म, राम-सीता मिलन, सीता-स्वयंवर और सीता की अग्निपरीक्षा जैसे विषयों का चित्रण करती रहीं; साथ ही जानकी (सीता) से संबंधित 'समदाउन' गीतों का भी गायन करती रहीं। मिथिलांचल में समदाउन गीत बड़ा ही लोकप्रिय है, जिसमें सीता के ससुराल जाने के समय उनके परिजनों की व्यथा की बड़ी कारुणिक प्रस्तुति है। उन गीतों के गायन के दौरान वे कहा भी करती थीं कि जब राजा जनक की बेटी होकर भी सीता ने इतने दुःख सहे तो मैं तो एक साधारण स्त्री हूँ। पौराणिक कथाओं एवं धार्मिक मान्यताओं पर आधारित अपने चित्रों की विषय-वस्तु, प्रभावशाली एवं ओजस्वी रंग और समर्थ रेखाओं के चलते वे अपने जीवनकाल में ही प्रसिद्ध हो चुकी थीं।

सीता देवी का जन्म बिहार के सुपौल जिले के वसहा गाँव के एक संभ्रांत परिवार में मई 1914 में हुआ था। उनके पिता का नाम चुमन झा एवं माता का नाम सोन देवी था। गाँव में ही उन्होंने प्राइमरी स्कूल की शिक्षा प्राप्त की और अपनी माँ व नानी से भित्ति चित्र बनाना सीखा। तत्कालीन समाज में व्याप्त प्रथा के अनुसार 12 वर्ष की उम्र में ही उनका विवाह मधुबनी जिले के जितवारपुर गाँव के शोभाकांत झा के साथ हो गया।

सीता देवी का ससुराली परिवार बेहद विपन्न था, जबकि उनके पिता ने उस परिवार को संपन्न समझकर उनकी शादी की थी। भोजन तक का संकट था। पिता और बाद में उनके बड़े भाई चावल की कुछ बोरियाँ भेज देते। फिर भी खाने-पीने का संकट बना रहा। अंततः सीता देवी ने अपने गहने भी बेच दिए। परिवार ऋण से घिर गया। कुपोषण और कमजोर स्वास्थ्य के चलते सीता देवी की दो बेटियाँ और बड़ा बेटा गुजर गए। बीच का बेटा रामदेव बच गया। फिर तीसरी बेटी भी बचपन की देहरी पर ही गुजर गई। पारिवारिक आपदाओं से घबराकर सीता देवी ने अपने को दुर्गा की शरण में डाल दिया। दुर्गा-भजन का निरंतर पाठ और सीता से संबंधित 'समदाउन' गीत हमेशा गाती रहीं, जिनका उन्हें संबल मिला। बाद के तीन पुत्र बच गए। फिर भी आर्थिक विपन्नता ऐसी रही कि अंत में जितवारपुर छोड़कर सहरसा स्थित बड़े भाई के यहाँ अपनी संतानों को लेकर चली गईं। भाई संपन्न थे। वहीं बड़े बेटे रामदेव ने स्कूली शिक्षा पूरी की। दूसरे पुत्र सूर्यदेव की आठवीं तक पढ़ाई वहीं हुई। तीसरे पुत्र महादेव की प्रारंभिक शिक्षा भी वहीं हुई। बाद में अपने तीनों बेटों के साथ वे जितवारपुर लौट गईं।

सन् 1964 में मिथिलांचल में भीषण अकाल पड़ा था। फसलें झुलस गई थीं और लोग दाने-दाने को मोहताज हो गए थे। उस अकाल से निपटने के लिए भारत सरकार के हैंडीक्राफ्ट बोर्ड ने डिजाइनर भास्कर कुलकर्णी को इस क्षेत्र के ग्राम्य जीवन में विद्यमान भित्ति-चित्र को व्यावसायिक आयाम देने के लिए मधुबनी भेजा था। उस समय तक ब्राह्मण एवं कायस्थ जाति की महिलाओं में ही भित्ति-चित्रों को बनाने का प्रचलन था। उनके चित्रांकन मुख्यतः पौराणिक आख्यानों से जुड़े होते थे। कुलकर्णी जमीन एवं दीवारों पर कोहबर या अरिपन के रूप में प्राचीनकाल से चली आ रही भित्ति-चित्र की परंपरा को कागज पर

उकेरने के लिए स्थानीय महिलाओं को प्रेरित करने लगे। लेकिन यह बड़ा ही कठिन एवं चुनौतीपूर्ण कार्य था। तत्कालीन समाज में परदा प्रथा थी। ब्राह्मण एवं कायस्थ जाति की महिलाएँ पर-पुरुषों के सामने आने में झिझकती थीं। जमीन एवं दीवारों पर चित्रण उनके लिए धार्मिक कार्य था और उसके लिए धन-अर्जन उनकी नजर में 'पाप' था। कुलकर्णी बहुत परेशान थे। किसी से उन्हें जानकारी मिली कि जितवारपुर की महापात्र परिवार की सीता देवी भित्ति-चित्रण में दक्ष हैं और गरीबी में अपना जीवन-यापन कर रही हैं। कुलकर्णी ने उनसे संपर्क साधा। शुरुआत में सीता देवी भी झिझकीं, लेकिन कुलकर्णी के बहुत समझाने पर तैयार हो गईं। माँ-नानी से मिथिला चित्रकला का दान मिला था। सीता देवी के साथ-साथ जितवारपुर की जगदंबा देवी एवं कुछ अन्य महिलाएँ भी इस कार्य में आगे आईं। इस तरह मिथिला पेंटिंग, जो पूर्व में भित्ति-चित्र थी, उसका व्यावसायिक रूपांतरण कागज पर प्रारंभ हुआ। कुलकर्णी के अनुरोध पर सीता देवी ने 30'× 22' के कागज पर कुछ चित्र बनाए। सीता देवी समेत अन्य कलाकारों द्वारा बनाए गए चित्रों को नई दिल्ली के जनपथ पर प्रदर्शित किया गया। विशेषज्ञों समेत आम लोगों ने उन्हें देखा और खूब पसंद किया।

दिल्ली स्थित चाणक्य आर्ट गैलरी के संस्थापक मेहँदीरत्ता उन चित्रों, विशेषकर सीता देवी के चित्रों से, प्रभावित होकर कुलकर्णी के साथ जितवारपुर आए। उन्होंने 5'×5', 5'× 10' के कैनवास पेपर सीता देवी को दिया। उनका लक्ष्य था—सीता देवी के चित्रों की एकल प्रदर्शनी आयोजित करना। सीता देवी को कहा, "कोई भी फीगर और डिजाइन, जो चाहे चित्रित कर दें।" सीता देवी ने अपने दो पुत्रों, बड़े रामदेव और दूसरे सूर्यदेव, का भी उसमें सहयोग लिया और सूक्ष्म रेखाओं की सहायता से चित्रों को लाल, बैंगनी, काले, पीले, नीले और नारंगी रंगों से भर दिया। यहीं से सीता देवी के उत्थान और कीर्ति का दरवाजा खुल गया। उनके द्वारा बनाए गए चित्रों की माँग दिनोदिन बढ़ती गई।

दिल्ली से आमंत्रण आया। सूर्यदेव की प्रतिभा भी निखर चुकी थी—माँ अनुशासित रूप से पारंगत थीं ही। वे दोनों चित्र लेकर दिल्ली गए। चाणक्य आर्ट गैलरी में सीता देवी ने अपनी चित्रावलियाँ प्रदर्शित कीं। मीडिया को बुलाया गया। फोटो के साथ सीता देवी अखबारों में छा गईं। उनके बनाए सभी चित्र बिक गए।

प्रधानमंत्री इंदिरा गांधी को भी इसकी सूचना मिली। उन्होंने उन्हें चाय-नाश्ते पर बुलाया। सीता देवी पहली बार कार में बैठी थीं। इंदिरा गांधी ने अनुरोध किया, "मेरे सामने चित्र बनाएँ।" उनका परिवार भी था। सीता देवी जमीन पर बैठ गईं। एक दियासलाई की काठी के ब्रश से उन्होंने दुर्गा का भव्य चित्र उकेर दिया। सीता देवी ने कहा, "मैं शक्तिशाली दुर्गा को महाशक्तिशाली दुर्गा का चित्र अर्पित कर रही हूँ।" यहीं से उनकी ख्याति और अवदान का चमत्कार रंग भरने लगा। भारत की सर्वोपरि धनी महिला गिरा साराभाई ने अपने नए मकान की दीवारों पर माटी के रंगों से चित्र उकेरने के लिए उन्हें अहमदाबाद बुलाया, फिर दिल्ली के चाणक्यपुरी स्थित अकबर होटल के मधुबन कॉफी शॉप की दीवारों पर चित्र बनाए, जो काफी लोकप्रिय हुए। सन् 1972 में दिल्ली के प्रगति मैदान में आयोजित ग्राम झाँकी में उनके द्वारा बनाए गए भित्ति-चित्र को काफी सराहना मिली। नई दिल्ली स्थित इंदिरा गांधी अंतरराष्ट्रीय हवाई अड्डे के मुख्य द्वार के अंदर की दीवारों पर उनके द्वारा बनाई पेंटिंग भी सुर्खियों में रही। इस दौरान उन्होंने देश के प्रमुख शहरों, जैसे—अहमदाबाद, बंबई, कलकत्ता एवं दिल्ली सहित विभिन्न शहरों में आयोजित प्रदर्शनियों में भाग लिया और अपनी कला का प्रदर्शन किया। उनके चित्रों की ख्याति देश से लेकर विदेश तक फैलने लगी। मधुबनी पेंटिंग में उनके उल्लेखनीय योगदान के लिए बिहार सरकार ने सन् 1969, 1971 और 1974 में उन्हें श्रेष्ठ शिल्पी, दक्ष शिल्पी और राज्य पुरस्कार से सम्मानित किया। सन् 1975 में भारत सरकार की ओर से राष्ट्रीय पुरस्कार मिला।

अर्धनारीश्वर, सीता-हरण, सीता-स्वयंवर, महाकाली तथा कृष्ण-कथा जैसे उनके चित्र उस समय इतने लोकप्रिय हुए कि उन्हें सन् 1976 में अमेरिका, जर्मनी और जापान से आमंत्रण मिला। अमेरिका और जापान सहित विश्व के दस देशों में उनके चित्रों की प्रदर्शनी हुई और वहाँ उनकी कला कुशलता को दाद दी गई। उसी वर्ष जर्मनी के बर्लिन शहर में भी उनके चित्रों को बहुत अधिक पसंद किया गया। वाराणसी में प्रथम श्रेणी के रेल डिब्बे में लकड़ी के खाली पैनल पर चित्रण के लिए कहा गया। इस कार्य में उन्होंने पहली बार ब्रश और तैल रंग आधारित चित्रों का प्रयोग किया। उनके चित्रों के मुँहमाँगे दाम मिलने लगे। वर्ष 1981 में भारत सरकार ने उन्हें 'पद्मश्री' के सम्मान से सम्मानित किया।

जर्मनी की एरिका स्मिथ, फ्रांस के इव्स विको, अमेरिका के रेमंड ओएंस एवं डेविड फेमस और जापान के टोकियो हासेगावा समेत कई ख्याति-प्राप्त कला समीक्षकों ने उनके चित्रों पर शोध किया और वृत्त चित्र भी बनाए। उनकी प्रसिद्धि की गूँज देश-विदेश में फैल गई। आमदनी बढ़ी। आर्थिक सहायता मिलते ही उन्होंने गाँव में जमीन खरीदी, पक्का मकान बनाया। यह उनके अनुसार, सब दुर्गा माँ का प्रताप था। वह पुनः अमेरिका गईं। 'भरनी शैली' की इस कला-नेत्री ने अपना आधार सूक्ष्म, ललित रेखाओं के सीमांकन में चटख रंगों को रखा। कृष्ण, राधा, दूसरे देव-देवियों के उनके चित्र शिखर पर पहुँच गए। उन्हें राष्ट्रीय व अंतरराष्ट्रीय ख्याति मिली। अपने उत्थान के साथ उन्होंने गाँव और समाज का भी खयाल रखा, उसका आर्थिक सशक्तीकरण किया, अपने अविकसित गाँव को आत्मनिर्भर बनाया, गाँव की संपर्क-सड़कों एवं गलियों को पक्का कराया, गाँव में हाई स्कूल बनवाया—प्राइमरी की जगह। सन् 1971 से ज्यादातर दिल्ली में ही रहने लगी थीं। जब बड़े राजनीतिज्ञों से मिलतीं, अपने गाँव को नहीं भूलतीं। कुछ-न-कुछ गाँव के लिए माँग लेतीं। सीता देवी के चलते ही जितवारपुर आज अतुलनीय गाँव है।

मिथिला पेंटिंग में सीता देवी ने अपनी एक विशिष्ट शैली विकसित की थी। पहले वे कूँची से चित्रों का खाका बनाती थीं, इसके बाद खाके के बीच में बाँस की सींक में बँधे कपड़े के फाटे से अपेक्षित रंगों को यथास्थान भरती थीं। यही उनकी सृजन-प्रक्रिया थी। उनके चित्रों के बॉर्डर में कोई डिजाइन नहीं होता था, बल्कि उसे वे एक खास रंग से भरती थीं। इससे उनके चित्रों में एक उभार पैदा होता था और उसकी स्पष्टता निखरकर सामने आ जाती थी। उनके चित्रों में रंगों का संयोजन अद्भुत होता था। उन चित्रों में नारंगी एवं पीले रंग की बहुलता के बीच में बैंगनी रंग का प्रयोग एक करिश्माई प्रभाव उत्पन्न करता था। वे लाल, गुलाबी और नीले रंग का प्रयोग बहुत कम करती थीं; लेकिन इन दोनों रंगों की न्यूनता उनके चित्रों के सौंदर्य में एक विशालता और व्यापकता प्रदान करती थी। मधुबनी पेंटिंग में कुछ प्राकृतिक रंगों को मिलाकर कुछ नए रंगों को बनाने का प्रयोग उन्होंने पहली बार किया। ये प्रयोग अपनी सघनता में स्वच्छ और मूल रंगों से अधिक प्रभावशाली होते थे। मधुबनी पेंटिंग में रंगों का इतना सुंदर और

करिश्माई उपस्थापन शायद ही कहीं अन्यत्र देखने को मिलता है। यह सीता देवी की अनोखी शैली थी, जिसके कारण मधुबनी पेंटिंग के अन्य समकालीन कलाकारों की तुलना में उनकी एक अलग पहचान बन गई थी।

कहते हैं कि कलाकार के व्यक्तित्व का प्रतिबिंब कहीं-न-कहीं उसके चित्रों में दिख ही जाता है। सीता देवी स्वयं काफी लंबी थीं और उनके चित्रों की मानवीय आकृतियाँ भी लंबी होती थीं। उनके लंबे-लंबे हाथ और पैर होते थे। बड़ी-बड़ी आँखें, नुकीली नाक, पतली कमर सर्वत्र एक-सी दृष्टिगत होती थी। सीता देवी के स्त्री पात्रों के चित्रों के केश-विन्यास और वस्त्राभूषण के अलंकरण में भी एक विशेष प्रकार का सम्मोहन होता था। रूपांकन और अलंकरण ऐसा कि देखनेवाले, अनुभव करनेवाले का उनसे सहज तादात्म्य हो जाए। उसका अनुकरण मधुबनी पेंटिंग के कलाकार आज भी करते हैं। फलस्वरूप उनके केश-विन्यास की शैली आज एक स्थापित शैली बन गई है।

सुप्रसिद्ध लेखक और विचारक मुल्कराज आनंद ने अपनी पुस्तक 'मधुबनी पेंटिंग' में उनके बारे में लिखा है—"मैंने उन्हें एक सहज व सरल कलाकार के रूप में पाया। उनके निपुण हाथ चित्रों की रेखाओं पर घूमते हैं। वह बड़ी आसानी से वृत्त के किनारों को बनाती हैं, फिर उनको बड़ी सावधानी के साथ अलंकृत कर देती हैं या फिर वे सूर्य बनाती हैं—बड़ी-बड़ी आँखोंवाला और उसके ललाट पर लाल रंग का पवित्र टीका लगा देती हैं और फिर उसके आसपास वे एक छोटी दुनिया का निर्माण करती हैं, जिनमें कमल होते हैं, विभिन्न फूल होते हैं और नाचते मोर होते हैं। कोई भी उनकी गतिशील उँगलियों से चित्रों के बनने की सहज प्रक्रिया को देख सकता है। उनकी आँखें एकाग्रचित्त होती हैं। उनके चित्रों में एक मौलिक लयात्मकता देखने को मिलती है, जो उनके शरीर और आत्मा की अभिव्यक्ति होती है। यह उनकी मिथिला चित्रकला (मधुबनी पेंटिंग) की एक खास शैली है।"

सीता देवी के समय में धार्मिक कट्टरता चरम पर थी। समाज में ऊँच-नीच और छुआछूत का बोलबाला था। छोटी जाति के लोगों को हेय दृष्टि से देखा जाता था। सीता देवी स्वयं माँ जानकी और दुर्गा की अनन्य भक्त थीं। ज्यादा पढ़ी-लिखी भी नहीं थीं, फिर भी मानवतावादी गुणों से भरपूर थीं। उनके इन गुणों की झलक

मधुबनी पेंटिंग के नामचीन कलाकार शिवन पासवान के एक संस्मरण से मिलती है। घटना 1980 के दशक की है। शिवन पासवान सुबह-सुबह सीता देवी से मिलने उनके आवास पर पहुँचे थे। उसी समय सीता देवी की बहू चाय लेकर आईं और शिवन पासवान को देखकर बोलीं, "आप थोड़ी दूर खिसक जाइए, माँ जी को चाय देनी है।" सीता देवी को यह अच्छा नहीं लगा और उन्होंने अपनी बहू को फटकार लगाते हुए कहा, "तुम्हारे मुख से ऐसी बातें शोभा नहीं देतीं। शिवन पासवान भी एक कलाकार हैं और कलाकारों की एक ही जाति होती है। जाओ और इनके लिए भी चाय बनाकर लाओ।" ऐसी उदारमना स्वभाव की थीं सीता देवी।

सीता देवी ने अपने जीवनकाल में जितवारपुर एवं आसपास के गाँवों के सैकड़ों लोगों को मधुबनी पेंटिंग में दक्ष कर उन्हें आत्मनिर्भर बनाया। जो कोई भी उनके पास प्रशिक्षण के लिए पहुँचा, खाली हाथ नहीं लौटा—पूर्णता पाई। कोई शुल्क नहीं—सब मुफ्त। सीता देवी के गढ़े और तराशे हुए ढेर सारे कलाकार आज भी हमारे बीच हैं। उनका कहना है कि उँगलियों से कूँची को पकड़ने की सीता देवी की एक खास मुद्रा थी। वे अँगूठे व तर्जनी से कूँची को पकड़ती थीं और मध्यमा को कागज या कैनवास पर टिकाए रहती थीं। शेष दो अनामिका और कनिष्ठा को वह कागज की सतह से ऊपर रखती थीं। यह उनकी कला का आविष्कृत अनुशासन था। वे अपने छात्रों को भी उसी ढंग से कूँची पकड़ना सिखाती थीं। गलती करनेवालों को झिड़की देते हुए कहती थीं, "ऐसे नहीं, ऐसे पकड़ो।"

सीता देवी का समय वह समय था, जिसमें महिलाओं की अपनी कोई स्वतंत्र पहचान नहीं होती थी। उन्हें घर से निकलने पर पाबंदी थी। यहाँ तक कि अपने माता-पिता द्वारा दिए गए मूल नाम को वे मायके में ही छोड़ आती थीं। ससुराल में उनका संबोधन फलाने की बहू, पत्नी या माँ के रूप में होता था। लेकिन सीता देवी ने अपने कला-कर्म से सदियों से चली आ रही उस परंपरा को बदल दिया। वे क्षेत्र से लेकर देश-विदेश में अपने मूल नाम से जानी जाने लगीं, जो तत्कालीन समाज की बहुत बड़ी घटना थी। आज की तिथि में जितवारपुर के घर-घर में मधुबनी पेंटिंग के कलाकार हैं, जिनमें महिलाओं की प्रमुखता है। इसी रूप में यह गाँव सौंदर्य और रोजगार दोनों को धरती पर उतारनेवाला काम कर रहा है। इस महिला सशक्तीकरण का श्रेय सीता देवी को है।

लगभग पाँच दशकों तक मधुबनी पेंटिंग में सक्रिय रहने के बाद 12 दिसंबर, 2005 को 91 वर्ष की उम्र में सीता देवी का निधन हो गया। मधुबनी पेंटिंग का वह रौशन सितारा सदा के लिए डूब गया; लेकिन उनके नाम का सितारा आज भी चमक रहा है और भविष्य में भी निरंतर चमकता रहेगा। उनके बनाए हुए चित्र लंदन के विक्टोरिया और अल्बर्ट म्यूजियम, लॉस एंजिल्स का काउंटी म्यूजियम ऑफ आर्ट, द फिलाडेल्फिया म्यूजियम ऑफ आर्ट, पेरिस का मसी द क्यू ब्रानली और जापान के मिथिला म्यूजियम सहित भारत के कई संग्रहालयों में सुशोभित हैं। वे अपने इन चित्रों में सदैव रंग-रूप में प्रतिष्ठित रहेंगी और उनके प्रभावक चित्र-रश्मि से कलाकारों की समसामयिक एवं परवर्ती पीढ़ियाँ अनुप्रेरित होती रहेंगी। इसी अमरता का नाम 'सीता देवी' है।

□

पद्मश्री जगदंबा देवी

संस्कृति का सीधा संबंध क्षेत्र विशेष की खाँटी परंपराओं, मिट्टी और परिवेश से होता है। लोक-शिल्प को मजबूती केवल अपनी मिट्टी से मिलती है। यह एक वैज्ञानिक सच्चाई भी है। यदि मिट्टी से कोई पौधा गहरे से जुड़ा न हो तो वह वृक्ष नहीं बन सकता। उसी तरह, संस्कृति का पल्लवन विस्तार में होता है। सामाजिक सोच से लेकर रहन-सहन के हर हिस्से में, परिधान में, सज्जा में, कलाओं का जन्म लोक और शास्त्रीय दोनों स्वरूप ले लेता है। इसी अर्थ में माटी की देन है—मिथिला पेंटिंग। बिहार की मिथिला संस्कृति में समृद्धि है—उसकी कला-व्यंजना मिथिला (मधुबनी) पेंटिंग जैसे चार शब्दों का एक मुहावरा लाखों शब्दों की बात बोल देता है। उसी तरह है मधुबनी पेंटिंग। यह हमें अस्तित्व की जड़ों में उतार देती है; लोकोत्तर की तरफ, अनंत की तरफ ले जाती है। मिथिलांचल की महिलाएँ प्राचीनकाल से ही पर्व-त्योहारों एवं सामाजिक उत्सवों के अवसर पर माटी की दीवारों पर परंपरागत चित्र (मधुबनी पेंटिंग) उकेरती आ रही हैं। इसी से मिथिला की सौंदर्यमूलक संस्कृति जीवनोपयोगी होकर प्रकट हुई। कालक्रम में इस संस्कृति में पैदा हुए नामचीन कलाकारों के माध्यम से यह विधा आज लोकप्रियता के शिखर तक पहुँच गई है। मिथिला (मधुबनी) पेंटिंग के उन नामचीन कलाकारों में जितवारपुर की जगदंबा देवी का नाम सबसे अग्रणी है।

वर्ष 1934 से पहले मिथिलांचल की इस दुर्लभ सजावटी पारंपरिक कला को क्षेत्र से बाहर का कोई भी व्यक्ति नहीं जानता था। वर्ष 1934 के जनवरी माह में मिथिलांचल में आए भूकंप के समय मधुबनी के तत्कालीन अनुमंडल

पदाधिकारी डब्ल्यू.जी. आर्चर ने मिट्टी की क्षतिग्रस्त दीवारों पर इसे देखा था। वे इसकी खूबसूरती देखकर दंग रह गए थे और इसे 'मैथिल पेंटिंग' बताते हुए इंडियन आर्ट जर्नल 'मार्ग' में एक लेख लिखा था। लेकिन उसके बाद के तीन दशक तक यह कला गुमनाम रही। वर्ष 1964-65 में मिथिलांचल में आए भीषण अकाल की वजह से यह चित्रकला एकाएक दुनिया की नजरों में छा गई। स्थानीय होने के कारण कांग्रेसी नेता एवं तत्कालीन केंद्रीय वित्त उपमंत्री ललित नारायण मिश्र को मधुबनी पेंटिंग की जानकारी थी। उनकी पहल पर डिजाइनर भास्कर कुलकर्णी को मधुबनी पेंटिंग को व्यावसायिक रूप देने के लिए मधुबनी भेजा गया। उस समय तक यह पेंटिंग सिर्फ जमीन एवं दीवारों पर ही होती थी। इस पेंटिंग को व्यावसायिक रूप देने के लिए यह आवश्यक था कि इसे मिट्टी की दीवारों से कागज पर उतारा जाए, ताकि राष्ट्रीय स्तर पर होनेवाली कला-प्रदर्शनियों में स्थान मिल सके। यह काफी कठिन कार्य था, क्योंकि दीवार पर रेखाएँ ऊपर से नीचे की ओर आती हैं। इसलिए उनमें एकात्मकता, लयात्मकता और कलात्मकता बनी रहती है। यह गति कागज पर आकृति बनाते समय नहीं आ पाती। भास्कर कुलकर्णी ने पूरे क्षेत्र में घूम-घूमकर पाँच महिलाओं को इसके लिए तैयार किया। उन पाँच महिला कलाकारों में सबसे महत्त्वपूर्ण थीं—जितवारपुर की जगदंबा देवी। जगदंबा देवी समेत अन्य पाँच महिलाओं ने धैर्य और परिश्रम से इस कठिन कार्य में निपुणता हासिल कर ली। फिर तो इस चित्रकला ने अपनी मौलिकता और अनोखेपन से समूची दुनिया को चौंका दिया। इस तरह देश-विदेश के कला बाजार में इस चित्रकला का स्थान बना और इसकी माँग बढ़ी।

जगदंबा देवी का जन्म 25 फरवरी, 1901 को मधुबनी जिले के भोजपड़ोल गाँव में हुआ था। उनका प्रारंभिक जीवन बहुत मुश्किलों से भरा रहा। जब वे पाँच वर्ष की थीं, तभी उनके सिर से पिता का साया उठ गया और उसके लगभग एक साल बाद माँ भी चल बसीं। संयुक्त परिवार था, इसलिए जगदंबा के लालन-पालन में कोई विशेष कठिनाई नहीं हुई। उन दिनों मिथिला की सामाजिक संरचना में लड़कियों के बीच शिक्षा का प्रचलन नहीं था, इसलिए जगदंबा की शिक्षा-दीक्षा नहीं हुई। समाज में लड़कियों की योग्यता मापने का

पैमाना लोक-कला ही थी। जो लड़की लोककला में जितनी अधिक निपुण होती थी, समाज में उसे उतना ही अधिक मान-सम्मान मिलता था।

यह बीसवीं शताब्दी का शुरुआती समय था। मिथिलांचल की शिल्प संस्कृति बहुत समृद्ध थी। कार्तिक मास में सामा-चकेवा पर्व के समय गाँव की महिलाएँ मिट्टी से सामा, चकेवा और अनेक किस्म के पक्षियों के छोटे-छोटे पुतले बनाया करती थीं। मधु श्रावणी पर्व के दौरान भीगे चावल के चूर्ण, यानी पिठार और हल्दी, सिंदूर आदि के मिश्रण से जमीन पर 'अरिपन' बनाने की परंपरा थी। मुंडन, उपनयन तथा शादी-ब्याह के अवसर पर दीवारों पर सजावट के रूप में देवी-देवता, पशु-पक्षी, पेड़-पौधे, फूल, मछली, साँप इत्यादि चित्रित किए जाते थे। दूल्हा-दुलहन के कक्ष में कोहबर का चित्रण अनिवार्य रूप से होता था। सिक्की घास से बननेवाले सामान, जैसे—डलिया, मौनी, दउरा, चटाई और मिट्टी से बननेवाले प्लेट, चूल्हा, बरतन, अनाज के पात्र, सुराही, पशु-पक्षी इत्यादि पर्व-त्योहारों के साथ-साथ दैनिक उपयोग में भी लाए जाते थे। उन दिनों मिट्टी के चूल्हे पर ही भोजन पकता था। भात और दाल भी मिट्टी के बरतन में ही पकते थे। ये सभी चीजें गाँव में ही बनती थीं। इसे बनाना कोई सिखाता नहीं था। लड़कियाँ होश सँभालते ही माँ-चाची, भाभी, दादी इत्यादि के साथ चित्र एवं कलाकृतियाँ बनाने लगती थीं। जगदंबा भी होश सँभालते ही गाँव की अन्य महिलाओं की देखा-देखी मिट्टी और सिक्की घास से सजावटी एवं दैनिक उपयोग की वस्तुएँ तैयार करने लगीं। मांगलिक अवसरों पर दीवारों पर चित्रकारी करने में भी उसका मन रमने लगा। जगदंबा द्वारा दीवारों पर बनाए जानेवाले चित्र काफी मनमोहक एवं आकर्षक हुआ करते थे।

उस समय की सामाजिक प्रथा के अनुसार नौ वर्ष की छोटी उम्र में ही जगदंबा की शादी जितवारपुर के बालकृष्ण दास के साथ कर दी गई। किंतु उनका वैवाहिक जीवन सफल नहीं रहा। विवाह के कुछ महीनों के बाद ही बालकृष्ण दास का निधन हो गया। न कोई संतान और न ही कोई सखा-संबंधी। जगदंबा फिर से अकेली हो गईं। अपनी पीड़ा और उदासी से अकेले ही जूझती रहीं। एकांत और उदासी के उन भीषण क्षणों में ऊब से बचने और समय बिताने की गरज से जगदंबा मिट्टी व सिक्की से छोटे-छोटे खिलौने और सजावटी

वस्तुएँ तैयार करने लगीं। शादी-ब्याह के अवसर पर वे दीवारों पर चित्र भी बनाया करती थीं। धीरे-धीरे जगदंबा द्वारा निर्मित कलाकृतियों की ख्याति गाँव भर में फैल गई। गाँव में जिस किसी के घर में शादी-ब्याह होता, लोग उन्हें बुलाकर ले जाते। देखते-ही-देखते वे उस घर की दीवारों पर रंगों की इतनी खूबसूरत दुनिया सजा देतीं कि सब देखते रह जाते थे।

उन दिनों जितवारपुर में रासायनिक रंगों की उपलब्धता नहीं थी। जगदंबा के पास न पैसा था और न कोई सुविधा। इसलिए पेंटिंग के लिए प्राकृतिक रंगों का निर्माण वे स्वयं करती थीं। प्राकृतिक रंगों के निर्माण का उनका तरीका बड़ा ही दिलचस्प होता था। उनके भतीजे कमल नारायण कर्ण बताते हैं कि वे अपने चित्रों में काले व लाल रंग का ज्यादातर प्रयोग करती थीं। रसोई के बरतनों में जमनेवाली कालिख को गोबर की सहायता से छुड़ाती थीं, फिर उस कालिख का प्रयोग वे काले रंग के लिए करती थीं; जबकि गोंद और बकरी का दूध मिलाकर लाल रंग तैयार करती थीं। पीपल की छाल से भूरा रंग, गुलाब से लाल रंग, हरसिंगार के डंठल से नारंगी, सेम की पत्तियों से हरा और करौंदा से नीला या जामुनी रंग तैयार करती थीं। रेखाएँ बनाने के लिए वे खुद से तैयार की गई पतली बाँस की लकड़ियों का इस्तेमाल करती थीं और कमाची की सहायता से उसमें रंग भरती थीं।

चित्रकारी के साथ-साथ मिट्टी और सिक्की की कलाकृतियों के निर्माण के लिए भी गाँव में जगदंबा को आदर एवं सम्मान के साथ बुलाया जाता था। अतीत के पन्नों को पलटते हुए जितवारपुर के पप्पू झा बताते हैं, "उन दिनों मैं छोटा बच्चा था, फिर भी काको (जगदंबा देवी) से जुड़ी बचपन की कई घटनाएँ मुझे आज भी ज्यों-की-त्यों याद हैं। तब प्रत्येक घर में भोजन बनाने के लिए मिट्टी का चूल्हा होता था। आमतौर पर, प्रायः सभी घरों में चूल्हे एक ही तरह के होते थे—एक या दो मुखवाले; लेकिन काको जो चूल्हा बनाती थीं, वह अद्भुत होता था। एक बार मेरे घर का चूल्हा टूट गया तो नए चूल्हे का निर्माण करने के लिए काको को बुलाया गया। उस दिन काको ने बड़ा ही डिजाइनदार चूल्हा बनाया था, जिसकी सबने खूब प्रशंसा की थी। जगदंबा देवी वर्षों तक मन-बहलाव के लिए मिट्टी व सिक्की से घरेलू एवं सजावटी सामग्रियों का

निर्माण और मांगलिक अवसरों पर चित्रकारी करती रहीं। वह गाँव-घर से मिलनेवाली वाहवाही से ही संतुष्ट थीं।

सन् 1964-65 में जगदंबा देवी के जीवन में महत्त्वपूर्ण मोड़ आया। मिथिलांचल में भीषण अकाल पड़ा था और उससे निपटने के लिए भारत सरकार के हस्तशिल्प मंत्रालय की तरफ से भास्कर कुलकर्णी को मधुबनी भेजा गया था। उस समय तक दीवारों पर की जानेवाली पेंटिंग का न तो व्यवसायीकरण हुआ था और न ही उसकी कोई पहचान थी। भास्कर कुलकर्णी मिथिलांचल की इस पेंटिंग को व्यावसायिक रूप देने के लिए योग्य कलाकारों की खोज में मधुबनी में भटक रहे थे। उसी क्रम में एक दिन वे जितवारपुर गाँव का भ्रमण कर रहे थे। तभी उनकी नजर एक कुटिया पर पड़ी। वह कुटिया जगदंबा देवी की थी। उस कुटिया की दीवार पर बहुत ही मनमोहक पेंटिंग बनी हुई थी। जगह-जगह पर 'रामायण' और 'महाभारत' के कथानक वाले म्यूरल भी बने हुए थे। कुलकर्णी काफी देर तक उन म्यूरल और पेंटिंग की खूबसूरती में खोए रहे। फिर उन्होंने जगदंबा देवी से बसहा कागज पर चित्रांकन के लिए अनुरोध किया। जगदंबा देवी ने एक-दो दिनों में पेंटिंग बनाकर उन्हें सौंप दी। वह पेंटिंग बहुत ही उत्कृष्ट थी। भास्कर कुलकर्णी को वह पेंटिंग बहुत पसंद आई और उन्होंने उसे दस रुपए में खरीद लिया। कुलकर्णी की प्रशंसा से जगदंबा देवी का उत्साह बढ़ा। फिर क्या था, कुलकर्णी बसहा कागज मुहैया कराते रहे और जगदंबा देवी उस पर पेंटिंग बनाती रहीं। जब भास्कर कुलकर्णी के पास ढेर सारे चित्र इकट्ठा हो गए तो उन्होंने उन चित्रों को नई दिल्ली के जनपथ स्थित सेंट्रल कॉटेज एंपोरियम में प्रदर्शित किया। वहाँ जगदंबा देवी के चित्रों की खूब प्रशंसा हुई।

उसके तुरंत बाद पेरिस में आयोजित प्रदर्शनी में भी उनके चित्रों को प्रदर्शित किया गया और वहाँ भी उनके चित्रों को भरपूर सराहना मिली। देश-विदेश के कला-प्रेमियों का ध्यान मिथिलांचल की इस पारंपरिक कला की ओर आकृष्ट हुआ और उसे 'मधुबनी पेंटिंग' के नाम से पुकारा जाने लगा। जगदंबा देवी को लगा कि वह अपना जीविकोपार्जन मिथिला पेंटिंग से कर सकती हैं और वह एक से बढ़कर एक पेंटिंग बनाने लगीं। धीरे-धीरे उनकी पेंटिंग की ख्याति देश

भर में फैल गई। तब उनकी एक पेंटिंग 100 से लेकर 300 रुपए तक में बिकती थी। जगदंबा देवी की आर्थिक स्थिति सुधरने लगी। जगदंबा देवी से प्रभावित होकर जितवारपुर एवं आसपास के गाँवों की महिलाएँ भी मिथिला पेंटिंग की ओर उन्मुख हुईं और मधुबनी पेंटिंग का प्रचार-प्रसार होने लगा। मधुबनी पेंटिंग की सुगंध देश-दुनिया में फैल गई।

मिथिला (मधुबनी) पेंटिंग के क्षेत्र में उल्लेखनीय योगदान के लिए 4 जनवरी, 1969 को 'अखिल भारतीय हैंडीक्राफ्ट बोर्ड' ने जगदंबा देवी को सम्मानित किया। फिर तो जगदंबा देवी के पास सम्मानों का ताँता लग गया। 8 दिसंबर, 1969 को बिहार सरकार के उद्योग विभाग ने उन्हें ताम्र-पत्र से सम्मानित किया। छब्बीसवें 'वैशाली महोत्सव' (18-20 अप्रैल, 1970) के अवसर पर भी उद्योग विभाग द्वारा जगदंबा देवी को सम्मानित किया गया। 6 मार्च, 1970 को नई दिल्ली के विज्ञान भवन में आयोजित एक विशेष समारोह में तत्कालीन राष्ट्रपति वी.वी. गिरि ने 10×5 फीट के कागज पर बनाई गई पेंटिंग 'दशावतार' के लिए उन्हें राष्ट्रीय पुरस्कार से सम्मानित किया। उल्लेखनीय है कि राष्ट्रीय पुरस्कार की श्रेणी में मधुबनी पेंटिंग को उस वर्ष पहली बार शामिल किया गया था और इस विधा में राष्ट्रीय पुरस्कार प्राप्त करनेवाली वह पहली कलाकार थीं। पुरस्कार वितरण के बाद संवाददाता सम्मेलन को संबोधित करते हुए भारत के तत्कालीन विदेश व्यापार मंत्री बलिराम भगत ने यह कहा था कि पिछले डेढ़-दो वर्षों के दौरान भारतीय हस्तशिल्पों के निर्यात में आश्चर्यजनक रूप से बढ़ोतरी हुई है और इसमें बिहार की मधुबनी पेंटिंग का महत्त्वपूर्ण योगदान है। उन्होंने जानकारी दी थी कि वर्ष 1968-69 में भारतीय हस्तशिल्पों के निर्यात से जहाँ 70 करोड़ रुपए की आय हुई थी, जो 1969-70 में बढ़कर 90 करोड़ रुपए पहुँच गई है। मधुबनी पेंटिंग के विकास में अन्यतम योगदान के लिए बिहार सरकार ने 4 सितंबर, 1973 को जगदंबा देवी को 'दक्ष शिल्पी सम्मान' से सम्मानित किया। सन् 1975 का वर्ष जगदंबा देवी के लिए अत्यंत महत्त्वपूर्ण साबित हुआ। इस वर्ष भारत सरकार ने उन्हें 'पद्मश्री' सम्मान से सम्मानित किया। मधुबनी पेंटिंग में 'पद्मश्री' पानेवाली वे पहली कलाकार हैं।

जगदंबा देवी अशिक्षित थीं, लेकिन विषय-वस्तु के असाधारण ज्ञान और प्रभावशाली तकनीक के चलते उनकी प्रत्येक कलाकृति बोलती हुई प्रतीत होती थी। उन्होंने अपने चित्रों में परंपरा से चली आ रही शैली की जगह एक नई शैली को अपनाया। वह अपनी पेंटिंग के बिंब, रंगों के चयन और शैलीगत विशेषता के प्रति स्पष्ट नजरिया रखती थीं। उनकी पेंटिंग में न तो किसी बात की अधिकता होती थी और न शिथिलता। फलस्वरूप उनके चित्रों में विषय की नवीनता, तकनीक की ताजगी और रंगों की स्वच्छता होती थी। उनके अधिकांश चित्रों की मुद्राएँ शांत और मधुर होती थीं। ज्यादातर आकृतियों में तीखी नाक और बड़ी-बड़ी आँखें होती थीं। सिर से लेकर गरदन तक की आकृति त्रिकोणीय होती थी। शेष हिस्सों के लिए वे दोहरी रेखाएँ खींचती थीं और उन दोहरी रेखाओं में वह जो रंग भरती थीं, वह अद्भुत होता था। वह अपने चित्रों में ज्यादातर चटख रंगों का प्रयोग करती थीं। उनमें भी काला, पीला, भूरा, हरा, गेरुआ और गाढ़े नीले रंग का प्रयोग ज्यादा करती थीं। उनके कुछ चित्रों में चटख और हलके रंगों का भी सुखद संयोजन मिलता है। गाढ़े नीले रंग का प्रभाव अद्भुत होता था, जो उनके चित्रों को अन्य से खास बनाता था। उनके इन प्रयोगों से मधुबनी पेंटिंग की एक नई शैली विकसित हुई और उसकी एक अलग पहचान बन गई। जगदंबा देवी का कहना था कि केवल रूप-रंग ही कला नहीं है। उसमें बुद्धि का सहयोग भी अपेक्षित है, जिससे दर्शकों के मन में भावनाओं का उदय हो।

जगदंबा देवी बहुत ही धार्मिक स्वभाव की थीं। इसलिए उनके चित्रों के विषय प्रायः पौराणिक होते थे। सीता-राम, राधा-कृष्ण, दुर्गा, काली एवं लक्ष्मी इत्यादि देवी-देवताओं के जीवन-प्रसंगों पर वह जो चित्र बनाती थीं, वह देखते ही बनता था। उनका बहुचर्चित एवं बहुप्रशंसित चित्र 'रासलीला' है, जिसमें राधा के साथ बाँसुरी बजाते कृष्ण के भीतर की उल्लासपूर्ण गरिमा का आकर्षक चित्रण है। इस चित्र में नृत्य करते कृष्ण सहसा अनेक दिखते हैं, जिससे प्रत्येक गोपी को यह अनुभव होता है कि कृष्ण उनके साथ ही नृत्य कर रहे हैं। इस चित्र में रूप की संस्कृति और कला की लोच स्पष्ट रूप से झलकती है। 'सीता स्वयंवर' भी उनकी एक असाधारण कृति है। राधा-कृष्ण, सिंहवाहिनी दुर्गा,

अर्धनारीश्वर, दशावतार और कोहबर आदि उनके चित्र भी बड़े ही उत्कृष्ट और प्रभावोत्पादक बन पड़े हैं।

जगदंबा देवी कोहबर एवं अरिपन निर्माण में भी सिद्धहस्त थीं। मिथिलांचल में कोहबर एक अनोखी एवं अविस्मरणीय कला-परंपरा के रूप में प्राचीनकाल से स्थापित है। यहाँ वर-वधू के प्रथम मिलन के अवसर पर कोहबर बनाया जाता है, जिसमें कमल का फूल, सुरुचिपूर्ण पुष्प, बाँस, मछलियाँ, पक्षी तथा अन्य जीव-जंतु चित्रित किए जाते हैं। प्रतीकात्मक प्रतिरूपों का यह संयोजन एक तरह से यौन संबंध एवं संतानोत्पत्ति को व्यक्त करता है। जगदंबा कोहबर के चित्रांकन में इन विशेष अलंकरणों को इस तरह प्रस्तुत करती थीं कि उसकी मौलिकता एवं विलक्षणता से हर कोई मुग्ध और आनंद-विभोर हो उठता था।

मिथिलांचल में पर्व-त्योहारों एवं मांगलिक अवसरों पर 'अरिपन' बनाने का भी विधान है। अरिपन के निर्माण में महिलाएँ मिट्टी और गाय-गोबर से लीपी हुई जमीन पर सिंदूर एवं चावल के घोल में अपनी उँगलियों को डुबोकर ज्यामितीय रेखाचित्र खींचती हैं। उनमें अलंकरण के गणितीय मापों के बेलबूटे तो होते ही हैं, कुछ इष्ट देवता, उनके पदचिह्न तथा मानवाकार भी चित्रित किए जाते हैं। जगदंबा देवी को अरिपन-निर्माण में भी महारत हासिल थी। स्वयं-स्फूर्त चेतना के आधार पर उनके द्वारा निर्मित अरिपन की गुणवत्ता अधिक सुंदर, नियंत्रित एवं परिमार्जित होती थी। जटाशंकर दास ने अपने संस्मरण में एक घटना का वर्णन इस प्रकार किया है—"एक बार पटना में आयोजित विद्यापति पर्व के अवसर पर जगदंबा देवी 'अरिपन' बना रही थीं, तभी प्रसिद्ध कलाकार उपेंद्र महारथी का वहाँ आगमन हुआ। वे कुछ देर तक जगदंबा देवी को अरिपन बनाते देखते रहे, फिर खुशी से नाच उठे और बार-बार जगदंबा देवी के चरण-स्पर्श करने लगे। उनका कहना था कि जो चित्र हम लोग बहुत ही सावधानी से समय लेकर बनाते हैं, वैसा चित्र यह पिठार में उँगली डुबोकर सुगमतापूर्वक जमीन पर खींच देती हैं।"

जगदंबा देवी की पेंटिंग की मौलिकता एवं विलक्षणता से श्रीमती इंदिरा गांधी भी काफी प्रभावित रहती थीं। उनके परिजन बताते हैं कि एक बार जब वह दिल्ली में बीमार हो गई थीं तो श्रीमती गांधी ने अपने निजी डॉक्टर से उनका

इलाज करवाया था। कला-प्रेमी श्रीमती गौरी मिश्रा ने अपने एक संस्मरण में लिखा है—"एक बार श्रीमती इंदिरा गांधी ने जगदंबा देवी समेत कुछ मिथिला कलाकारों को अपने प्रधानमंत्री आवास पर भोजन के लिए आमंत्रित किया था। सरल एवं निश्छल स्वभाव की जगदंबा देवी नंगे पैर डाइनिंग हॉल में सोफे पर पालथी मारे बैठी हुई थीं, तभी इंदिरा गांधी ने हॉल में प्रवेश किया। सभी लोग उनके सम्मान में खड़े हो गए और अभिवादनों का आदान-प्रदान होने लगा; जबकि जगदंबा देवी सोफे पर पूर्ववत् बैठी रहीं। इंदिरा गांधी बड़े गौर से जगदंबा देवी को निहार रही थीं। हमें ऐसा लगा कि जगदंबा देवी का अशिष्ट एवं असभ्य आचरण श्रीमती गांधी को शायद पसंद नहीं आया है। इसलिए हम लोग जगदंबा देवी को सोफे से उठकर अभिवादन करने का इशारा करने लगे। श्रीमती गांधी हमारे मनोभावों को समझ चुकी थीं। उन्होंने हमें वैसा करने से मना किया और कहा कि 'मैं जगदंबा देवी को देखकर यह सोच रही हूँ कि यह कैसे इतना सुंदर चित्र बनाती हैं और दूसरा यह कि मेरी मौसी माँ जैसी दिखती हैं। इन्हें देखकर मुझे मौसी की याद आने लगी है।' यह कहकर श्रीमती गांधी ने उन्हें अपने अंक में भर लिया। वहाँ के संपूर्ण वातावरण में अपनत्व भर गया।"

जगदंबा देवी स्वभाव से जितनी सरल थीं, उनका रहन-सहन भी उतना ही सादगी भरा था। वह नंगे पैर रहती थीं। कभी पैरों में चप्पल नहीं पहनी। जापान, फ्रांस और अमेरिका सहित कई देशों में उनके चित्रों की प्रदर्शनी हुई और उसमें शामिल होने के लिए उन्हें बुलावा भी आया; लेकिन ग्रामीण पृष्ठभूमि की जगदंबा देवी ने उन्हें विनम्रतापूर्वक अस्वीकार कर दिया।

मिथिला (मधुबनी) पेंटिंग के लिए अपना पूरा जीवन समर्पित करनेवाली जगदंबा देवी का 83 वर्ष की उम्र में 8 जुलाई, 1984 को निधन हो गया। लेकिन अपनी कलाकृतियों के माध्यम से वे मिथिलांचल के जन-मानस में आज भी जीवित हैं। मधुबनी पेंटिंग की वरिष्ठ कलाकार श्रीमती रानी झा कहती हैं कि जगदंबा देवी ने ही सर्वप्रथम हमें यह समझ दी थी कि मधुबनी पेंटिंग सिर्फ सांस्कृतिक धरोहर ही नहीं है, बल्कि इसमें नियोजन की भी क्षमता है। मिथिला पेंटिंग से हजारों कलाकार आज अपना जीविकोपार्जन कर रहे हैं तो उसका पूरा श्रेय जगदंबा देवी को जाता है। उन्होंने लुप्तप्राय मिथिला पेंटिंग को पुनरुज्जीवित

कर एक खास शैली एवं परंपरा को जन्म दिया था, जो ज्योति-पुंज के रूप में मिथिला पेंटिंग के कलाकारों का मार्ग आज भी आलोकित कर रहा है। इसलिए वे मधुबनी पेंटिंग की 'जगदंबा', यानी जननी हैं। मिथिला पेंटिंग में राज्य पुरस्कार से सम्मानित राजकुमार लाल कहते हैं कि जगदंबा देवी की जीवन-गाथा मधुबनी पेंटिंग का ज्योति-स्तंभ है, जिसकी किरणें अनंत तक जाती हैं। उनका नाम आज भी मिथिला (मधुबनी) पेंटिंग के कलाकारों के बीच एक नई शक्ति और ऊर्जा का संचार करता है।

□

मास्टर जगदीश

रोटी, आजादी और इज्जत के लिए बिहार के भोजपुर जिले के खेत मजदूरों एवं गरीब किसानों की देहाती फौज वर्षों से लड़ाई लड़ती आ रही है। समय-समय पर उनके बीच से कई ऐसे नायक उभरे, जिनके वीरतापूर्ण कारनामों की अनगिनत कहानियाँ संपूर्ण भोजपुर में बिखरी पड़ी हैं। खेत मजदूरों और गरीब किसानों के ऐसे ही एक नायक थे मास्टर जगदीश प्रसाद, जिनकी शहादत हुए लगभग अड़तालीस वर्ष हो चुके हैं, लेकिन आज भी उनका नाम खेत-खलिहानों में काम करनेवाले किसान-मजदूरों के बीच एक नई शक्ति और ऊर्जा का संचार करता है।

गरीबों, दलितों व पिछड़ों के अंदर स्वाभिमान तथा रोटी और इज्जत की भूख जगाकर अपने अधिकार के लिए हर तरह से संघर्ष करने का उद्घोष करनेवाले मास्टर जगदीश के व्यक्तित्व को ठीक से समझने के लिए हमें उस समय की सामाजिक-आर्थिक परिस्थितियों पर एक नजर डालना जरूरी है। जिन दिनों मास्टर जगदीश का जन्म हुआ, देश अंग्रेजों का गुलाम था। यों तो उस समय कमोबेश पूरे देश में ऊँच-नीच और छुआछूत का बोलबाला था, लेकिन भोजपुर जिले के सहार प्रखंड में यह चरम पर था। सहार प्रखंड की भूमि काफी उपजाऊ थी। वहाँ की एक बीघा भूमि में लगभग 35 से 40 मन तक अनाज उपजता था। समृद्धि का आलम यह था कि सहार प्रखंड को 'बिहार के हरियाणा' की संज्ञा दी जाने लगी थी। लेकिन इस समृद्ध सहार प्रखंड में ही असंतोष पनप रहा था। खेत मजदूरी की दर काफी कम थी। फसल कटाई के समय कच्चे सेर से 3 सेर चावल तथा धान के प्रत्येक 21 बोझे पर एक

बोझा धान। हलवाहे को 10-12 कट्ठा जमीन जोतने पर प्रतिदिन 2 सेर चावल मिलता था। छोटी जाति के लोगों पर सवर्ण जाति के बड़े किसानों के अत्याचार और उद्दंड व्यवहार का सिलसिला जारी था। दलित और पिछड़े वर्ग की महिलाओं के साथ बलात्कार एक ऐसी सामाजिक बुराई थी, जिसे लोगों ने अपनी नियति मानकर स्वीकार कर लिया था।

अनाचार, शोषण और दमन के इसी वातावरण में सहार प्रखंड के एकवारी गाँव के एक मध्यम वर्गीय किसान सुदामा महतो के घर में 10 दिसंबर, 1935 को जगदीश का जन्म हुआ। जब बालक जगदीश ढाई साल का था, तभी उसकी माँ चल बसी; लेकिन पिता सुदामा महतो ने बड़े लाड़-प्यार से बालक का पालन-पोषण किया। मध्यम वर्गीय किसान परिवार में पैदा होने के कारण जगदीश की प्रवृत्ति बचपन से ही संघर्षशील और जुझारू रही।

उन दिनों दलितों-पिछड़ों के बीच शिक्षा का प्रचलन नहीं के बराबर था। शिक्षा पर सिर्फ ऊँची जातियों का विशेषाधिकार था। जगदीश का जन्म जिस कोइरी जाति में हुआ था, उसके बारे में तो यह कहावत प्रसिद्ध थी—

कोइरी का लड़का, जन्म से हीन
हाथ में खुरपी, मोथा (घास) बीन।

इसलिए सुदामा महतो ने जब अपने पुत्र जगदीश को पढ़ाने का संकल्प लिया तो सवर्ण जाति के लोगों के बीच इसकी तीखी प्रतिक्रिया हुई; लेकिन सुदामा महतो अपने निर्णय पर अडिग रहे और जगदीश का नामांकन गाँव के मिडिल स्कूल में करा दिया। जगदीश जब स्कूल जाने के क्रम में गाँव की गलियों से गुजरते तो अगड़ी जाति के लोग छींटाकशी करते हुए उनका मजाक उड़ाया करते। विद्यालय में मेधावी छात्र के रूप में उनकी गिनती होती थी, फिर भी कक्षा में उनका अकारण उपहास उड़ाया जाता। लेकिन तरह-तरह की यातनाओं और उपहास के बावजूद जगदीश ने अपनी पढ़ाई जारी रखा।

बालक जगदीश का प्रिय विषय विज्ञान था। एक दिन बालक जगदीश ने कक्षा में प्रधानाध्यापक से प्रशन पूछ डाला, "गुरुजी, मैं विज्ञान पढ़ना चाहता हूँ। यहाँ विज्ञान की पढ़ाई क्यों नहीं होती?"

प्रधानाध्यापक ने तत्क्षण तो इसका कोई जवाब नहीं दिया, लेकिन यह बात स्कूल के सेक्रेटरी दीनानाथ सिंह तक पहुँचा दी। यह सुनकर दीनानाथ सिंह के तन-बदन में आग लग गई। कोइरी जाति का लड़का पढ़ाई में तेज निकल जाए, यह उसके लिए असहनीय था। वह जगदीश से इस कारण भी नाराज था कि वह उनके सामने भी खटिया पर बैठा रह जाता है, झुककर प्रणाम नहीं करता। ऊँची जातिवालों की निगाह में यह एक जघन्य अपराध था।

एक दिन दीनानाथ सिंह ने सुदामा महतो को बुलाकर चेताया, "सुन सुदामा, तुम्हारा बेटा बिगड़ रहा है। उसे बड़ों को इज्जत देने की तमीज नहीं है। हमारे बाल-बच्चे इतने बड़े हो गए, मगर विज्ञान का नाम तक नहीं जानते। कोइरी का बेटा अब विज्ञान पढ़ेगा!"

जगदीश की गलती के लिए माफी माँगकर सुदामा घर लौटे और जगदीश को जमकर डाँट पिलाई। इस तरह की अनगिनत कठिनाइयों के बीच भी जगदीश ने अपनी पढ़ाई जारी रखी।

एकवारी गाँव में मिडिल स्तर तक की पढ़ाई की सुविधा थी। इसलिए मिडिल पास करने के बाद जगदीश का नामांकन निकटवर्ती शहर आरा के हरप्रसाद जैन स्कूल में करा दिया गया। यह समय भारतीय राजनीति के लिए बड़ा निर्णायक था। स्वतंत्रता-प्राप्ति की लड़ाई अंतिम चरण में थी। 15 अगस्त, 1947 को अंग्रेजों की दासता से मुक्ति मिली। उम्मीद की गई थी कि स्वतंत्र भारत में जातिवाद/सामंतवाद खत्म हो जाएगा; मगर आजाद भारत में भी तसवीर नहीं बदली। जमींदारी सामंतवाद के रूप में जिंदा रही। निम्न वर्ग के लोगों पर अगड़ी जातियों का जुल्म इस समय में और बढ़ा।

10 जून, 1954 को छोटी उम्र में ही जगदीश का विवाह कमलेश्वरी देवी के साथ कर दिया गया। तब कमलेश्वरी देवी छठी कक्षा की और जगदीश दसवीं कक्षा के छात्र थे। मैट्रिक की परीक्षा जगदीश ने प्रथम श्रेणी में उत्तीर्ण की, जिसके फलस्वरूप उन्हें 1,400 रुपए की स्कॉलरशिप मिलने लगी।

उन्हीं दिनों की एक घटना है। छात्र जगदीश अपने गाँव में था। एक दिन वह घर से चुपचाप निकल गया और घूमते-घूमते सोन नदी के कछार पर

पहुँच गया। वह चुपचाप बालू के ढेर में उलझा था, तभी कहीं दूर से उसे यह स्वर-लहरी सुनाई पड़ी—

ले-ले करमजरुआ रे सूद मलगुजरिया में,
सस्ता बाटे हमनी के जान।
बाकी जमींदारी तोर अब न सहाई बाबू,
हमनी के होईं रे बिहान!

इस गीत ने जगदीश को बेचैन कर दिया। घर लौटने के बाद उनकी आँखों में नींद कहाँ! करवटें बदल-बदलकर रात काट दी। गरीबों को इज्जत भरी जिंदगी कैसे मिलेगी? इस समुदाय की बहू-बेटियों की आबरू की रक्षा कौन करेगा? जगदीश का ज्यादा समय इन्हीं सवालों के जवाब खोजने में बीतने लगा। जगदीश की राजनीतिक सोच और समझ भी विकसित होने लगी। सन् 1964 में जगदीश ने राजेंद्र कॉलेज, छपरा से बी.एस-सी. की परीक्षा पास की।

जगदीश की इच्छा प्रशासनिक सेवा में जाने की थी, लेकिन अशिक्षित पिता की नासमझी या फिर शिक्षक की कुटिलता के कारण स्कूल के रजिस्टर में उनकी उम्र वास्तविक उम्र से ज्यादा दर्ज थी। इसलिए वे मन मसोसकर रह गए और मजबूरन औरंगाबाद जिला के चिलकी हाई स्कूल में अध्यापक की नौकरी शुरू कर दी। जगदीश अब मास्टर बन गए थे।

एकवारी के मुखिया और सी.पी.आई. के सदस्य रामनरेश राम से मास्टर जगदीश की गाढ़ी दोस्ती थी। दोनों गरीबों की जिंदगी में खुशहाली लाना चाहते थे। वही रामनरेश दुसाध सन् 1967 के विधानसभा चुनावों में सहार सुरक्षित निर्वाचन क्षेत्र से कम्युनिस्ट पार्टी के उम्मीदवार थे। अपने साथी के चुनाव-प्रचार के लिए मास्टर जगदीश ने स्कूल से छुट्टी ले ली और अपने गाँव एकवारी चले आए।

मास्टर जगदीश अपने गाँव एकवारी के पहले शिक्षित कोइरी थे। इसलिए एकवारी और निकटवर्ती गाँवों के कोइरियों के लिए वे उपलब्धि और प्रतिष्ठा के प्रतीक बन चुके थे। अपनी जाति के लोगों पर उनका अच्छा प्रभाव था। उस चुनाव में मुकाबला मुख्य रूप से प्रजा समाजवादी पार्टी के राजदेव राम और भारतीय कम्युनिस्ट पार्टी के रामनरेश राम के बीच था। रामनरेश राम को नीची

जाति के खेतिहर मजदूरों और गरीब किसानों का व्यापक समर्थन था; जबकि राजदेव राम को ऊँची जाति के जमींदारों ने खड़ा किया था। लगभग 6,000 की आबादी वाले एकवारी गाँव में चुनाव को लेकर भूमिहीनों और सामंतों के बीच स्पष्ट विभाजन रेखा खिंच गई थी। जगदीश अपने साथी की विजय के लिए काफी सक्रिय थे।

17 फरवरी, 1967 को मतदान वाले दिन एकवारी गाँव में भयंकर तनाव था; मगर मास्टर जगदीश का कहना था कि चाहे जान ही क्यों न चली जाए, मगर मैं वोट देने जरूर जाऊँगा। अगर रामनरेश राम एक वोट से हार गए तो मुझे अपना वोट न देने का जीवन भर अफसोस बना रहेगा। सामंती भी काफी दिनों से इस निडर और अक्खड़ कोइरी को सबक सिखाने का मौका तलाश रहे थे। पत्नी कमलेश्वरी देवी के लाख मना करने के बावजूद मास्टर जगदीश मतदान के लिए घर से निकल पड़े। राधारमण सिंह नामक एक सामंत बूथ कब्जाने की कोशिश में था और रामनरेश राम उसे ऐसा करने से रोक रहे थे, जिससे चिढ़कर सामंतों ने रामनरेश राम को बुरी तरह पीटा। रामनरेश राम का साथ देने पर जगदीश महतो की भी बर्बरता के साथ पिटाई की गई। उन लोगों ने अपने जानते जगदीश को मुर्दा समझकर बगीचे में फेंक दिया। जगदीश महतो लगभग पाँच महीने तक अस्पताल में जिंदगी और मौत के बीच झूलते रहे।

अस्पताल से बाहर निकलने पर जगदीश महतो में बहुत बड़ा परिवर्तन आ चुका था। अपमान और क्षोभ से ग्रस्त जगदीश महतो ने उसी दिन संकल्प लिया कि 1930 के दशक में जो युद्ध समाप्त हो गया था, उसे जारी करना पड़ेगा। लेकिन इस बार वर्ष 1930 की तरह किसी 'त्रिवेणी संघ' (अहीर, कोइरी और कुर्मी का संगठन) के नेतृत्व में नहीं, बल्कि भारतीय कम्युनिस्ट पार्टी (मार्क्सवादी लेनिनवादी) के नेतृत्व में क्रांति की ओर एक हिंसक माओवादी रास्ता। यही वह समय था, जब पश्चिम बंगाल के एक छोटे से गाँव नक्सलबाड़ी में किसानों के नेतृत्व में हुए सशस्त्र संघर्ष की खबरें निरंतर अखबारों तथा अन्य प्रचार माध्यमों के जरिए प्रकाश में आ रही थीं।

उन दिनों की याद कर कमलेश्वरी देवी अतीत की स्मृतियों में खो जाती थीं। वे कहती थीं कि अस्पताल से घर आने के बाद वे और भी ज्यादा चुप रहने

लगे। ऐसा लगता था कि जैसे कोई चीज उन्हें अंदर-ही-अंदर खाए जा रही है। अकसर वे कहा करते थे, "मैं एक अध्यापक हूँ और मुझे आम आदमी को मिलनेवाली इज्जत भी नसीब नहीं हो रही है। मैं इसे कभी नहीं भूलूँगा। तुम्हारे सिर पर यह जो सिंदूर लगा है, इसका कोई अर्थ नहीं है। तुम भी अपनी इज्जत खो चुकी हो, केवल मैं ही नहीं।"

कमलेश्वरी देवी आगे कहती थीं, "अपने पति पर हुए आक्रमण के बाद मैं कभी-कभार सिंदूर लगा लेती थी; लेकिन उनके कॉमरेड के रूप में जब मैं उनके साथ भूमिगत हुई, तब से सिंदूर लगाना बिल्कुल ही बंद कर दिया था। कभी-कभी जब हम मिलते थे तो वह बड़े मजाकिया लहजे में मेरा हाथ पकड़ लेते और मेरी चूड़ियों को तोड़ते हुए कहते कि इनकी शोभा 17 फरवरी, 1967 तक ही थी। अब इनका कोई अर्थ नहीं है।" इसके बाद औरंगाबाद की नौकरी छोड़ देने का उन्होंने मन बना लिया।

संयोगवश, इसी दौरान उन्हें आरा के हरप्रसाद जैन स्कूल में अध्यापक की नौकरी मिल गई। हिंदी के प्रख्यात कथाकार मधुकर सिंह उसी स्कूल में शिक्षक थे। उन दिनों की याद कर मधुकर सिंह भाव-विह्वल हो जाते थे। वे कहते हैं कि मास्टर जगदीश का व्यक्तिगत जीवन भी उनके विचारों की तरह महान् था। जैन स्कूल में विज्ञान के अच्छे शिक्षकों में उनकी गिनती होती थी और छात्र भी उनसे ज्ञान प्राप्त करने के लिए लालायित रहते थे। छात्रों के बीच वे काफी लोकप्रिय थे। जैन स्कूल में संस्कृत और प्राकृत के विद्वान् शिक्षक नेमिचंद शास्त्री के घर उनके पुत्र नलिन को ट्यूशन पढ़ाने के लिए मास्टर जगदीश जाते थे। उसके एवज में उन्हें शास्त्रीजी की ओर से अस्सी रुपए मासिक मिलता था। किसी माह संयोगवश मास्टर जगदीश दो-चार दिन उनके लड़के को पढ़ाने नहीं जा सके। जब शास्त्रीजी ने उस माह का पूरा पैसा मास्टर जगदीश को दिया तो उन्होंने यह कहते हुए पूरा पैसा लेने से इनकार कर दिया कि मैं पिछले माह चार दिन नलिन को पढ़ाने नहीं आ पाया था, इसलिए चार दिन के पैसे घटाकर ही लूँगा। शास्त्रीजी ने पूरा पैसा देने की भरसक कोशिश की, लेकिन जगदीश अपनी बात पर अड़े रहे। अंततः चार दिन

का पैसा काटकर ही जगदीश ने फीस स्वीकार की। ऐसा ईमानदार आचरण था मास्टर जगदीश का।

मास्टर जगदीश के मानवीय गुणों को उजागर करनेवाली एक और घटना का जिक्र यहाँ प्रासंगिक जान पड़ता है। एक दिन उन्होंने मधुकर सिंह से कहा, "आपके पास दस रुपए है? मैं पहली तारीख को वेतन मिलने के दिन लौटा दूँगा।"

मधुकर सिंह ने उन्हें दस रुपए दे दिए। किसी कारणवश जिस दिन वेतन मिला, मधुकर सिंह से मास्टर जगदीश की स्कूल में मुलाकात नहीं हो पाई। मास्टर जगदीश उनकी खोज में निकल पड़े। मधुकर सिंह किसी साहित्यिक कार्यक्रम से रात 10 बजे जब अपने घर लौटे तो जगदीश उनके दरवाजे पर यह कहते हुए हाजिर थे, "यह लीजिए अपने दस रुपए।"

मधुकर सिंह उनके भोलेपन पर हँस पड़े, "आप भी अजीब आदमी हैं। कल स्कूल में ही दे देते तो क्या फर्क पड़ जाता?"

"बहुत फर्क पड़ जाता। कल महीने की दो तारीख हो जाती।" मास्टर जगदीश बोले।

आश्चर्य से उन्हें देर तक निहारते रहे थे मधुकर सिंह। ऐसा था मास्टर जगदीश का मानवीय चरित्र।

बहरहाल, जैन स्कूल में अध्यापन के साथ-साथ ही मास्टर जगदीश ने एकवारी और आसपास के गाँवों के निचली जातियों के युवकों को संगठित करना शुरू किया। शुरुआती दिनों में वे शोषित समाज दल के नेता जगदेव प्रसाद के संपर्क में आए। तब शोषित समाज दल पिछड़ों को उनका अधिकार दिलाने के लिए संघर्षरत था। जगदेव प्रसाद का यह नारा काफी लोकप्रिय था—

सौ में नब्बे शोषित हैं, नब्बे भाग हमारा है,
दस का शासन नब्बे पर, नहीं चलेगा, नहीं चलेगा।

लेकिन शीघ्र ही उन्होंने अनुभव किया कि हजारों वर्षों से चली आ रही ब्राह्मणवादी व्यवस्था को दलगत राजनीति के माध्यम से समाप्त नहीं किया जा सकता। तब उन्होंने नक्सली नेता सत्य नारायण सिंह से संपर्क साधा और

फिर सी.पी.आई. (एम.एल.) के संस्थापक चारु मजूमदार के संपर्क में आए। फिर समान विचारधारा वाले रामेश्वर यादव उर्फ साधुजी, रामायण चमार, फागू महतो और नारायण कवि जैसे लोगों के साथ मिलकर मास्टर जगदीश ने शहर में नक्सलवादी राजनीति को विस्तार देना शुरू किया। इन गतिविधियों का केंद्र मास्टर जगदीश का गाँव एकवारी था और एकवारी के आसपास के गाँव, जैसे—दुल्लमचक, कोलो देहरी, बेरात, बहुआरा और चवरी इससे पूरी तरह प्रभावित हुए।

दीवारों पर नारे दिखाई देने लगे—

नक्सलबाड़ी ज़िंदाबाद। अध्यक्ष माओ ज़िंदाबाद!
राजसत्ता बंदूक की नली से पैदा होती है
कॉमरेड जगदीश ज़िंदाबाद।

14 अप्रैल, 1970 को 'आंबेडकर दिवस' के अवसर पर आरा में एक विशाल प्रदर्शन हुआ। आरा के अट्ठाईस गाँवों से जगदीश महतो, रामेश्वर अहीर, लताफ्त हुसैन के नेतृत्व में 'लड़कर लेंगे हरिजनिस्तान' का नारा लगाते हुए मशाल जुलूस निकाला, जो रमना मैदान में इकट्ठा हुआ। इस प्रदर्शन में बड़ी संख्या में पिछड़ी जातियों के किसानों और खेतिहर मजदूरों ने हिस्सा लिया था। जुलूस से पूर्व जगदीश महतो ने सहार प्रखंड के कोसियार, वरुना और इनरुखी गाँव में घूम-घूमकर छुआछूत के खिलाफ जबरदस्त प्रचार किया था। यहीं से मास्टर जगदीश के जीवन में अगले चरण का शुभारंभ होता है।

मास्टर जगदीश के नेतृत्व में एक छोटे संघर्ष दस्ते का गठन हुआ, जिसे 'एकवारी के मास्टर साहब' के ग्रुप के नाम से जाना जाने लगा। इस दस्ते ने अत्याचारियों की तलाश के लिए मुहिम शुरू की और दस्ते में लोगों की भरती करने लगे। खूनी संघर्ष शुरू हो चुका था। 23 फरवरी, 1971 को एकवारी के जमींदारों के एक लठैत शिवपूजन की हत्या हो गई, जिसमें जगदीश महतो, रामेश्वर अहीर, भिखारी कहार, महाराज महतो और सिंहासन चमार को नामजद अभियुक्त बनाया गया। जगदीश महतो फरार हो गए। कुछ ही महीनों में

एकवारी और आसपास के गाँवों के एक दर्जन से अधिक अत्याचारी जमींदारों की हत्याएँ हुईं और प्राय: सभी हत्याओं में मास्टर जगदीश का नाम शामिल था।

9 दिसंबर, 1972 को जगदीशपुर के अत्यंत खूँखार और अत्याचारी केशव सिंह उर्फ थाना सिंह की हत्या उस समय कर दी गई, जब वह सड़क के किनारे कारखाना में बैठकर ताड़ी पी रहा था। थाना सिंह क्षेत्र का सबसे बड़ा अत्याचारी था और उस पर दलित व पिछड़ी जातियों की दर्जनों औरतों के साथ छेड़खानी एवं बलात्कार करने का आरोप था। थाना सिंह की हत्या की खबर को सुनकर इलाके के गरीबों ने राहत की साँस ली। इससे पहले कि थाना सिंह उन पर हमला बोलता, मास्टर जगदीश ने उस पर पिस्तौल दाग दी। थाना सिंह वहीं ढेर हो गया। थाना सिंह की हत्या के बाद जगदीश, रामायण चमार और जवाहर चमार बिहियाँ चले गए। बिहियाँ पहुँचे तो रात हो चुकी थी। इसलिए रात उन्होंने बिहियाँ बाजार में गुजारी। दूसरे दिन 10 दिसंबर, 1972 को सुबह 5 बजे थे। वे लोग चाय की दुकान पर चाय पी रहे थे, तभी थाना सिंह की हत्या से बौखलाए उसके गुंडों ने उन पर हमला बोल दिया। इस अप्रत्याशित हमले से घबराकर जगदीश और उनके साथी महथिन माई के मंदिर की ओर भाग खड़े हुए। मुसहर टोली को पार करते हुए वे खदरा गाँव पहुँचे। थाना सिंह के गुंडे 'चोर, चोर' का शोर मचाते हुए उनके पीछे दौड़े। सुबह का समय था। इस हल्ला-गुल्ला में उनके बीच से भी कुछ लोग पीछा करने में शामिल हो गए। अगल-बगल के मुसहर जाति के लोग भी शौच-क्रिया के लिए निकले हुए थे। उन लोगों के सहयोग से गुंडों ने जगदीश और उनके साथियों को घेर लिया। मुसहरों ने रामी-लाठी से मास्टर जगदीश और रामायण को घेर लिया था। मास्टर जगदीश के हाथ में पिस्तौल थी। चाहते तो खुद को बचा सकते थे, लेकिन उन्होंने विचार किया कि जिसके लिए लड़ता रहा हूँ सामंत गुंडों से, उन्हीं पर गोली कैसे चलाऊँ? ऐसा कभी नहीं हो सकता। उन पर अंधाधुंध लाठियाँ चलती रहीं, लेकिन उन्होंने गोली नहीं चलाई। ऐसा विशाल मानवीय मन था मास्टर जगदीश का।

इस घटना के थोड़ी देर बाद जब मुसहरों को पता चला कि उन लोगों ने अपने 'मास्टर साहब' को ही मार डाला है तो मुसहर टोली में हाहाकार

मच गया। मास्टर जगदीश पर लाठी चलानेवाले मुसहरों को तो जैसे काठ मार गया। उनकी औरतें छाती पीट-पीटकर रो पड़ीं। उनके घरों में तीन दिनों तक चूल्हे नहीं जले। गाँव-जवार समेत संपूर्ण भोजपुर सन्न रह गया। शहादत का वह दिन था 10 दिसंबर, 1972।

मास्टर जगदीश की लाश को पोस्टमार्टम के लिए आरा सदर अस्पताल ले जाया गया। अस्पताल में जगदीश महतो और रामायण चमार की लाशें अगल-बगल पड़ी थीं। सैकड़ों की भीड़ अस्पताल में जमा थी। जब यह खबर उनकी पत्नी कमलेश्वरी देवी के पास पहुँची तो वे फूट-फूटकर रो पड़ीं। जब उन्हें चुप रहने के लिए समझाने की कोशिश की गई तो वे बोल पड़ीं, "मैं इसलिए नहीं रो रही हूँ कि वे मारे गए। मुझे तो उन्होंने अपने जीवनकाल में ही विधवा बना दिया था। सारी चूड़ियाँ फोड़ डाली थीं। मना किया था कि भविष्य में चूड़ी धारण मत करना, माँग में सिंदूर मत डालना। मुझे तो पता था कि आज नहीं तो कल, मुझे विधवा होना ही है। सामंत या पुलिस के हाथों मारे गए होते तो मुझे दुःख नहीं होता। किंतु जिसके लिए जीवन भर लड़ते रहे, उन्हीं के हाथों मारे गए। मुझे इसी बात का गम है।"

कथाकार मधुकर सिंह उन दिनों की याद कर अतीत की स्मृतियों में खो जाते थे। शहादत से कुछ दिन पहले जगदीश अपने साथ रामेश्वर अहीर के साथ देर रात मधुकर सिंह के घर आए थे। खाना खाने के बाद बातचीत के क्रम में मधुकर सिंह ने मास्टर जगदीश से पूछ डाला, "आप बरसों से घर त्यागकर जिस मुहिम में जी रहे हैं, उससे क्या कोई परिवर्तन आ जाएगा?" मास्टर जगदीश गंभीर हो गए, "जिस एकवारी गाँव में दलित-पिछड़ी जातियों के बच्चे सामंतों के बगीचे में घुसने से डरते थे, वे आज खुलेआम उनके बगीचे से आम के टिकोरे उठा लेते हैं। उनकी बहू-बेटियाँ खुलेआम बघार में घास गढ़ती हैं, लेकिन किसी की आँख उठाकर उनकी ओर देखने की हिम्मत नहीं होती। अगर किसी ने ऐसा दुःसाहस करने की कोशिश भी की तो हँसुआ या खुरपी से उसकी आँख निकाल लेती हैं। जिन बाबुओं की गलियों से छोटी जाति के लोगों को गुजरने के क्रम में अपमान सहना पड़ता था, वे आज निस्संकोच आ-जा रहे हैं। क्या इस परिवर्तन को आप मुक्ति नहीं मानते?"

मधुकर सिंह को कोई जवाब देते नहीं बना था।

मास्टर जगदीश की शहादत को लगभग उनचास वर्ष बीत चुके हैं, लेकिन मास्टर साहब आज भी भोजपुर के लोक-मानस में जीवित हैं। गाँवों की गलियों और खेत-खलिहानों में आज भी मास्टर जगदीश के इस गीत की स्वर-लहरी सुनाई पड़ती है—

तनी जाग न जवान गाँव-गाँव के ,
तोहरे सीवाने पर गुर्रात बाड़े भेड़िया।
कोनवाँ में पड़ल बा ललकी लठिया,
घाव न कान्हवाँ उठाई के।

□

दशरथ माँझी

खेत में काम करनेवाले एक मुसहर मजदूर ने बाईस वर्षों तक अकेले लगातार गहलौर पहाड़ को छेनी-हथौड़ी से काटकर अपने इलाके का निर्बाध रास्ता निकालकर मनुष्य-प्रेम का पहला महल बनाया। इस तरह, दुनिया में आज तक पहली बार एक सामान्य आदमी ने सामान्य आदमी की अंतरराष्ट्रीय पहचान बनाई। भारतीय पृष्ठभूमि में एक सामान्य आदमी अपने जीवनकाल में ही दंतकथा और मिथक हो गया।

उसी दिवंगत तारे का नाम है—दशरथ माँझी। पुरुष और पहाड़ दूर से दिखाई पड़ते हैं। यह मुहावरा है। दशरथ पुरुष और पहाड़ दोनों एक साथ हुए। उनका नाम ही हो गया 'पर्वत-पुरुष'। पर्वत से भी ऊँचा वही पुरुष दुनिया को दिखलाई पड़ रहा है अब। इससे बेहतरीन जिंदगी का दूसरा उदाहरण नहीं हो सकता है आम आदमी का। सृजन की उत्कंठा से प्रेम और जन-सुविधा का नया रास्ता खोलकर दशरथ माँझी अमर हो गए। हम किसी को बहुमुखी प्रतिभा के लिए जानते हैं। दशरथ माँझी में कोई प्रतिभा नहीं थी, पर वे इतिहास के चेतन शिक्षक बन गए। उन्होंने अभिनय नहीं किया, जीवन की मुख्य भूमिका निभाई। उन्होंने किस्मत नहीं बनाई, न उनके पास किसी तरह का साधन था। बिना साधन के उन्होंने अपनी सामान्यता के दर्द से सामान्य आदमी का अभूतपूर्व इतिहास रच देने का पहला काम किया। उनके हाथों में महान् बनने की कोई लकीर नहीं थी। वे बिना युद्ध के अर्जुन जैसा 'परम वीर चक्र' बन गए। यह कोई फन नहीं था। दुनिया में सीधे जाने के उपयोग की भूमिका थी। उन्होंने जनता के लिए कसम खाई, 'हकीकत के जन' बन गए।

अपूर्व हिमालयन कथा है दशरथ माँझी की। अनंत जीवन की धारावाहिका के 'पुअर मेंस हीरो' हैं। इक्कीसवीं सदी की शुरू होनेवाली इतिहास-धारा के एकमात्र दशरथ माँझी। उन्होंने मानवता के साहस की पटकथा लिख दी—पैराणिक प्रोमेथियम और भगीरथ की शृंखला में, एक स्वर में। यही उनकी अथोक, अद्‌दोर गाथा है।

बिहार के गया जिले में मोहड़ा प्रखंड के गहलौर गाँव में 14 जनवरी, 1929 को जनमे दशरथ माँझी। कुछ लोग उनका जन्म भूकंप के समय का सन् 1934 भी बताते हैं। 17 अगस्त, 2007 को दिल्ली के अखिल भारतीय आयुर्विज्ञान संस्थान में कैंसर के कारण उनका निधन हो गया। अपने लक्ष्यों का अर्जुन-संधान करनेवाला महारथी इतिहास में कर्मठता का प्रतीक प्रतिष्ठित हो गया। स्वयं बिहार के मुख्यमंत्री ने उनके शव की अगवानी की। राजकीय समारोह से उनका दाह-संस्कार किया गया।

दशरथ माँझी एक सामान्य व्यक्ति थे। प्रबुद्ध व्यक्ति विचारधारा बन सकता है। बना है इतिहास में। सामान्य आदमी प्रतीक बन गए तो उसी को सीधे इतिहास कहते हैं। शब्द और विचारधाराएँ समयबद्ध होती हैं। प्रतीक स्मृति का चिर आलोक बन जाते हैं सदा के लिए। दशरथ माँझी मानवीय प्रतिबद्धता का प्रतीक संदेश बन गए, आमजन की संकल्पित अटलता का संदेश। ध्रुव तारे की तरह स्थिर हो गए जिंदगी के आकाश में। एक नया ध्रुव तारा। ऐसा दशरथ माँझी अब पार्थिव नहीं रहा। वह हमारे समय में विराटता का एक नुक्ता, चिरस्थायी बिंब बन गया।

सन् 1966 में बड़ी सामान्य सी बात हुई उनके जीवन में। वह खेतों में मजदूरी का काम करनेवाला एक अदना मनुष्य था। कौन नोटिस लेता है इस दुनिया में एक अदने मनुष्य का। खेतों में काम करते उसकी औरत फगुनी रोज दिन का भोजन-पानी लेकर दोपहर में आती थी। उस दिन भी आई चिलचिलाती धूप में। ठोकर लगी पहाड़ पार करते और वह गिर पड़ी। माँझी को पहाड़ पार कर जीवन-संगिनी को 90 कि.मी. वजीरगंज अस्पताल ले जाने में देरी हुई। रास्ते में वह चल बसी। गरीबी के जीवन में रोज कहीं-न-कहीं ऐसी सामान्य बात होती है। इतिहास में इसकी कहीं गवाही नहीं होती, कोई चर्चा नहीं।

मजदूर दशरथ के भीतर का अखाड़िया प्रेमी जाग गया। यह शाहजहाँ का प्रेम नहीं था, एक समय के भारतीय बादशाह का। यह दशरथ माँझी का प्रेम था। उसके पास कोई साधन नहीं था कि वह अपनी पत्नी की स्मृति में दुनिया का अजूबा 'फगुनी-महल' बना देता। शाहजहाँ की पत्नी मुमताज की तर्ज पर दुनिया का आश्चर्य ओस की बूँद जैसा एक ताजमहल। आँखों में डबडबा जानेवाला एक शाश्वत, जीवित प्रेम-प्रतीक। इसने आम आदमी का विश्व में पहला मनुष्य प्रेम-महल बनाया अपने अकेले के श्रम से। बाद में लोग भी दुर्दमनीय दशरथ को समझ गए, सहयोग किया। एक छोटी घटना, एक छोटा प्यार मिशन बन गया।

दशरथ माँझी 30 फीट चौड़ा रास्ता गहलौर पहाड़ में प्रशस्त करने के लिए भिड़ गया। यह संकल्प अकल्पनीय था; लेकिन दशरथ का प्रांजल पत्नी-प्रेम कि मनुष्य उतरने में आगे कोई ठोकर खाकर नहीं गिरे-मरे। एक आदमी में विरल रचनात्मकता के उदय की कहानी यहीं से शुरू होती है।

दशरथ अपनी अदम्य साधना में छेनी-हथौड़ा लेकर लग गए। लोग जो गुजरते, उनके सनकीपन को देखकर दंग होते गए। पूरे क्षेत्र में दशरथ की अदम्यता की कथा फैल गई। लोगों ने व्यंग्य किया कि 'दिल्ली बहुत दूर' है। अपनी संकल्प-शक्ति से इस मुहावरे को भी झूठ साबित करने के लिए इसी बीच निकल पड़े। पहले दिल्ली की रेलवे लाइन का रास्ता पकड़ लिया। दो महीने में चैत पूर्णिमा के दिन पैदल दिल्ली पहुँच गए। ऐसी कथा भारतीय स्मृति में पहले केवल जीवन-मर्म के उस्ताद कवि गालिब की ही थी। गालिब का वजीफा बंद हो गया तो वे उस समय की राजधानी दिल्ली से कलकत्ता पैदल पहुँच गए थे फरियाद लेकर। विजयी हुए। दूसरे विजयी हुए दशरथ की दिल्ली दूर नहीं है। एक अदना आदमी भी दिल्ली फतह कर सकता है। ऐसा लक्ष्य था सुभाष चंद्र बोस का। वे इंफाल की पहाड़ियों से दिल्ली पर आमजन की आजादी का झंडा फहराने के लिए चल पड़े थे। उनके पास समर्पित भारतीय जवानों की सेना थी। दशरथ अकेले थे। आम आदमी के लिए दिल्ली की दूरी खत्म कर दी। रास्ते में हर स्टेशन से अपनी पैदल पहुँच और मनसा को दर्ज कराते गए। बीमार पड़े, पर हिम्मत नहीं हारी। बीमारी को पौधों को पीसकर दूर कर लेते। पहाड़ के आदमी

को पौधों का ज्ञान था। ये सारी प्रतीक गाथाएँ भी दशरथ से जुड़ गईं। उनकी ये गाथाएँ प्रेरणा का स्रोत बनकर अब पाठ्यक्रम में शामिल हैं।

अपनी बकरी बेचकर छेनी-हथौड़ी ली थी। विश्वकर्मा का ध्यान करता एक नाटे कद का काला मुसहर अपने लक्ष्य में सफल हुआ। केवल एक हथौड़ा और छेनी लेकर उन्होंने अकेले ही 360 फीट लंबे, 30 फीट चौड़े और 25 फीट ऊँचे पहाड़ को काटकर सड़क बना दी। उसने वजीरगंज, मोहड़ा और अतरी प्रखंड के वासियों के लिए आमजन का सुलभ रास्ता उपलब्ध करा दिया। सीधे मार्ग से वजीरगंज की 55 कि.मी. की घुमावदार दूरी 15 कि.मी. हो गई। अनपढ़ एवं गँवार दशरथ माँझी 'पर्वत-पुरुष' के विभूषण का हकदार हो गया, इतिहास का एक पन्ना बन गया। इस अनूठे प्रेम-पर्व की चर्चाएँ दुनिया भर में दर्ज होने लगीं। सन् 1999 में उनका नाम 'लिम्का बुक ऑफ रिकॉर्ड्स' में शामिल हो गया। दशरथ की इकलौती अतुलनीय क्रांति ने उनको नक्षत्र बना दिया। गरीब का पहला 'श्रमिक ताजमहल' और 'मनुष्य महल' दोनों बना दिया दशरथ माँझी ने, व्यंग्य को यथार्थ में बदलकर।

पहाड़ को तोड़ने का कार्य 33 वर्ष की उम्र में शुरू किया था। पूरी जवानी तोड़ने में बिता दी। भीतर के खुशमिजाज इनसान थे। हँसोड़पन से आर्थिक तंगी को झेलते रहे। संता में कबीर पंथ में दीक्षित हुए। अनपढ़ दशरथ चिर स्मरणीय हो गए।

शुरू हुआ दशरथ माँझी का सम्मान। भारतीय स्टेट बैंक ने मजाक किया उनको कंप्यूटर देकर। ई-टी.वी. वालों ने उन्हें 18 सितंबर, 2006 को 'बिहारी हो तो ऐसा' का खिताब दिया। यह खिताब अब हर बिहारी की चुनौती है। बिहार के मुख्यमंत्री नीतीश कुमार ने अपनी कुरसी पर बिठाकर उनका सम्मान किया। एक दिन के भिश्ती राजा की तरह यह भी प्रतीक बना। सम्मान का सिलसिला चलता गया। दूरदर्शन ने उन्हें 'धरती के लाल' की संज्ञा दी। उन पर वृत्तचित्र बना।

इस महान् कर्मवीर की माँ थीं—पचिया देवी। पिता मँगरू माँझी। वे माता-पिता धन्य थे। पुत्र से उनका नाम रोशन हुआ। पुत्र हों तो ऐसा। अभी धड़ाधड़ सरकार माँझी के क्षेत्र में पक्की सड़कें बना रही है। दशरथ माँझी ने पिछड़े बिहार को अग्रणी बिहार बनाने का स्वप्न प्रदान कर दिया। आज [illegible] [illegible]ाडी दशरथ

के प्रेम स्मारक की तरह खड़ी है। ताजमहल से भी ऊँचा, भाव-सुंदर, मनुष्य-प्रेम की गाथा लेकर। प्रणाम है शत-शत दशरथ माँझी के तीर्थ जैसे मानव प्रेम-महल और साहस की पराकाष्ठा को। नीतीश कुमारजी ने उनका मुहावरा बिहार-निर्माण के लिए ग्रहण किया।

सर्वेश्वर दयाल के शब्दों में, माँझी के जीवन का एक ही काव्य-पाठ हो सकता है—"दुःख तुमको क्या तोड़ेगा, तुम दुःख को तोड़ दो। बस, अपनी आँखें औरों के सपनों से जोड़ दो।"

कबीरपंथी होकर दशरथ माँझी नए कबीर की भूमिका में भी रहे। केवल घोंसला बहाकर ले जानेवाले समुद्र को बूँद-बूँद सोखकर कहानी की चिड़िया ही नहीं रहे। उनका कहना था कि ईश्वर में विश्वास का अर्थ मेहनत की पूजा है। हम अंध-श्रद्धा के शिकार हैं। फाकाकशी करनेवाले आदमी की मौत के बाद मृत्यु-भोज की धारणा का उन्होंने विरोध किया। आज से सामान्य आदमी में उद्दाम जिजीविषा का नया मिथक हैं दशरथ माँझी। पहाड़ उन्हें कभी ऊँचा नहीं लगा। पहाड़ से ऊँचा मनुष्य है। यही उनका घोषणा-पत्र है, जिसे उनके कर्म ने पूरी मानवता के नाम जारी किया है। उन्होंने पत्नी-प्रेम का ताजमहल नहीं बनाया, मनुष्य का पहला 'प्रेम-महल' बनाया।

□

बाबा चौहरमल

मानवीय समानता के लिए संघर्ष और असमान व्यवस्था में दमन और भेद-मूलकता का प्रतिकार ही इतिहास-बोध कहा जाता है। ऐसे इतिहास-बोध से संपन्न पासवान जाति में उत्पन्न संत महानायक बाबा चौहरमल हमारे इतिहास के ऐसे पात्र हैं, जिनकी भूमिका आज के परिप्रेक्ष्य में मूल्यांकन और पुनर्मूल्यांकन की माँग करती है। बाबा चौहरमल के व्यक्तित्व का आज के बिहार और भारत के संदर्भ में मूल्यांकन हमें एक निश्चित गंतव्य की ओर उन्मुख होने की लोक-प्रेरणा देता है। वे हमारे आज के समाज के लिए सनातन लोक-दृष्टि के मौलिक और अप्रतिम प्रतीक हैं।

बाबा चौहरमल प्रतापी और अपने समय के सुयोग्य, शरीर से बलिष्ठ, विचार से मानवतावादी, देवी उपासना से सिद्धि प्राप्त ऐसे महानायक थे, जो जनश्रुतियों व लोकगीतों तक में प्रतिष्ठा पाकर अमर और प्रेरणाप्रद हो गए हैं। वे अपने जीवनकाल में ही लोकश्रुति (लीजेंड) हो गए। उनकी जीवन-शैली, मर्यादा-पालन की सुगंध दूर-दूर तक पूरे उत्तर भारत में फैली। महानायकत्व कोई सीमाओं में नहीं बँधता। इसके ज्वलंत उदाहरण हैं—बाबा चौहरमल। इस नाम में मिठास और व्यंजना है। हमारी सदी में प्रतिभा का वरण करनेवाले, नए मूल्यों के स्थापक बाबा साहेब आंबेडकर हुए; पर आश्चर्य होता है कि इसी 'बाबा साहेब' नाम के एक अपढ़, ज्ञान, बुद्धि, साहस, विवेक और समर्पण भारतीय बोध है। बाबा चौहरमल का प्रकाशित चरित्र केवल यहीं तक सीमित नहीं है। उन्होंने सीधे अपने समय के अन्याय, शोषण एवं सामंतशाही से मुकाबला कर जिस लोक-समस्या के निदान का प्रेरक उदाहरण बनने का काम किया, वह आज तक अपूर्व और ऐतिहासिक है।

आज से साढ़े चार सौ साल पहले का प्रमाण और लोक-कथा दोनों है। उन्होंने दमन की शक्तियों के खिलाफ पहला जन-संगठन बनाकर उसका नेतृत्व किया। शोषित, पीड़ित, लांछित, घर्षित, पद-दलित, न्याय-विहीन, उपेक्षित लोगों की जाग्रत् चेतना का दुर्ग, जो बाबा चौहरमल ने इतिहास के अँधेरे समय में बनाया, उसका उदाहरण पूरे विश्व-इतिहास में नहीं है। पीड़ितों की चट्टानी एकता का नारा देकर उन्होंने अपने जन्मक्षेत्र मोकामा और जन्म-स्थली दियारा के चाराडीह को अमर कर दिया है। उस समय मुगलों का शासन था—भारत पर चारों तरफ अन्याय का शासन था। अपने जन्म क्षेत्र मोकामा (तत्कालीन अंजनीगढ़ या अंजनीनगर) में पिता बिहारी राम और माता राधवत देवी के यहाँ सत्रहवीं शताब्दी में 14 अप्रैल, 1687 को मंगलवार के दिन 4 बजे पैदा हुए। एक तरह से उनका अवतार हुआ। उनके जन्म समारोह में दैवी विभूतियों के भाग लेने और उनके भविष्य के उल्लेख पहले ही हो जाने के उल्लेख मिलते हैं। ऐसे अवतारों की हमारी संस्कृति में मान्यता है, जिन्होंने अत्याचार के समय-चक्र को बदलकर सामाजिक शांति और विकास का प्रवर्तन किया है। इसी भूमिका में बाबा चौहरमल की अवतारी होने की प्रतिष्ठा सर्वमान्य है। लोग जिसे अवतारी मानें, वस्तुतः इतिहास में वही अवतारी होता है। उनकी ध्वजा के नीचे सभी जाति का सम्मान हो, कोई उपेक्षि न हो। यही उनकी अवतारी प्रामाणिकता है। बाल्यकाल से ही बाबा चौहरमल की विलक्षणता प्रकट होने लगी। उनके उदार मानवीय स्वभाव, गुणों एवं शौर्य-बल की शोहरत चारों तरफ फैलने लगी थी।

यह शोहरत अंजनीगढ़ (मोकामा) के तत्कालीन जागीरदार बाबू मर्दन सिंह तक पहुँची। चौहरमल अखाड़े के मल्ल-युद्ध में किसी को भी धूल चटा देते थे। एक दिन तो दूसरा चमत्कार घटित हो गया। मोकामा गंगा घाट पर विशाल मेला लगा था—हर वर्ष की तरह। लोग-बाग मेले में व्यस्त थे, तभी हल्ला हुआ कि एक अति सुंदर लड़की गंगा में डूब गई है। किसी को हिम्मत नहीं हुई कि गंगा में कूदकर उसे बचाए। वह लड़की कोई और नहीं, जागीरदार मर्दन सिंह की बेटी रक्तिमा थी। उसका भाई अजबी सिंह भी नहीं था। वे लोग भी नहीं कूदे। परंतु चौहरमल ने एक पल की देरी नहीं की। वे गंगा में कूद गए। वे पानी में विलीन हो गए। सबको आशंका हुई कि दोनों गंगा मइया की

भेंट चढ़ गए। किंतु लोगों के आश्चर्य का ठिकाना नहीं रहा कि कुछ देर के बाद चौहरमल और वह कन्या सुरक्षित एक नाव पर आते दिखे। हर्षातिरेक से जन-समुदाय ने चौहरमल की जयकार उठाई। उस दिन से वे जनता के हृदय के सरताज बन गए। उनकी ख्याति दूर-दूर तक फैल गई। यह चमत्कार से कम नहीं था।

मर्दन सिंह ने प्रसन्न होकर चौहरमलजी को अपने अखाड़े में और अधिक प्रशिक्षण के लिए रख लिया। चौहरमल अपनी अखाड़ाबाजी के दाँव-पेच से सबको चमत्कृत करते रहे। उनकी दोस्ती मर्दन सिंह के अकेले बेटे अजबी सिंह से हो गई। अजबी सिंह को अपनी कलाबाजी पर घमंड था। अखाड़े में मर्दन सिंह के और भी चार भीषण पहलवान थे—दलजीत गड़ेरी, मुंडे खाँ पठान, कालका सिंह और रक्षा सिंह। एक दिन मर्दन सिंह ने अपने बेटे अजबी सिंह के शौर्य के आयोजन का डंका पीटा गया। भारी संख्या में लोगों का जुटान हुआ। ड्योढ़ी की महिलाएँ भी छज्जे पर वह आयोजन देखने के लिए इकट्ठा थीं। अजबी सिंह की भिड़ंत पहले अखाड़े के सुविख्यात चार पहलवानों से हुई। नमक खाने की वजह से यह अजबी सिंह के शौर्य से चारों पहलवान मात खा गए। ललकार उठी है कि कोई और पहलवान है, जिसने माई का दूध पिया है। बस, क्या था, भीड़ को चीरते हुए चौहरमल अखाड़े में कूद पड़े। सबने उनको पहचान लिया। चौहरमल ने कहा, "मैंने शेरनी का दूध पिया है।" पहले चार गुर्गे पहलवान चौहरमल से भिड़े। चित खाने गिरे। किसी का हाथ टूटा, किसी का पैर। अब अजबी सिंह की बारी थी। रोमांच छा गया। चौहरमल के दिव्य शरीर और तेज से जनता ने चौहरमल की जयकार की। देखते-देखते अजबी सिंह को पटखनी दे दी। चौहरमल हीरो हो गए। इस अपमान को भला जागीरदार और उनका समुदाय कैसे पचा सकता था! चौहरमल अखाड़े से निकाल दिए गए। यहीं से उनके जीवन ने एक नया मोड़ लिया।

जागीरदार और उसका लड़का अपने अपमान का बदला लेने के लिए चौहरमल को मारने की योजना बनाने लगे। इसकी भनक चौहरमल को लग गई। सुरक्षा की दृष्टि से अपना पैतृक गाँव छोड़कर वे दियारा के चाराडीह चले गए। वही इनकी कर्मभूमि व यज्ञभूमि बनी।

चौहरमल चाराडीह चले तो आए, पर कभी चैन से नहीं रहे। पहले उनका नया निवास गाँव सहित जला दिया गया, फिर पिता व चाचा को गंगा के किनारे के गढ़ में कैद कर लिया गया, जो सुरंग से मोकामा गढ़ से जुड़ा था। आगे की कथा है कि चौहरमल ने अपने स्वजनों को मुक्त कराया। खुद को खत्म करने की साजिश में मर्दन सिंह भी उनके द्वारा मारे गए। अंत में सामने आई रक्तिमा या रेशमा—उनकी बेटी। जनश्रुति है कि वह चौहरमल पर आसक्त थी। पर यह तथ्य आधारहीन है। चौहरमल उसको अपनी बहन ही मानते रहे। लोकगीतों, कथाओं में इसे लोक के प्रेमी जोड़ों की तरह चौहर-रेशमा प्यार के प्रसंग में चित्रित करना चौहरमल के व्यक्तित्व का मूल्यांकन कदापि नहीं है। कथा है कि चौहरमल से लड़ते हुए रेशमा कुंड में समा गई।

चौहरमल का चरित्र

उनका चरित्र अपने आप में उजागर है। वह जिंदगी भर बेदाग अपने लक्ष्यों पर अडिग रहे। वह नियमित गंगा-स्नान और चाराडीह में देवी की पूजा करते। उनके व्यक्तित्व का विकास सर्वथा एक योद्धा, संत और उद्धारक के रूप में हुआ। माना गया कि उनमें देवी की शक्ति है। उन्होंने तत्कालीन समाज की वर्जनाओं के बावजूद सनातनी जनेऊ धारण किया और वेद मंत्र पढ़ने का अधिकार प्राप्त किया। वे रुद्राक्ष की माला धारण करते थे। इस तरह वे भारतीय संस्कृति की समानता के प्रतीक बने। दुसाध परिवार में जन्म लेने के लिए उन्हें अन्य मांसाहारी निम्न समझी जानेवाली जातियों से भी बहिष्कृत किया गया। वे कभी विचलित नहीं हुए। पाँसवा कौम का संगठन उत्तर प्रदेश एवं मध्य प्रदेश तक है। वे समाज की सभी जाति के उपेक्षितों व गरीबों के मसीहा बने। लोग उन्हें देवता की तरह पूजने लगे। इसी क्रम में उनके व्यक्तित्व को लोगों ने दैवी शक्तियों से स्पंदित माना। एक लोकनायक की छवि के साथ हमेशा से ऐसा होता आया है। वस्तुत: चौहरमल के व्यक्तित्व का मूल्यांकन और प्रतिष्ठा इन आधारों पर भी आज तक लोक में है; पर इतिहास के आईने में चौहरमल एक ऐतिहासिक युग-पुरुष के रूप में ही पूज़नीय और स्मरणीय हैं।

वे उच्च कोटि के दार्शनिक थे। उनमें हर तरह का ज्ञान कूट-कूटकर भरा था। उन्होंने मुसलिम वर्ग से भी कोई भेद नहीं किया। वे अपने समय की सामाजिक अभेदता के प्रतीक हो गए। यही उनके व्यक्तित्व का एक विभक्त समाज में सही मूल्यांकन है। इसी रूप में वे सामाजिक इतिहास के प्रथम ऐतिहासिक नायक हैं। इसी रूप में उनका स्थान इतिहास में अमर और सुरक्षित है।

सवाल है कि एक अंधेर युग में जब समाज पूरी तरह बँटा हुआ था, उन्होंने मानवीय धरातल पर मनुष्य की एकता की बुनियाद रखी। यही उनका अवदान है, जो भारतीय संस्कृति में आई विकृतियों का परिष्कार करता है। इस दिशा में बाद में जो भी सुधारक, निम्न वर्गों की चेतना, शिक्षा, संस्कारों का उत्थान करनेवाले भारत में आए, उनमें से पहला स्थान बाबा चौहरमल का ही है। अपने इसी व्यक्तित्व से वे सबके 'बाबा' कहलाए। वे बाबा परंपरा की सामाजिक क्रांति के हमारे भारतीय अग्रदूत हैं।

आज आजाद भारत में चौहरमल की देन और सामाजिक दृष्टि को अपनाने की सबसे बड़ी जरूरत हमारे सामने है। सामाजिक फलक पर आज भी हमारा समाज जाति-विद्वेष, सत्ता में जाति के आधार पर भागीदारी के लिए विभक्त है। ऐसे समय में, इतिहास के प्रथम सामाजिक नायक चौहरमल से हमें प्रेरणा मिलती है। हम ऐसे दिव्य महापुरुष के जीवन की किरणों से समरस समाज, समावेशी समाज के निर्माण की आधारभूमि पाते हैं तथा कथित निम्न, दुसाध, खेतिहर, सेवक वर्ग में जन्म लेकर भी चौहरमल ने बिना पढ़े-लिखे, बिना विवाह किए सनातन समानता के जिन मूल्यों, चारित्रिक आदर्शों की स्थापना की है, उसका समादर कर चौहरमल की कृतियों, कर्मस्थली पर प्रेरणा का महोत्सव खड़ा कर ही नए बिहार का नया स्वरूपण करें, इसके लिए बिहार और दलित वर्गों के बीच प्रकाश-स्तंभ की तरह चौहरमल के अतिरिक्त दूसरा कोई नायक के स्तर का पात्र नहीं है। चौहरमल की गाथा स्कूलों के पाठ्यक्रम में रखने, उनके आदर्शों को प्रसारित करने के आंदोलन का इसी रूप में सूत्रपात करना युग की माँग है, जिससे नए समाज की लंबित पड़ी रचना का पहला काम पूरा किया जा सकता है।

□

संथाल नेता सिदो

जो अंग्रेज भारत में एक व्यापारी की तरह आए, वे अपनी चालाकी से यहाँ के शासक बन बैठे। उन्होंने हमारी धन-संपत्ति तो लूटी ही, जनता का खुलकर खून भी चूसा। धरती के लाल बेहाल हो उठे।

सन् 1756 का समय था।

उस समय बंगाल-बिहार का संथाल परगना भारत का सबसे उपजाऊ इलाका था। लेकिन सन् 1793 में अंग्रेजों द्वारा लागू की गई स्थायी सेटलमेंट नीति ने संथालों से खेती की जमीनें छीन लीं। बरसों से वे जिस जमीन पर खेती कर रहे थे, वह जमींदारों को दे दी गई। संथाल जीवन जमींदारी व्यवस्था से त्रस्त हो उठा। साहूकारों और महाजनों का शोषण बढ़ता गया। अंग्रेजों, जमींदारों एवं महाजनों का शोषण और अन्याय इतना बढ़ गया कि खेत जोते-बोए नहीं जाते थे। बड़े-बड़े भूखंडों पर झाड़ियाँ खड़ी हो गईं। किसान लूटे और अपमानित किए जाने लगे। कारीगर और कामगार सताए जाने लगे। अकाल बार-बार पड़ने लगा। जनसंख्या घटती चली गई। नतीजा यह हुआ कि सभी जगह असंतोष बढ़ने लगा और एक दिन संथाल-विद्रोह की चिनगारी सुलग उठी।

30 जून, 1855 का दिन। अविभाजित बिहार के राजमहल क्षेत्र के भगनाडीह गाँव में संथाल नेता सिदो के नेतृत्व में लगभग 10 हजार संथाली इकट्ठे हुए। उन्होंने एक स्वर से विदेशी हुकूमत और महाजनों के खिलाफ एक प्रस्ताव पास किया, जिसका आशय था—अंग्रेज संथालों की धरती छोड़ दें। उन्होंने एक घोषणा-पत्र तैयार कर कीर्ता माँझी, भादो माँझी और पुता माँझी के हाथों उस घोषणा-पत्र को भागलपुर के कमिश्नर को भिजवाया। घोषणा-पत्र इस प्रकार

था—"15 दिनों के भीतर अंग्रेज संथालों की भूमि से हट जाएँ और शांतिपूर्ण तरीके से संथालों को अपनी भूमि पर शासन करने दें।"

उनकी आजादी की लड़ाई को अंग्रेजों ने संथाल-हुल या संथाल-विद्रोह का नाम दिया है; मगर कार्ल मार्क्स ने इसे भारत में पहली जन-क्रांति का नाम दिया है। इनकी इस लड़ाई में क्रांति ऊपर से लादी नहीं गई थी। जनता स्वयं गोलबंद हुई थी। उनका नेता उनके बीच से उभरा था। नेता न किसी मध्य वर्ग से था, न उच्च वर्ग से। सिदो, कान्हु, चाँद, भैरव, कीर्ता, भादो और पुता ऐसे ही नेता थे—जनता के आदमी।

भगनाडीह के चुन्नू माँझी के चार बेटे थे—सिदो, कान्हु, चाँद और भैरव। सिदो चुन्नू के सबसे बड़े बेटे थे। सिदो का व्यक्तित्व बड़ा आकर्षक था। वे छह फीट लंबे थे। उनकी भुजाएँ विशाल थीं। वे धुन के पक्के थे। संथालों के साथ-साथ वहाँ के चमार, कुम्हार, लोहार, डोम और मोमिन भी उनके कदम-कदम के साथी थे। जन-आंदोलन के सभी वर्ग और जातियों का सहयोग चाहिए। सिदो को सभी का सहयोग और साथ था। भागलपुर प्रमंडल के कमिश्नर ने भी अपने 28 जुलाई, 1855 के एक पत्र में स्वीकार किया है कि सिदो को संथाल-विद्रोह के समय में लोहार, चमार, ग्वाला, तेली आदि जातियों का खुला सहयोग मिला था।

झारखंड में आज भी यह कथा हर एक के मुँह से सुनी जा सकती है कि संथालों के बड़े देवता मराँग वरू ने सिदो को एक सप्ताह में सात बार दर्शन दिए, वह भी अलग-अलग रूपों में। पहली बार मेघ के रूप में, दूसरी बार अग्नि के रूप में, तीसरी बार टोपी पहने कुहासा भरे मानव के रूप में, फिर सूर्य-किरण छाया के रूप में और अंत में धोती पहने एक संथाल के रूप में।

अंतिम बार संथाल के रूप में मराँग वरू ने सिदो को मंत्र दिया और कहा, "तुम स्वतंत्रता के संदेश को देश के कोने-कोने में पहुँचा दो, ताकि लोग आनेवाले संकट के लिए तैयार रहें और पहले की तरह संथाल स्वतंत्र हो सकें।"

देवता ने उन्हें यह भी आदेश दिया कि "तुम संथालों का राज कायम करो। कंपनी राज को खत्म करो। अंग्रेजों, ठेकेदारों, निलहों और इन देशद्रोहियों से बदला लो, जो अंग्रेजी सल्तनत कायम करने में अंग्रेजों के मददगार हैं। तुम राजस्व स्वयं वसूल करो। भैंस के हल पर दो आना, बैल के हल पर एक आना

कर वसूल करो। अगर कोई महाजन या दरोगा इस कानून का विरोध करे तो उसे देश का दुश्मन समझा जाए और देश के नाम पर उसका वध कर दिया जाए।"

एक दिन की बात है।

सिदो जंगल में अकेले घूम रहे थे। दूध के समान उज्ज्वल कपड़े पहने एक स्त्री ने उन्हें दर्शन दिया। उस स्त्री ने कहा, "मैं तुमको संथालों का राजा बनाती हूँ। तुम जाकर संथालों के दु:ख को दूर करो। अब से संथालों की कोई सरकार या राजा-महाराजा और महाजन-जमींदार कोई नहीं है। तुम्हीं संथालों के सबकुछ हो।"

इतना कहने के बाद वह स्त्री गायब हो गई। वह स्त्री कोई और नहीं, उनकी बड़ी देवी 'जाहेर ऐरा' ही थीं।

सिदो ने यह संदेश अपने भाइयों—कान्हु, चाँद और भैरव को सुनाया। शाल पेड़ की टहनी युद्ध के संकेत के रूप में पूरे इलाके में घुमाई गई। आखिर वह दिन आ ही गया, जब 30 जून, 1855 को लगभग 10 हजार संथाल एक जगह भगनाडीह आ गए। उन्होंने मराँग वरू और जाहेर ऐरा के आदेश पर अपनी हर तरह की गुलामी से मुक्ति का संकल्प लिया।

संथालों की आम सभा में सिदो को राजा घोषित किया गया। कान्हु बने राजा के सलाहकार। चाँद को प्रशासक का पद मिला और भैरव बने सेनापति। संथालों की इस आम सभा ने एक नारा दिया—'जमींदार, महाजन, पुलिस आर राज रेज आमला को गुजुकमा।' जमींदार, महाजन, पुलिस और सरकार के कर्मचारियों की तलाश हो।

फिर संथालों ने अपने संकल्प दोहराए—'वे सरकारी हुक्म नहीं मानेंगे, सरकार को टैक्स नहीं देंगे। सरकार को जो भी सहयोग देंगे, वे उनके दुश्मन होंगे, चाहे वे संथाल ही क्यों न हों।'

सिदो और कान्हु पालकी में सवार हो गाँव-गाँव अलख जगाने के लिए निकल पड़े। संथाली भाषा में पालकी को 'खुड़खुड़ी' कहते हैं। संथाली लोकगीतों में इसकी चर्चा इस प्रकार है—

सिदो-कान्हु खुड़खुड़ी भितोरे
चाँद-भैरो घोड़ा चुपोरे।

देखो रे, चाँद रे, भैरो रे
घोड़ा भैरो, मुलिने-मुलिने।

पोटन साहब सदरलैंड के बाद संथाल क्षेत्र दामिन कोह का अधीक्षक बनकर आया। उसने संथाल व पहाड़ियों के बीच अलगाव और भेदभाव पैदा करना शुरू कर दिया। पोटन की नीयत भाँपने के लिए एक ही घटना काफी है।

हांडवा स्टेट का चंपीया संथाल बसजुमी नदी के किनारे पहाड़िया बस्ती सिलोगी में आकर बस गया था। पोटल ने चंपीया को बस्ती से निकालने के लिए पहाड़ियों को उकसाया, मगर उसे सफलता नहीं मिली।

चंपीया के दो लड़के थे—हरंबाँ और करामा। दोनों ने पिपरा नाम से संथालों की बस्ती बसाई थी। जंगीपुर का दारोगा महेशलाल दत्त पोटन का दाहिना हाथ था। पोटन इसी महेशलाल दारोगा से सारे नाजायज काम करवाता था। अमलापाड़ा के दो महाजन केनाराम भगत और बच्चाराम भगत पोटन के सहयोगी थे। संथालों के शोषण के लिए पोटन साहब इन्हीं महाजनों का इस्तेमाल करता था। इन महाजनों के पास लगभग 200 सिपाही थे। महेश दारोगा ने बगैर किसी कसूर के लिट्टीपाड़ा के विजय माँझी को पकड़कर भागलपुर जेल भेज दिया। कुछ दिनों बाद जेल में ही विजय माँझी की मौत हो गई। इसका गहरा असर संथालों पर पड़ा। महेश दारोगा ने फिर हड़ामा माँझी, चंपीया माँझी और आगाछिया के गरभू माँझी तथा पीपरा के लखन माँझी को पकड़कर भागलपुर चालान कर दिया। संयोग से, महेश ने ही उन्हें जेल तक पहुँचाया।

लौटते समय महेश दारोगा बड़हित के केनाराम भगत के संबंधी के यहाँ रात में ठहर गया। बड़हित के पास ही संथाल नेता सिदो डेरा डाले हुए थे। पेडरकोल गाँव के परगानायत ने अपने तीन आदमियों को सिदो के पास भेजा और स्वयं दारोगा की निगरानी करने लगा।

संयोग की बात। महेश दारोगा से सिदो की मुलाकात हो गई। संथाल नेता ने उसे समझाया, "संथाल-राज की प्रजा को गिरफ्तार करने का अधिकार कंपनी के किसी नौकर को नहीं है। उन्हें तुम छोड़ दो।"

महेश दारोगा ने उलटे सिदो को अपमानित किया। नतीजतन, महेश दारोगा 7 जुलाई, 1855 को मारा गया। गोंड्डा के नायक प्रताप नारायण का भी वध कर

दिया गया। पँचकटिया के नायब सजावल खाँ ने संथालों का विरोध किया, तब कान्हु ने उसका भी वध कर दिया। डाकतार घर जला दिए गए, तार की लाइनें काट दी गईं। पीरपैंती रेलवे स्टेशन पर संथालों का कब्जा हो गया।

संथाल-विद्रोह की खबर चारों तरफ आग की तरह फैल गई। कंपनी सरकार में अफरा-तफरी मच गई। संथाल परगना की अंग्रेजी फौज ने चारों तरफ से घेराबंदी शुरू कर दी। 10 नवंबर, 1855 को मार्शल लॉ लागू कर दिया गया। दूसरी तरफ, सिदो ने संथाली फौज को कई टुकड़ों में बाँट दिया। लगभग 20 हजार विद्रोही संथालों ने अंबर परगने पर हमला बोल दिया। वहाँ का राजा राजभवन छोड़कर भाग गया। 12 जुलाई को उस पर सिदो का दखल हो गया। इसी प्रकार, विद्रोहियों ने फुदकीपुर में निलहे गोरों को मार डाला। सार्जेंट पोडौन मारा गया। गोरे निलहों की कोठियाँ लूटी गईं; मगर पैलापुर संघर्ष में सिदो के भाई कान्हु शहीद हो गए।

तब भी संथाली हौसला पस्त नहीं हुआ। कहलगाँव से राजमहल व रानीगंज होते हुए संथाल देशभक्त पाकुड़ पहुँच गए, जहाँ अंग्रेजों ने रेलवे अफसरों को बचाने के लिए 'मारटेल टावर' बनवाया था। उस टावर की ऊँचाई 30 फीट और घेरा 20 फीट था। उसमें गोलियाँ चलाने के लिए छेद बने हुए थे। अंग्रेज उसी टावर में घुसकर अपने प्राण बचाते थे। संथाल विद्रोहियों ने टावर को भी अपने कब्जे में कर लिया। संथाली मुक्ति-संघर्ष का एकमात्र चिह्न अभी तक वही टावर रह गया है।

वीरभूमि के इलाकों पर अपना अधिकार जमाने के बाद संथालों ने संग्रामपुर और रघुनाथपुर में अंग्रेजी फौज को बुरी तरह परास्त किया। इस संथाल विद्रोह ने अंग्रेजों को इतना भयभीत कर दिया कि उसे कुचलने के लिए उन्होंने बर्बरता की सारी सीमाएँ तोड़ दीं। वहाँ की पहाड़ियाँ संथालों के खून से लाल हो गईं, लेकिन फिर भी संथाल लड़ते रहे; मगर महेशपुर आकर संथाली फौज को मुँह की खानी पड़ी। लगभग 20 हजार संथाली शहीद हो गए। उनके कई नेता गिरफ्तार कर लिये गए।

इस हार से सिदो को गहरा धक्का लगा। संथालों के तीर-धनुष अंग्रेजी सेना की तोप-बंदूकों का सामना नहीं कर पाते थे।

बरसात के दिन थे। सिदो गोरिल्ला युद्ध का संचालन ठीक से नहीं कर पा रहे थे। इसी बीच एक साथी के विश्वासघात के कारण सिदो को पकड़ लिया गया और अंग्रेजों ने उन्हें एक पेड़ पर लटकाकर फाँसी दे दी।

सिदो की शहादत के बाद भी संथालों ने आत्म-समर्पण नहीं किया और आजादी की छिटपुट लड़ाई तब तक जारी रही, जब तक अंतिम आंदोलनकारी जिंदा रहा। वह आंदोलन बदले हुए रूपों में आज भी जारी है। सिदो की यश-गाथाएँ आज भी संथालियों में नई स्फूर्ति एवं शक्ति का संचार करती हैं।

□

बदलाव के लेखक थे मधुकर सिंह

मधुकर सिंह (2 जनवरी, 1934 से 15 जुलाई, 2014) अपने समय के महत्त्वपूर्ण कथाकार, उपन्यासकार, टिप्पणीकार, नाटककार, जीवनी लेखक, संपादक और लोकगीतों के विख्यात रचयिता थे। उन्होंने वर्ष 1947-48 में 15-16 वर्ष की उम्र से लिखना शुरू किया था और अपने अंतिम दिन तक लिखते रहे थे। इस क्रम में उन्होंने सैकड़ों ग्रंथ लिखे थे, जिसमें 13 कहानी-संग्रह, 21 उपन्यास और अनगिनत गीत, निबंध, नाटक एवं आलोचनाएँ हैं। उन्होंने कई ग्रंथों का संपादन भी किया था तथा प्रेमचंद, भिखारी ठाकुर और मैक्सिम गोर्की की जीवनी भी लिखी थी। यूँ कहें कि साहित्य के किसी भी पक्ष को उन्होंने अछूता नहीं छोड़ा था।

मधुकर सिंह का जन्म पश्चिम बंगाल के मिदनापुर जिले में 2 जनवरी, 1934 को हुआ था। जन्म के कुछ वर्षों के बाद अपनी माँ के साथ वे बिहार के धरहरा (भोजपुर) लौट आए। फिर धरहरा के ही हो गए। माँ ने धरहरा के सरकारी प्राइमरी स्कूल में उनका दाखिला करा दिया। नामांकन के समय नाम पड़ा—राम सिंहासन सिंह।

मधुकर सिंह (राम सिंहासन सिंह) के संपूर्ण लेखन में सामाजिक व्यवस्था, खासकर गाँवों के सामंती व अर्ध-सामंती ढाँचे के विरुद्ध जो विद्रोह है, उसे समझने के लिए उनकी बाल्यावस्था की एक घटना का उल्लेख जरूरी है। धरहरा प्राइमरी स्कूल के हेडमास्टर थे—रामाशीष पांडेय। मधुकर सिंह का बाल स्वर बहुत सधा हुआ था। इसलिए पांडेय ने स्कूल के प्रार्थना गीत—'हे प्रभु आनंददाता, ज्ञान हमको दीजिए' के लिए मधुकर सिंह को चुना था। मधुकर

(राम सिंहासन) सबसे पहले प्रार्थना गीत गाते, अन्य लड़के उनका अनुकरण करते। उस समय तक रामाशीष पांडेय को यह जानकारी नहीं थी कि यह किस जाति के हैं। राम सिंहासन सिंह राजपूती नाम था। लेकिन एक दिन उन्हें मधुकर की जाति कोइरी, कुशवाहा का पता चल गया। सबसे पहले उन्होंने प्रार्थना गीत से उनकी छुट्टी कर दी। फिर हिदायत दी कि क्लास में लंबाई के अनुसार छात्र बैठेंगे। दरअसल, यह तरकीब उनकी सामंती सोच थी। मधुकर सिंह लंबे थे और आगे की सीट पर बैठते थे। पिछली सीट पर उन्हें भेजा गया। ऐसा क्यों, उन्होंने पूछा था। जवाब था—"पीछे के लड़के तुम्हारी लंबाई से छिप जाते हैं।" लेकिन मधुकर के साथ दलित-पिछड़े वर्ग के छोटे कद के बच्चे भी पीछे बिठाए जाने लगे। मधुकर सिंह को अहसास हो गया कि इसका कारण जाति है, लंबाई नहीं। प्रतिक्रिया-स्वरूप छुट्टी के दिन उन्होंने हेडमास्टर पांडेय का रेखाचित्र क्लास की दीवार पर गेरू से उकेर दिया। पांडेयजी गांधी टोपी पहनते थे। उनकी टोपी को आकाश में उड़ाते हुए चित्रित किया। जब भेद खुला कि यह मधुकर सिंह की करतूत है तो बेंत से उनकी जमकर पिटाई हुई। इस घटना ने मधुकर सिंह के भीतर वर्ण-व्यवस्था के खिलाफ घृणा का बीज बो दिया।

सन् 1945 में मधुकर सिंह ने पाँचवीं की परीक्षा उत्तीर्ण की और आगे की पढ़ाई के लिए आरा के महाजनी स्कूल में दाखिला लिया, जो उस समय पिछड़े-दलितों के स्कूल के रूप में मशहूर था। कभी इसी विद्यालय में बाबू जगजीवन राम ने पढ़ाई की थी। महाजनी स्कूल में पिछड़े-दलित छात्रों से मधुकर की व्यापक अंत:क्रिया हुई। गाँवों में अपनी रोटी और अस्मिता की लड़ाई लड़ रहे पिछड़े-दलितों के दर्द को उन्होंने नजदीक से देखा। वर्ष 1950-51 में मधुकर सिंह ने हस्तलिखित पत्रिका 'परिमल' की योजना बनाई। रचनाओं के संग्रह से लेकर पत्रिका 'परिमल' को विभिन्न रंगों और चित्रांकनों से सजाने का कार्य मधुकर सिंह ने खुद किया।

'परिमल' के पहले अंक का लोकार्पण सच्चिदानंद हीरानंद वात्स्यायन 'अज्ञेय' के कर-कमलों से हुआ। अज्ञेय उन दिनों भूदान-यात्रा के सिलसिले में भोजपुर के कसाप गाँव में थे। मधुकर ने उनसे मिलकर उन्हें 'परिमल' के विमोचन के लिए आमंत्रित किया। मधुकर सिंह ने उन्हें बताया कि यह

हस्तलिखित पत्रिका आरा के निकटवर्ती गाँवों में बारी-बारी से 10 दिनों तक रहेगी और युवकों के बीच एक संवेदना सेतु का काम करेगी। कम बोलनेवाले अज्ञेय ने इस पत्रिका को एक रात अपने पास रखा और दूसरे दिन लगभग डेढ़ घंटे तक पत्रिका पर अपना वक्तव्य दिया। उन्होंने कहा कि यह पत्रिका जमीन खोदने की तरह गाँव और जगत् के अछूते बिंबों से लबरेज है और इसकी कहानियाँ मुख्यधारा की हैं। इसी में मधुकर सिंह की पहली कहानी 'करमजरुआ' हस्तलिखित थी। परिमल के सीमित परिभ्रमण से मधुकर सिंह आरा एवं आसपास के गाँवों के साहित्य-प्रेमियों के बीच जाना-पहचाना चेहरा बन गए।

सन् 1951 में जैन कॉलेज, आरा में इंटरमीडिएट में दाखिले के साथ ही मधुकर एक समर्थ रचनाकार की भूमिका में उतर गए। मुक्त शैली से लिखा हुआ करीब 300 पृष्ठों का उनका पहला खंड-काव्य 'उध्वर्ग' 1951 में प्रकाशित हुआ था। मधुकर सिंह को उम्मीद थी कि आजादी के बाद देश की तसवीर बदलेगी, लेकिन बदला कुछ भी नहीं। अंग्रेजों की जगह सामंतों और जमींदारों ने ले ली। जमींदारी-उन्मूलन कानून कागजों में ही सिमटकर रह गया। किसानों व भूमिहीन मजदूरों की मुसीबतें और बढ़ने लगीं। सामाजिक विषमता, किसानों व मजदूरों की उपेक्षा और पूँजीवाद के बढ़ते शिकंजे ने मधुकर सिंह को बेचैन कर दिया। वर्ष 1953 में 'रुक जा बदरा' शीर्षक से भोजपुरी गीतों का उनका संग्रह प्रकाशित हुआ, जो भोजपुरिया जन-जन के बीच अत्यंत लोकप्रिय हुआ। इस संग्रह में उन्होंने भूमिहीन किसानों और मजदूरों के दर्द को बड़ी मार्मिकता से पेश किया था। आकाशवाणी, पटना से प्रसारित इन गीतों को सुनकर तब लोकनायक जयप्रकाश नारायण ने मधुकर सिंह से कहा था—मधुकरजी, आपने यह दर्द कहाँ से पाया? 'रुक जा बदरा' के बाद वह कहानियों और उपन्यासों की ओर मुड़ गए। लेखक के रूप में उनकी पहचान बन गई, मगर आर्थिक संकट था। कुछ वर्षों की बेरोजगारी के बाद शिक्षक के रूप में जब उनकी नियुक्ति हो गई, तब उनका परिवार खिसकने लगा। सन् 1970 में वे समांतर कहानी आंदोलन से जुड़े। इसमें उनकी जोड़ी प्रसिद्ध कथाकार कमलेश्वर संग खूब जमी। राष्ट्रीय स्तर पर लोग उन्हें जानने-पहचानने लगे।

मधुकर सिंह ने अपने जीवन काल में जीवनियाँ और नाटकों के अलावा कुल 21 उपन्यास और सैकड़ों कहानियाँ लिखीं। कमोबेश सभी में वे आम

आदमी के लिए संघर्ष के औजार तलाशते नजर आते हैं। उनके पहले कहानी-संग्रह 'पूरा सन्नाटा' में सन् 1960 से 1966 तक की कहानियाँ संकलित हैं। कहानी की शुरुआत में उन्होंने 'तक्षक' और 'दुश्मन' जैसी युगांतरकारी कहानियाँ लिखीं। वर्ष 1966-67 में बिहार में भयंकर अकाल पड़ा। प्रदेश में त्राहिमाम मच गया। तब उन्होंने 'भगोड़े' कहानी लिखी। ऐसी कहानियों के बाद उनकी व्यापक पहचान बनी। 'पूरा सन्नाटा', 'भाई का जख्म', 'अगनु कापड़', 'पहला पाठ', 'हरिजन सेवक', 'माइकल जैक्सन की टोपी', 'लहू पुकारे आदमी', 'पाठशाला' नामक कहानी-संग्रहों के माध्यम से उन्होंने ब्राह्मणवादी सामंती जड़ों पर प्रहार किया। उनकी छोटी-बड़ी कहानियाँ यह बताती हैं कि आजादी से जो उम्मीद थी, वह पूरी नहीं हुई। बेरोजगारी और आर्थिक-सामाजिक विषमता बढ़ रही है। सरकार की जालसाजों, रिश्वतखोरों और कालाबाजारियों के साथ गहरी यारी है। नेता, नौकरशाह, डॉक्टर, प्रोफेसर, वकील, भू-स्वामी, पूँजीपति, पत्रकार—सबका जन-विरोधी चेहरा इन कहानियों में दर्ज है। आम जनता में व्यवस्था के प्रति गहरा विक्षोभ व आक्रोश है और उसके दमन के लिए पुलिस तैयार है।

दलित-उत्पीड़ित, शोषित-वंचित लोगों के दुःख-दर्द, उनकी आकांक्षाओं और संघर्षों के प्रति मधुकर सिंह की रचनाओं में गहरी संवेदना मिलती है। उनकी रचनाओं में ग्रामीण जीवन के दृश्य भरे पड़े हैं, जिसमें समाज का वर्गीय ढाँचा वर्ण के ढाँचे के रूप में साफ दिखाई पड़ता है। सामंतवाद, वर्ण-व्यवस्था, पूँजीवाद, जन-विरोधी प्रशासन, सरकार और भेदभाव वाले सामाजिक-धार्मिक सरकारों के खिलाफ एक तीव्र विरोध के आग्रह के साथ उन्होंने अपने उपन्यासों व कहानियों को रचा है। भू-स्वामियों का जो वर्चस्व है, उसे बरकरार रखने में पूरी ब्राह्मणवादी सामाजिक-धार्मिक व्यवस्था सहयोगी दिखती है। पूँजीवाद भी सामंती संरचना को ध्वस्त करने के बजाय उससे गठजोड़ किए हुए है और वही गठजोड़ लोकसभा, विधानसभा तथा सरकारी व गैर-सरकारी संस्थाओं पर काबिज है। 'सोनभद्र की राधा', 'सबसे बड़ा छल', 'सीताराम नमस्कार', 'जंगली सूअर', 'मेरे गाँव के लोग', 'समकाल', 'कथा कहो कुंती माई', 'अगिन देवी', 'मनबोध बाबू', 'अर्जुन जिंदा है' समेत उनके सभी उपन्यास सामंती और वर्णवादी व्यवस्था की क्रूरताओं एवं अमानवीयताओं के खिलाफ प्रतिवाद और प्रतिरोध से संबंधित हैं।

मधुकर सिंह के उपन्यासों व कहानियों में जमीनी स्तर पर स्त्रियों की सबलता और समानता का जो संघर्ष है, वह बखूबी दर्ज हुआ है। उनके कथा-साहित्य में यह बार-बार नजर आता है कि दलित और गरीब स्त्री ही नहीं, बल्कि गैर-दलित स्त्रियों के प्रति भी यह सामाजिक व्यवस्था अमानवीय है। अपने घरों में भी वे सुरक्षित नहीं दिखतीं। 'सीताराम नमस्कार' में सीताराम पांडे अपनी पुत्रवधू का यौन शोषण करते हैं। गांधीवाद की आड़ में पितृसत्तात्मक सामंती वर्चस्व बनाए रखने और विरोध करनेवालों को कम्युनिस्ट बताकर कुचल देने की सच्चाइयाँ इस उपन्यास में सामने आती हैं। स्त्री का अपने ही रिश्तेदारों द्वारा यौन शोषण-उत्पीड़न का जो यथार्थ है, उससे मुक्ति की राह प्रेम के अधिकार के जरिए खुलती है।

मधुकर सिंह के किसी उपन्यास में नायिका जाति-पाँति के दायरे को तोड़ती है तो किसी में धर्म की। वह पितृसत्ता या पुरुष वर्चस्व को चुनौती देने के लिए जो रास्ता चुनती है, वह सामाजिक-राजनीतिक बदलाव के आंदोलनों से होकर गुजरता है। वे अपनी मुक्ति की प्रक्रिया में सामाजिक गैर-बराबरी के खिलाफ चल रहे आंदोलनों के करीब आती हैं, उसमें शिरकत एवं उसका नेतृत्व करती हैं और इस रास्ते में स्त्री-पुरुष दोनों उसके सहयोगी होते हैं। यही नहीं, गरीब-मेहनतकशों का आंदोलन किस तरह कुंती माई जैसी आम महिलाओं को सामाजिक-राजनीतिक बदलाव का नेतृत्वकारी बना देता है, वह स्त्री विमर्श के पहलू से विचारणीय है। इसी आंदोलन में शामिल होकर 'बेनीमाधो तिवारी की पतोहू' जैसी स्त्रियाँ सामंतवाद के घेरे को तोड़ती हैं और अपनी एक नई सामाजिक पहचान को हासिल करती हैं। ऐसा नहीं है कि ब्राह्मण स्त्री और दलित-पिछड़े नायक के बीच प्रेम दिखाना मधुकर सिंह के लिए कोई कथा-रूढ़ि है। जाति का वर्चस्व तोड़ने के लिए वे इसे एक कथा-उपकरण के तौर पर इस्तेमाल करते हैं।

दलित-विमर्श के लिहाज से भी मधुकर सिंह का कथा-साहित्य बेहद महत्त्वपूर्ण है। हिंदी कथा-साहित्य में दलितवादी विमर्श के शुरू होने से दो-ढाई दशक पहले मधुकर सिंह ने दलितों की मुक्ति के प्रश्न को कथा-साहित्य का केंद्रीय प्रश्न बनाया। स्त्री की मुक्ति का सवाल यहाँ दलित-मुक्ति से अभिन्न रूप

से संबद्ध है। आज के दलित कथा-साहित्य के विपरीत उनकी कहानियों और उपन्यासों में दलितों की सामाजिक मुक्ति का सवाल जमीन के लिए आंदोलन से अभिन्न रूप से जुड़ा हुआ नजर आता है। 'मेरे गाँव के लोग' में तो वे कहते भी हैं कि "जाति, धर्म-संप्रदाय सबकी बुनियाद जमीन है।" दलित जाति से आनेवाले नौकरशाह, मंत्री उनकी कहानियों व उपन्यासों के नायक नहीं हैं और न ही दलित मध्य वर्ग की जिंदगी उनके केंद्र में है। इसके बावजूद समाज में जो वर्चस्व में हैं, वे बड़े बेचैन दिखते हैं कि शूद्रों का राज आ गया है। उनकी कहानियों के दलित चरित्र, जो बुनियादी तौर पर खेत-मजदूर और भूमिहीन किसान हैं या उनके आंदोलनों के नेता हैं, वे पूरे समाज और सामंती व्यवस्था के साथ राजकाज का चेहरा बदलने के लिए संघर्ष करते हैं। इसी कारण सामंती-जातिवादी शक्तियों को शूद्रों का राज आने का भय सताता है।

वे 'सहदेवराम का इस्तीफा' जैसा उपन्यास लिखते हैं, जहाँ एक दलित नायक सामंती व्यवस्था को बदलने की लड़ाई को अहमियत देता है और अपनी नौकरी से इस्तीफा दे देता है। भोजपुर के आंदोलन को देखें तो यह कोई कल्पित साहित्यिक तथ्य नहीं था। यह एक वर्गीय आंदोलन का ही असर है कि जहाँ एक ओर कहानी 'लहू पुकारे आदमी' में भैरव त्रिपाठी और नगीना मुसहर मिलकर जाति-पाँति मिटाना चाहते हैं, तो 'उसका सपना' के खिलाफ एक ही अस्त्र है—मार्क्सवाद, कम्युनिस्टों का जबरदस्त बेस हो सकता है हमारे यहाँ। मगर कोई जमीनी नेता इमर्ज नहीं कर रहा है। जनता के भीतर से निकले जमीनी नेताओं की कहानियाँ और उपन्यास लिखना उन्हें पसंद था। यहाँ तक कि जब उन्हें एक फेलोशिप के तहत उपन्यास लिखने का मौका मिला तो उन्होंने आदिवासी नायक सिदो और कान्हू के संघर्ष पर 'बाजत अनहद ढोल' सरीखा उपन्यास लिखा। हालाँकि, इस उपन्यास को लिखते वक्त भी भोजपुर का किसान आंदोलन उनके अवचेतन पर छाया रहता था। कई बार लगता है कि वे अपने समकालीन अनुभवों के आईने में अतीत को देख रहे हैं। वैसे भी, नक्सलवादी विद्रोह से उभरा क्रांतिकारी कम्युनिस्ट आंदोलन ऐतिहासिक किसान विद्रोहों की परंपरा से खुद को जोड़ता ही है। मधुकर सिंह ने बच्चों के लिए भी कई कहानियाँ लिखीं और भोजपुरी की लोकप्रिय फिल्म 'दुलहा गंगा पार के' की पटकथा भी

लिखी। उनकी कुल प्रकाशित 13 कहानी-संग्रहों और 21 उपन्यासों में जमीन, आजादी और बराबरी के लिए संघर्षरत दलित-वंचित और मेहनतकश-गरीब लोगों के प्रति उनकी जो पक्षधरता है, वह उन्हें हिंदी कथाकारों में विशिष्ट बनाती है। वे कहते थे, जो अपने लोगों की वास्तविक कथा नहीं लिखता, वह 'चिरकुट' है, यानी कपड़े का फेंका हुआ टुकड़ा। यही उनको अन्य कथाकारों से अलग करता है।

मेरा मधुकर सिंह के साथ साहित्य से लेकर जीवन के अनेक पक्षों पर बातें-बहसें करना, कुछ पाना, कुछ खोना—सबका सिलसिला बना हुआ था। वे अकसर साहित्य की नई कृतियों के बारे में मुझे बताते रहते थे और प्रेरित करते रहते थे। वे जब भी मुझसे मिलते थे, ऐसे स्नेह के साथ कि मैं घंटों उनसे आप्लावित होता रहता था। वे बहुत बड़े लेखक थे, पर उनका दिल और भी बड़ा था। मुश्किल-से-मुश्किल समय में भी वे अपना दुःख भूलकर मुझ जैसों को सदैव आशा दिलाते रहते थे। उनसे मैंने बहुत पाया और बहुत कुछ सीखा था। जब तक वे जीवित थे, कहीं किसी शब्द पर अटकता था तो यह विश्वास था कि मधुकर सिंह तो हैं ही।

एक मार्मिक क्षण याद आ रहा है। उन दिनों मधुकरजी पटना के श्रीकृष्ण नगर मोहल्ले में रहते थे। वे 3 मई, 2008 को दो दिनों के लिए आरा गए थे और उसके अगले दिन, यानी 4 मई को उन्हें पक्षाघात हो गया था। इसकी सूचना उन्होंने खुद ही मुझे दूरभाष पर दी थी। मैं तत्क्षण आरा पहुँचा था। उनकी वाणी साथ नहीं दे रही थी; लेकिन मानसिक जागरूकता बनी हुई थी। मुझे देखते ही उनका चेहरा खिल उठा था। हालाँकि, यह कचोट तो गहराई तक उनके अंदर थी कि वह हाथ, जो कभी रुका नहीं, आज विवश है। मैंने देरी नहीं की और उन्हें अपनी गाड़ी पर बिठाकर पटना लेते आया था। पटना के प्रख्यात चिकित्सक डॉ. गोपाल प्रसाद सिन्हा से लगभग एक वर्ष तक उनका इलाज चला। कुछ स्वस्थ होने पर वे आरा लौट गए थे।

हालाँकि, तब भी वे पूर्णरूपेण स्वस्थ नहीं हुए थे। दाएँ हाथ से लिखना संभव नहीं हो रहा था तो उन्होंने बाएँ हाथ से लिखना शुरू कर दिया था। वाणी साथ नहीं दे रही थी और श्रवण-शक्ति कमजोर पड़ गई थी। दैनिक कार्यों के

लिए भी उन्हें किसी का सहारा लेना पड़ता था। लेकिन फिर भी, उनमें अद्‌भुत जिजीविषा और जीवंतता थी। शारीरिक अक्षमता के चलते लिखने में उन्हें काफी कष्ट होता था; लेकिन फिर भी उन्होंने लिखना नहीं छोड़ा। मुझसे उनका यह कष्ट देखा नहीं जाता था। मैंने एक बार उन्हें लिखने से मना करने की धृष्टता भी की थी। उन्होंने उस समय तो कुछ नहीं कहा, लेकिन बाद में डाक के माध्यम से मुझे एक पत्र भेजा था। उस पत्र के कुछेक अंशों को मैं यहाँ यथावत् दे रहा हूँ—

"मैं कहानी लिखना चाहता हूँ। जो शब्द मेरी भाषा को बनाते थे, आज लिखने बैठता हूँ तो बिखर जाते हैं। भाषा टूट जाती है; प्लॉट, पात्र और घटनाएँ बदल जाती हैं। मैं किसी से उधार लेना भी चाहूँ तो नहीं ले सकता। कहानी नहीं लिख पाता हूँ। मेरे भीतर की बेचैनी की हलचल की कल्पना कीजिए। मैं लिखते हुए जिंदा रहना चाहता हूँ। मेरे जैसा लेखक बिना लिखे रह नहीं सकता। राजकमल चौधरी ने ऑपरेशन थिएटर जाते समय स्ट्रेचर पर लेटे-लेटे कविताएँ लिखी थीं। उनकी लंबी कविता 'मुक्ति-प्रसंग' इसका उदाहरण है। यह है लेखक का परम सुख, रोग-व्याधि में भी जीने की अदम्य लालसा। फाँसी की सजा सुनने के बाद जूलियस फ्यूजिक ने 'फाँसी के तख्ते से' नामक पुस्तक लिखी। मेरी भी जीवन के अंतिम दिन तक लिखते रहने की तमन्ना है।"

उनके इस मार्मिक पत्र को पढ़ने के बाद मैंने दोबारा उन्हें लिखने से मना करने की हिमाकत नहीं की और सचमुच अपने अंतिम दिन तक वे कुछ-न-कुछ लिखते रहे, जो समय-समय पर 'नई धारा', 'जनपथ', 'दृश्यांतर', 'पाखी', 'नया ज्ञानोदय' और 'पब्लिक एजेंडा' में प्रकाशित होता रहा। मधुकर सिंह की जीवन-कथा का अंत 87 वर्ष की उम्र में 15 जुलाई, 2014 को उनके गाँव धरहरा में हो गया और हम हतप्रभ विह्वल मन-प्राण देखते रह गए।

□

डॉ. सच्चिदानंद सिन्हा

बिहार ने ऐसे अनेक महापुरुषों को जन्म दिया है, जिन्होंने अपनी तपस्या, त्याग, लगन, ऊँची बौद्धिक और राजनीतिक क्षमता तथा निष्कलंक जीवन से न केवल राज्य, वरन् संपूर्ण भारतवर्ष को गौरवान्वित किया है। बिहार के वैसे महान् व्यक्तियों की जब कभी भी नामावली बनाई जाएगी या फिर उनका लेखा-जोखा लिखा जाएगा तो उसमें डॉ. राजेंद्र प्रसाद, डॉ. श्रीकृष्ण सिन्हा, लोकनायक जयप्रकाश नारायण और कर्पूरी ठाकुर जैसे नामों की पंक्ति में अगली पंक्ति का हकदार डॉ. सच्चिदानंद सिन्हा का भी नाम होगा। डॉ. सच्चिदानंद सिन्हा आधुनिक बिहार के निर्माता थे और उन्होंने मात्र 20 वर्ष की उम्र में ही पृथक् बिहार राज्य के लिए आंदोलन का सूत्रपात किया था। डॉ. सिन्हा वकील एवं राजनीतिज्ञ के साथ-साथ सुप्रसिद्ध पत्रकार और महान् शिक्षाविद् भी थे। उन्होंने पटना विश्वविद्यालय के प्रथम कुलपति के पद को सुशोभित किया तथा सन् 1924 में अपनी अर्धांगिनी राधिका की स्मृति में पटना में 'सिन्हा लाइब्रेरी' की स्थापना की, जो आज देश के समृद्ध पुस्तकालय के रूप में प्रतिष्ठित है।

आधुनिक बिहार के निर्माता, शिक्षाविद्, अधिवक्ता और संविधान सभा के प्रथम अध्यक्ष डॉ. सच्चिदानंद सिन्हा का जन्म 10 नवंबर, 1871 को बिहार के बक्सर जिले के चौंगाई प्रखंड के मुरार गाँव में हुआ था। बचपन से ही पढ़ने में बहुत तेज रहे डॉ. सिन्हा ने प्राथमिक शिक्षा गाँव में ही प्राप्त की। राजनीति में उनकी शुरू से ही दिलचस्पी थी। उन्होंने 26-29 दिसंबर, 1888 को इलाहाबाद में हुए कांग्रेस अधिवेशन में दर्शक की हैसियत से भाग लिया था। राजनीति में उनकी बढ़ती रुचि को देख उनके घरवालों ने उन्हें 18 साल की उम्र में ही 26

दिसंबर, 1889 को बैरिस्टरी की पढ़ाई के लिए समुद्र पार कर इंग्लैंड भेज दिया, जबकि उस समय विदेश-गमन या समुद्र को लाँघना महापाप समझा जाता था। विदेश जानेवाले वे पहले बिहारी थे। इंग्लैंड में उनकी राजनीतिक सक्रियता का साथ उनके दो नए दोस्तों मजहरुल हक और अली इमाम ने दिया। सन् 1890 के इस दौर में इंग्लैंड में मुसलिम विद्यार्थियों की अच्छी-खासी तादाद थी। वहाँ उन लोगों के लिए मजहरुल हक ने 'अंजुमन-ए-इसलामिया' नाम की एक संस्था बनाई थी, जिसकी बैठकों में सच्चिदानंद सिन्हा अकसर शामिल हुआ करते। बंगाल से बिहार को अलग कर एक स्वतंत्र सूबा बनाने में सच्चिदानंद सिन्हा से उन दोनों की दोस्ती की अहम भूमिका रही थी।

सन् 1893 में डॉ. सच्चिदानंद सिन्हा इंग्लैंड से वापस लौटे। भारत वापस लौटने पर उनके समुद्र पार करने के अपराध को अक्षम्य मानते हुए बिरादरी वालों ने उनके साथ विवाह संबंध बनाने से इनकार कर दिया। सिन्हा को प्रायश्चित्त करने को कहा गया, लेकिन उन्होंने इनकार कर दिया। तदुपरांत इलाहाबाद हाई कोर्ट में प्रैक्टिस शुरू की। 25 जुलाई, 1894 को उनका विवाह लाहौर की राधिका सिन्हा से हुआ, जिन्हें शिक्षा और पुस्तकालयों से बेहद प्यार था। सन् 1894 में सच्चिदानंद की मुलाकात जस्टिस खुदाबख्श खान से हुई। डॉ. सिन्हा उनसे जुड़ गए। जब जस्टिस साहब का तबादला हैदराबाद हुआ तो उनकी लाइब्रेरी की पूरी जिम्मेदारी डॉ. सिन्हा ने उठानी शुरू की और वर्ष 1894 से 1898 तक उन्होंने खुदाबख्श लाइब्रेरी के सचिव के तौर पर अपनी भूमिका का निर्वहन किया।

इस दौरान कई ऐसी घटनाएँ घटीं, जिन्होंने डॉ. सिन्हा को पृथक् बिहार के लिए संघर्ष करने हेतु बाध्य कर दिया। यही वह टर्निंग प्वाइंट था। अब उन्होंने बिहार को बंगाल से आजादी दिलाने को अपने जीवन का सबसे बड़ा लक्ष्य बना लिया। इस काम के लिए उन्होंने अखबार को अपने सबसे बड़े हथियार के तौर पर इस्तेमाल किया।

पृथक् बिहार के लिए आंदोलन इसके बाद शुरू हो गया। इस कड़ी में महेश नारायण, अनुग्रह नारायण सिंह, नंद किशोर लाल, राय बहादुर और कृष्णवल्लभ सहाय जैसे नाम जुड़ते चले गए। जगह-जगह पर पृथक् बिहार की माँग को लेकर आंदोलन शुरू होने लग गए। बिहार से छपनेवाले अखबारों ने भी

इसका समर्थन किया। हालाँकि, उन अखबारों की तादाद बहुत कम थी। बंगाली अखबार तो अलग बिहार का विरोध करते थे।

उन दिनों एक ही अंग्रेजी अखबार था, जो किसी बिहारी की देखरेख में था। वह अखबार था—'द बिहार हेराल्ड', जिसके संपादक गुरु प्रसाद सेन थे। डॉ. सिन्हा ने सन् 1894 में 'द बिहार टाइम्स' के नाम से एक अंग्रेजी अखबार निकाला। सन् 1906 के बाद इस अखबार का नाम 'बिहारी' कर दिया गया। डॉ. सच्चिदानंद सिन्हा कई वर्षों तक महेश नारायण के साथ इस अखबार के संपादक रहे और इसके माध्यम से उन्होंने बिहार को एक अलग राज्य के तौर पर मान्यता दिलाने की मुहिम छेड़ी। उन्होंने बिहार के नाम पर हिंदू-मुसलमानों से एक होने की अपील की। नंद किशोर लाल के साथ मिलकर डॉ. सिन्हा ने बंगाल के लेफ्टिनेंट गवर्नर को एक ज्ञापन भेजकर अलग बिहार की माँग भी की।

सन् 1907 में महेश नारायण के निधन के बाद डॉ. सिन्हा अकेले पड़ गए; लेकिन इसके चलते उनके आंदोलन की गति धीमी होने की नौबत नहीं आई। ऐसा इसलिए हो पाया, क्योंकि उनकी मदद के लिए तब तक उनकी वह मित्र-मंडली पूरी तरह से उनके साथ आ गई थी, जिससे वे इंग्लैंड में मिले थे।

पृथक् बिहार के आंदोलन को आगे बढ़ाते हुए अप्रैल 1908 में सर अली इमाम की अध्यक्षता में बिहार प्रोविंशियल कांग्रेस की बैठक पटना में हुई, जिसकी पूरी जिम्मेदारी सच्चिदानंद सिन्हा और मजहरुल हक ने सँभाली। इस कॉन्फ्रेंस में सर मुहम्मद फखरुद्दीन ने एक अलग स्वायत्त राज्य बिहार की माँग करते हुए एक प्रस्ताव पास किया, जिसका हर जिले से आए हुए प्रतिनिधियों ने समर्थन किया।

उसी वर्ष सोनपुर मेले के अवसर पर नवाब सरफराज हुसैन खान की अध्यक्षता में बिहार प्रदेश कांग्रेस समिति की नींव रखी गई और सैयद हसन इमाम को उसका अध्यक्ष बनाया गया। इस तरह, बिहार कांग्रेस पर जो एकतरफा बंगाली राज हुआ करता था, उसे खत्म किया गया। डॉ. सच्चिदानंद सिन्हा की अध्यक्षता में अप्रैल 1909 में भागलपुर में बिहार राज्य सम्मेलन हुआ, जिसमें पृथक् बिहार की माँग दोहराई गई।

वर्ष 1910 के चुनाव में राजघराने से ताल्लुक रखनेवाले चार नुमाइंदों को हराकर डॉ. सच्चिदानंद सिन्हा इंपीरियल विधान परिषद् में बंगाल कोटे से और ठीक उसी समय मौलाना मजहरुल हक मुसलिम कोटे से बतौर प्रतिनिधि निर्वाचित हुए, जो बिहारियों के हक के लिए लड़नेवालों की बहुत बड़ी उपलब्धि थी। डॉ. सिन्हा वर्ष 1910 से 1920 तक इस पद पर रहे। फिर सन् 1921 में डॉ. सिन्हा केंद्रीय विधान परिषद् का सदस्य बनने के साथ-साथ उस परिषद् के उपाध्यक्ष भी बने।

उसी समय लॉ मेंबर एस.पी. सिन्हा ने अपने पद से त्याग-पत्र दे दिया। जब तत्कालीन वायसराय लॉर्ड मिंटो ने डॉ. सच्चिदानंद सिन्हा से इस पद के लिए सबसे योग्य व्यक्ति का नाम पूछा तो उन्होंने सर अली इमाम का नाम प्रस्तावित किया। अली इमाम ने वह पद स्वीकार करने से मना कर दिया। लेकिन डॉ. सच्चिदानंद सिन्हा के लगातार आग्रह को वे टाल नहीं पाए और आखिरकार, उन्होंने लॉ मेंबर एस.पी. सिन्हा की जगह ले ही ली।

25 अगस्त, 1991 को सर अली इमाम ने उस रिपोर्ट को पेश किया, जिस पर अमल कर हिंदुस्तान की राजधानी कलकत्ता से बदलकर नई दिल्ली की जा सके। इसके बाद डॉ. सच्चिदानंद सिन्हा ने अली इमाम से मिलकर केंद्रीय विधान परिषद् में बिहार का मामला रखने हेतु उन्हें राजी किया; क्योंकि उस समय अली इमाम अकेले हिंदुस्तानी थे, जो इतने ऊँचे पद पर थे। इसका असर यह हुआ कि 12 दिसंबर, 1991 की अंग्रेजी हुकूमत ने बिहार और उड़ीसा के लिए लेफ्टिनेंट गवर्नर इन काउंसिल का ऐलान कर दिया। धीरे-धीरे उनका प्रयास रंग लाया और हिंदुस्तान की राजधानी आखिरकार कलकत्ता से दिल्ली स्थानांतरित कर दी गई। इससे बंगालियों का वर्चस्व स्वाभाविक तौर पर कम हुआ और अंततः 22 मार्च, 1912 को बंगाल से अलग होकर बिहार एक स्वायत्त राज्य के तौर पर अस्तित्व में आया। इधर 22 मार्च को जो बिहार दिवस मनाए जाने की शुरुआत हुई है, वह इसी की स्मृति में मनाया जाता है।

डॉ. सच्चिदानंद सिन्हा ने ही 26-28 दिसंबर, 1912 को बाँकीपुर, पटना में रायबहादुर रघुनाथ मधोलकर की अध्यक्षता में हुए कांग्रेस के 27वें अधिवेशन की स्वागत समिति के महासचिव पद को सुशोभित किया था। वर्ष 1916 से

1920 तक वे बिहार प्रदेश कांग्रेस समिति के अध्यक्ष रहे। वर्ष 1899 से 1920 तक डॉ. सिन्हा कांग्रेस के सदस्य रहे और होमरूल लीग के आंदोलन में खुलकर भाग लिया। 1914 में कांग्रेस के प्रतिनिधि के तौर पर वे यूरोप के दौरे पर गए।

सन् 1918 में डॉ. सच्चिदानंद सिन्हा ने सैयद हसन इमाम के साथ मिलकर एक अंग्रेजी अखबार 'सर्चलाइट' निकाला, क्योंकि उनकी निगरानी में चलनेवाला 'हिंदुस्तान रिव्यू' पैसे की किल्लत के चलते बंद हो गया था।

सन् 1921 में डॉ. सच्चिदानंद सिन्हा 5 वर्ष के लिए विधि सचिव एवं कानून मंत्री बनाए गए और इस तरह इस पद पर पहुँचनेवाले वे पहले हिंदुस्तानी बने। इसी दौरान उन्हें पटना विश्वविद्यालय के कुलपति पद पर नियुक्त किया गया। इस पद को उन्होंने आठ वर्षों तक सुशोभित किया।

25 जुलाई, 1919 को उनकी धर्मपत्नी श्रीमती राधिका सिन्हा का निधन हो गया। तब डॉ. सच्चिदानंद सिन्हा ने उनकी स्मृति में सन् 1924 में पटना की सुप्रसिद्ध सिन्हा लाइब्रेरी की नींव रखी। बिहार के शैक्षणिक परिदृश्य को एक नया बौद्धिक आयाम देने में यह लाइब्रेरी मील का पत्थर साबित हुई, जिसका असर आज भी देखा जा सकता है। 10 मार्च, 1926 को एक ट्रस्ट की स्थापना कर डॉ. सिन्हा ने इस लाइब्रेरी के संचालन की जिम्मेदारी उसे सौंप दी। इस ट्रस्ट के सदस्यों में माननीय मुख्य न्यायाधीश, मुख्यमंत्री, शिक्षा मंत्री, पटना विश्वविद्यालय के उप-कुलपति आदि शामिल थे। उस समय के कई अन्य गण्यमान्य व्यक्तियों को भी इसका आजीवन सदस्य बनाया गया। डॉ. सिन्हा की कोई भी संतान नहीं थी। उन्होंने अपने मित्र के बेटे को गोद लिया था। उनके दत्तक पुत्र सिन्हा लाइब्रेरी के अवैतनिक सचिव बनाए गए। ट्रस्ट डीड में इस बात का प्रावधान किया गया कि परिवार का सदस्य ही सचिव बने और सारे कार्यों का संचालन वही करे।

डॉ. सच्चिदानंद सिन्हा ने बिहार एवं भारत के समकालीन व्यक्तियों की जीवनी को रेखांकित करते हुए 'कुछ समकालीन व्यक्तित्व' और 'द इकबाल कवि और उनका संदेश' नामक दो पुस्तकों की रचना की, जो सन् 1944 में प्रकाशित हुईं। उन्होंने इस पुस्तक के माध्यम से बिहार के समकालीन तेईस व्यक्तियों, यथा राजनीतिज्ञ, शिक्षाविद्, इतिहासकार, वैज्ञानिक, मिशनरी आदि के

स्वतंत्रता पूर्व भारत में उनके योगदान एवं कार्यों को प्रकाश में लाया। हालाँकि, ज्यादातर ऐसे व्यक्तित्व आज जन-मानस के स्मृति-पटल पर धुँधले हो चुके हैं, फिर भी ये पुस्तकें 19वीं सदी के उत्तरार्ध एवं 20वीं सदी के पूर्वार्ध के बिहार के विषय में जानकारी हेतु अनमोल कृतियाँ हैं। उन्होंने कई अन्य पुस्तकों की भी रचना की, जिनमें 'द सेपरेशन ऑफ बिहार, 1906', 'स्पीचेज एंड राइटिंग कश्मीर' और 'एशिया का खेल मैदान' शामिल हैं।

तब बिहार, विशेषकर पटना, की सबसे बड़ी हस्ती हुआ करते थे डॉ. सच्चिदानंद सिन्हा। पटना में आयोजित कोई भी कार्यक्रम उनकी उपस्थिति के बिना अधूरा माना जाता था। कोई भी देश का ऐसा साहित्यकार, कलाकार या नेता न था, जो पटना आए और सिन्हा साहब का मेहमान न हो। इस संबंध में, एक घटना का जीवंत वर्णन सुप्रसिद्ध साहित्यकार शंकर दयाल सिंह ने अपने एक संस्मरण में इस प्रकार किया है—"डॉ. सच्चिदानंद सिन्हा एक कद्दावर शख्स थे और उनकी उपस्थिति में अधिकांश लोग अपने को बौना महसूस करते थे। पं. मोतीलाल नेहरू पटना आए तो उनके ही घर ठहरे। सर तेज बहादुर सप्रू आए तो उनके ही मेहमान हुए। भूलाभाई देसाई से लेकर विट्ठलभाई पटेल तक बिहार आए तो क्या मजाल कि सिन्हा साहब के घर बिना खाना खाए या चाय लिये प्रांत की देहरी से बाहर चले जाएँ। एक बार आजादी के दो साल पहले जवाहरलालजी पटना आए तो सर्किट हाउस में ठहर गए। डॉ. सिन्हा अपनी गाड़ी लेकर वहाँ हाजिर—'तुम्हारे बाप की यह मजाल नहीं थी कि पटना में कहीं और ठहर जाएँ और तुम मेरे जीते-जी यहाँ ठहर गए?' सवाल अनुत्तरित ही रहा कि सिन्हा साहब की दबंग आवाज गूँजी, 'खानसामा, साहब का सामान मेरी गाड़ी में रखो।' और जवाहरलालजी हुकमी बंदा की तरह अपने 'अंकल' के पीछे हो लिये।"

सन् 1935 में वही डॉ. सिन्हा पटना विश्वविद्यालय के उप-कुलपति थे। एक दिन विश्वविद्यालय के अनेक प्राध्यापक और वरिष्ठ कक्षाओं के छात्र उन्हें आमंत्रित करने पहुँचे, "हम सभी ने एक आयोजन रखा है। उसमें मुख्य अतिथि की हैसियत से आपको आना है, सर!"

"मुख्य वक्ता किसे बनाया है? कौन आ रहा है?" चुरुट झाड़ते हुए सिन्हा साहब ने पूछा।

"नागपुर से आ रहे हैं पं. माखनलाल चतुर्वेदी।" उत्तर मिला।

"हिंदी में बोलेगा या अंग्रेजी में?" वाइस चांसलर ने जानना चाहा।

"हिंदी में!" किसी प्राध्यापक ने दबी जुबान में कहा। वह सिन्हा साहब को भलीभाँति जानता था। जवाब सुनना था कि सिन्हा साहब 'हो-हो' करके हँस पड़े, "हिंदी भी कोई जुबान है! क्या कोई बोलेगा हिंदी में! इसे ताँगावालों और कुलियों-कबाड़ियों के लिए रहने दो। जुबान है तो उर्दू-फारसी, नहीं तो फिर अंग्रेजी।"

सिन्हा साहब ने अपने सिगार का लंबा कश खींचा, इधर बुलानेवाले पानी-पानी। क्या कहें, क्या जवाब दें।

"इसमें राजेंद्र बाबू या डॉ. अमरनाथ झा को बुला लेते। सुना है कि ये दोनों आजकल हिंदी-विंदी की बातें करते हैं।" सिन्हा साहब ने अगला जुमला छोड़ा।

प्रणाम करके निराश भाव से जब मंडली चलने को हुई तो सिन्हा साहब ने फटकारा, "सिन्हा के यहाँ से कोई आनेवाला आज तक बिना चाय पिए गया है! बैठो।" कहकर चाय मँगवाई और जब सब जाने लगे तो कहा, "चलो, बाहर का कोई मेहमान आया है तो कुछ देर के लिए आ जाऊँगा। पता नहीं, ये हिंदी वाले क्या ऊल-जलूल बकें!"

कहते हैं कि सिन्हा साहब की उपस्थिति में जब माखनलाल चतुर्वेदी ने अपने भाषण का दूसरा या तीसरा वाक्य ही कहा था, "हमें एक बुरी आदत है। हम व्यक्ति नहीं पढ़ते, पुस्तकें पढ़ते हैं। जिस साहित्य में व्यक्तित्व को पढ़ने का यत्न नहीं किया जाता, जिसमें व्यक्तियों के मस्तिष्क की तह तक पहुँचने की कोशिश नहीं की जाती, वहाँ व्यक्तित्व के उत्पन्न होने और पनपने की कल्पना मात्र पागलपन है।

"हम बात नहीं, विषय सुनते हैं और जीवन, कलम या जुबान को जूते की माप पर फिट बैठाने का यत्न करते हैं। ऐसी स्थिति में नदियों की तरह बहने, वर्षा की तरह बरसने, पुष्पों की तरह बिखरने और अन्न कणों की तरह उगनेवाली आत्म वेदना हमारे पास खुलकर क्यों आएगी?"

कहते हैं, इस पर सिन्हा साहब के मुँह से निकला, "वाह!" और माखनलालजी का जब भाषण समाप्त हुआ तो सिन्हा साहब ने उठकर उनको थपथपाते हुए कहा, "मैंने अपने जीवन में ऐसा भाषण बहुत कम सुना था।"

दुर्भाग्यवश, जब तक संविधान की मूल प्रति तैयार हुई, तब तक डॉ. सिन्हा की सेहत काफी खराब हो चुकी थी, इसलिए उस पर उनके हस्ताक्षर के लिए संविधान की मूल प्रति को दिल्ली से विशेष विमान से पटना लाया गया। 14 फरवरी, 1950 को उन्होंने डॉ. राजेंद्र प्रसाद के सामने संविधान की मूल प्रति पर अपने हस्ताक्षर किए। उस समय वे देश के सर्वाधिक वयोवृद्ध नेता थे।

6 मार्च, 1950 को 79 वर्ष की आयु में डॉ. सच्चिदानंद सिन्हा का निधन हो गया; किंतु देश, और विशेषकर बिहार, के इतिहास में उनका नाम सदैव स्वर्णाक्षरों में अंकित रहेगा।

□

आचार्य शिवपूजन सहाय

हिंदी के गद्य साहित्यकारों में आचार्य शिवपूजन सहाय का एक विशिष्ट स्थान है। उनकी भाषा बड़ी सहज थी और लेखन क्षेत्र व्यापक था। उन्होंने गद्य साहित्य के किसी एक विशेष क्षेत्र तक अपने को सीमित नहीं रखा था। उन्होंने उपन्यास, कहानी, निबंध, संस्मरण, जीवनी, बाल-साहित्य एवं व्यंग्य-विनोद सहित तमाम विधाओं में लेखनी चलाई थी। उनकी कहानियाँ 'मुंडमाल' और 'कहानी का प्लॉट' आज भी हिंदी जगत् की श्रेष्ठतम कहानियों में गिनी जाती हैं। ग्यारह अध्यायों में लिखित 'देहाती दुनिया' को हिंदी का प्रथम आंचलिक उपन्यास माना जाता है। भोजपुर जनपद के जन-जीवन पर ऐसी मौलिक रचना न तो उनसे पहले किसी ने लिखी थी और न ही उनके बाद कोई अन्य लेखक देहात का वैसा चित्रण कर सका है। एक लेखक होने के साथ-साथ वे अद्भुत भाषा परिमार्जक, अद्वितीय प्रूफ संशोधक और श्रेष्ठतम संपादक भी थे। उन्होंने अपने समय की कई शीर्ष हिंदी पत्रिकाओं का संपादन किया था। किसी रचना के खटकनेवाले शब्दों या वाक्यों को हटाकर अनूठे एवं प्रभावशाली शब्दों को रखकर वे रचना में नगीना जोड़ देते थे। आचार्य हजारीप्रसाद द्विवेदी ने लिखा है—"संपादक के रूप में वे एक माली थे। उसी तरह नए पौधों को रोपते थे, बेतरतीब झाड़ियों को काट-छाँटकर सुरम्य बना देते। उनके द्वारा संपादित पत्र-पत्रिकाएँ केवल सामयिक दृष्टि से ही नहीं, साहित्य की स्थायी दृष्टि से भी ग्रंथों की तरह महत्त्वपूर्ण हैं।"

शिवपूजन सहाय का जन्म 9 अगस्त, 1893 को बिहार के बक्सर जिले के उनवाँस गाँव में हुआ था। उनके पिता श्री बागीश्वरी दयाल अत्यंत धार्मिक

स्वभाव के थे। इस परिवेश का प्रभाव उनके जीवन पर भी पड़ा। वे बिना पूजा किए जल भी नहीं ग्रहण करते थे। सन् 1906 में पिता का साया उन पर से उठ गया। तत्कालीन सामाजिक प्रथाओं के चलते सन् 1907 में ही उनका विवाह भी हो गया। दो-तीन महीनों में पहली पत्नी गुजर गई तो सन् 1908 में दूसरा विवाह हुआ। प्रारंभिक शिक्षा गाँव की पाठशाला में ही हुई। सन् 1913 में अर्थाभाव के बीच के.जे. अकादमी, आरा से मैट्रिक की परीक्षा उत्तीर्ण की। आमदनी का कोई जरिया नहीं था—नकल-नवीसी का काम करने बनारस की कचहरी में चले गए। कुछ ही दिनों के बाद के.जे. अकादमी, आरा के ख्याति-प्राप्त सरकारी स्कूल टाउन स्कूल में शिक्षक के पद पर नियुक्त हो गए। उनके प्रारंभिक जीवन रेशों का यहीं से गठन और संभावनाओं का उदय होना शुरू हुआ, जिससे उनकी पहचान बनती गई।

वे अपने साहित्यिक अध्ययन एवं ज्ञान से आरा के उस समय के प्रख्यात साहित्यकार ईश्वरी प्रसाद शर्मा के संपर्क में आए। शर्मा ने उनकी साहित्यिक प्रतिभा देखकर उन्हें प्रोत्साहित करना शुरू किया। साहित्य-चिंतक और सेवक की उनकी छवि बनी। उनकी ख्याति फैली। वे आरा नागरी-प्रचारिणी सभा के सहकारी मंत्री पद पर आसीन कर दिए गए। उन्होंने वहीं अपना पहला कार्य हिंदी के संवर्धन की दिशा में शुरू किया। सभा द्वारा 'हरिऔध अभिनंदन ग्रंथ' और 'राजेंद्र अभिनंदन ग्रंथ' अर्पित किया गया, जिससे उनके यशस्वी और कुशल संपादक होने की ख्याति हिंदी क्षेत्र में फैल गई। वर्ष 1920-21 में उन्होंने गांधीजी के असहयोग आंदोलन की प्रेरणाओं से स्वत: प्रभावित होकर आरा टाउन स्कूल की अध्यापकी से इस्तीफा दे दिया। यहीं से स्वतंत्र चेतना का उन्होंने वरण किया। उनके जीवन का पट-परिवर्तन शुरू हुआ।

असहयोग आंदोलन की गतिविधियों में भाग लेने के साथ उनका रचनात्मक गद्य-लेखन शुरू हुआ। इसके पहले उन्होंने आरा में हर प्रसाद जालान के प्रयास से शुरू हुए 'मारवाड़ी संदेश' में संपादक की हैसियत से काम करना शुरू किया था। उनका हास्य-व्यंग्य लेखन अनूठा और अप्रतिम था। यहीं से उनके एक सीधे-सादे दधीचि व्यक्तित्व की छाप बनी। दुबला-पतला शरीर, खादी की घुटनों तक चढ़ी धोती, कुरता, कभी बंडी भी और

गांधी टोपी, मुँह में पान की गिलौरियाँ। प्रबुद्ध जनों द्वारा मुक्त-हृदय से उनका सम्मान शुरू हुआ। उनके लिखे हुए आरंभिक लेख 'लक्ष्मी', 'मनोरंजन', 'पाटलिपुत्र' आदि पत्रिकाओं में छपने लगे।

साहित्यकार ईश्वरी प्रसाद शर्मा के कहने पर सन् 1923 में वह कलकत्ता से प्रकाशित होनेवाली साप्ताहिक लोकप्रिय हिंदी पत्रिका 'मतवाला' के संपादकीय परिवार में शामिल हो गए। वहाँ उन्हें सूर्यकांत त्रिपाठी 'निराला', पांडेय बेचन शर्मा 'उग्र', मुंशी नवजादिक लाल जैसी विभूतियों का संग-साथ मिला। इन सभी के सहयोग से 'मतवाला' निखर चला और लोकप्रियता के शिखर पर पहुँच गया। लोग 'मतवाला' की प्रतीक्षा करने लगे। शिवपूजन बाबू यहीं पर साहित्यकारों के नक्षत्र मंडल के ध्रुवतारा बने। मतवाला मंडल का हास्य-व्यंग्य अत्यंत प्रभावशाली और भेदक होता था। इसी काल में 'मौजी', 'गोलमाल', 'उपन्यास-तरंग' तथा 'समन्वय' पत्रिकाओं का भी इन्होंने संपादन किया। इनकी ख्याति पूरे हिंदी क्षेत्र में फैल गई। शिवपूजन सहाय दो वर्षों तक अपनी 'मतवाला' मित्र-मंडली को गुदगुदाते, नई दिशा देते रहे।

सन् 1925 में लखनऊ की प्रसिद्ध पत्रिका 'माधुरी' का संपादन करने का उनको बुलावा आया। कलकत्ता छोड़कर वे लखनऊ चले गए। उन दिनों 'माधुरी' हिंदी की सर्वश्रेष्ठ पत्रिका मानी जाती थी। उसके संपादक थे मुंशी-प्रेमचंद। 'माधुरी' और पारिवारिक पत्रिका 'मनोरमा' के बीच आपस में वर्णनातीत ऐतिहासिक टक्कर थी। अपने संपादकीय कौशल से उन्होंने 'माधुरी' के कलेवर को चमका दिया। यहीं वे प्रेमचंद की संगति में आए और उनके चर्चित उपन्यास 'रंगभूमि' का संपादन किया। यह अभूतपूर्व शुरुआत थी। लेखकों ने अपनी कृतियों की शुद्धि का बीड़ा उन्हें अर्पित करना शुरू किया।

अपने लखनऊ प्रवास का वर्णन करते हुए उन्होंने लिखा है—"भार्गवजी की गंगा पुस्तकमाला की पुस्तकों का संपादन जिन नियमों के अनुसार होता है, उन नियमों को मैं जान चुका था, क्योंकि भार्गवजी के संपादकत्व के कारण 'माधुरी' में भी उन्हीं नियमों को छोड़ दिया। मन रीझकर भाषा की बहार लूटने लगा। ...उसी समय प्रेमचंद का आगमन हुआ। उनकी सुविधा के लिए लाटूश रोड पर एक मकान लिया गया था। उसी में मैथिलीशरण गुप्तजी भी लगभग एक-डेढ़

मास ठहरे थे। 'माधुरी' का संपादकीय विभाग भी अमीनाबाद से थोड़ी ही दूर था। रास्ते में भार्गवजी का मकान पड़ता था और पं. बदरीनाथ भट्ट का भी। उन दिनों पं. कृष्ण बिहारी मिश्रजी और भट्टजी का जब समागम होता था, हँसी के फव्वारे आकाश चूमने लगते थे। मिश्रजी की रईसी हँसी सामने की मेज पर ही उछलती थी और प्रेमचंद का ठहाका ऊँची छत से टकराकर खिड़कियों की राह सड़क पर निकल जाता था। भट्टजी की हँसी उसे पकड़ न पाती थी। दिल खोलकर हँसते थे। कितनी ही संध्याएँ अमीनाबाद पार्क में हरी घास पर दही-बड़े और मटर की कितनी ही दावतें हुईं। जितने दिन लखनऊ में रहे, बड़े सुख में दिन बीते।" अचानक लखनऊ में दंगा शुरू हो गया। शिवपूजन सहाय कलकत्ता लौटकर 'मतवाला' को पुनः चमकाने लगे।

वर्ष 1926 की शुरुआत में शिवपूजन सहाय आचार्य रामलोचन शरण के दरभंगा स्थित पुस्तक-भंडार प्रकाशन संस्थान में चले आए। इन दोनों के बीच खूब छनी। लेखक डॉ. रंजन सूरिदेव ने इन दोनों के परस्पर संबंध पर अपने संस्मरण में लिखा है—"आचार्य शरणजी और आचार्य शिवजी के साहित्यिक जीवन में बहुलांशतः समकोणता है। दोनों को ही लोग प्रायः 'मास्टर साहब' संबोधित करते थे। धार्मिक प्रवृत्ति और कार्य-निष्ठा का जहाँ तक प्रश्न है, दोनों रमायत जीवन जीनेवाले थे। छीनने या हड़पने की प्रवृत्ति से दूर इन दोनों आचार्यों ने अपने-अपने क्षेत्र में इस बात का बराबर ध्यान रखा कि जिसका जितना प्राप्य है, उतना उसे अवश्य ही प्राप्त हो जाए। आचार्य शरणजी ने 'हिमालय' मासिक को जन्म दिया तो आचार्य शिवजी ने उसकी गरिमा को कायम रखकर उस अल्पजीवी मासिक को दीर्घजीवी प्रतिष्ठा प्रदान की। आचार्य शरणजी के तत्त्वावधान में संचालित 'पुस्तक-भंडार' को साहित्यिकों का उद्भव और विकास-स्थल भी कहा जाए तो अतिशयोक्ति न होगी। आचार्य शिवजी तो आजीवन साहित्य से अधिक साहित्यिकों की ही रचना करते रहे।" बाद में वह बनारस चले आए, जहाँ पुस्तक भंडार का बड़ा कार्यालय था। वहीं पर मित्र-मंडली के आग्रह पर 21 मई, 1928 को तीसरी पत्नी के रूप में बच्चन देवी से उनका विवाह हुआ। इसमें महाप्राण निराला बारात का नेतृत्व कर रहे थे। मित्र-मंडली का दायरा बढ़ा। इसमें जयशंकर प्रसाद, प्रेमचंद, रामकृष्ण दास,

विनोद शंकर व्यास प्रमुख थे। आत्मीयता का वैभव उमड़ पड़ा। बच्चन देवी आतिथ्य सँभालती रहीं। कालक्रम से शिवपूजन सहाय ने जयशंकर प्रसाद की प्रसिद्ध कृति 'कामायनी' का भी संशोधन किया। राजा राधिकारमण प्रसाद सिंह की कोई पुस्तक निकलती तो शिवपूजन सहाय पांडुलिपि का शोधन करते थे। रामधारी सिंह 'दिनकर' ने अपनी पहली कृति 'रेणुका' के प्रकाशन के बारे में लिखा—"कवि के रूप में लोग मुझे जानते थे। मुझे पुस्तक लेखक के रूप में पेश करने का काम शिवपूजन बाबू ने किया।" यही शिवपूजन सहाय की पहचान थी कि उस समय के प्रसिद्ध लेखक, कवि उनको अपनी पांडुलिपि सौंपकर निश्चिंत हो जाते थे। अनगढ़ और लँगड़े पैराग्राफ को काटकर उसकी जगह पर चमत्कारपूर्ण पैरा जोड़ देने का काम केवल शिवपूजन सहाय ही कर सकते हैं। यही भरोसा कायम हो गया लेखकों के बीच। शिवपूजन सहाय ने इस काल में 'कामायनी', 'गोदान' और निराला तक की कविताओं का संशोधन किया। उनके द्वारा संशोधित 'कामायनी' की प्रति आज भी काशी के नागरी प्रचारिणी सभा में सुरक्षित है।

सहाय ने तब के नामचीन साहित्यकार रामवृक्ष बेनीपुरी के आग्रह पर 'बालक' का संपादन प्रारंभ किया। सन् 1930 में जयशंकर प्रसाद के सुझाव पर वे रामगोविंद त्रिवेदी द्वारा संपादित पत्रिका 'गंगा' में चले आए, जिसका संपादन सुल्तानगंज, भागलपुर में रहकर दिसंबर 1931 तक करते रहे। 'गंगा' के माध्यम से वे कई पुराने लेखकों को प्रकाश में लाए और कई नए लेखकों को अवसर प्रदान किया। सन् 1932 में शिवजी ने बनारस में पाक्षिक 'जागरण' का भी संपादन किया। इनका संपादकत्व प्रतिमान बन चुका था। इस कालखंड का यही सिलसिला सन् 1938 तक चलता रहा। शिवपूजन सहाय की संपादन कला का सिक्का जम गया।

तभी राजेंद्र कॉलेज, छपरा की कार्य समिति ने उन्हें अपने यहाँ हिंदी के प्राध्यापक के रूप में आमंत्रित किया; जबकि शिवपूजन सहाय की शैक्षणिक योग्यता केवल मैट्रिक पास थी। 15 नवंबर, 1939 को वे राजेंद्र कॉलेज में आ गए। प्राध्यापकी करते हुए छुट्टी लेकर वे 1945 में 'हिमालय' पत्रिका का संपादन करने लहेरिया सराय आ गए। 'हिमालय' ने सचमुच हिमालय की ऊँचाई

छू ली। फिर साहित्यकारों की भीड़ उनके पास जुटने लगी; जैसे हिंदी साहित्य का सारा आकाश उनके इर्द-गिर्द सिमट गया। लेकिन शिवपूजन सहाय अपनी सामान्यता में टिके रहे। हिंदी लिखने-पढ़ने एवं बोलने-समझनेवाले समाज के सामने विचार प्रकाशन का जोखिम इतना आसान हो गया कि लोग हिंदी के मुरीद होते गए। इसी कालखंड में अखिल भारतीय हिंदी साहित्य सम्मेलन का जयपुर अधिवेशन 25 सितंबर, 1944 को शिवपूजन सहाय के सभापतित्व में संपन्न हुआ। इसमें हिंदी के सारे चोटी के साहित्यकार पधारे। इसके पूर्व सन् 1942 में शिवपूजन सहाय का महती कार्य था—पुस्तक भंडार का 'जयंती स्मारक ग्रंथ' प्रकाशन। यह ग्रंथ बिहार का साहित्यिक दस्तावेज था। 'हिमालय' का संपादन भी चलता रहा, जिसमें जयप्रकाश नारायण की कुछ कहानियाँ भी छपीं। सन् 1947 में निरालाजी के वसंत पंचमी के जन्मोत्सव की योजना में अद्भुत समागम हुआ। शिवजी और निरालाजी साथ-साथ दिखे। समीक्षा-परिषद् की बैठक का सभापतित्व शिवपूजन सहाय ने किया। उसमें उद्भट वक्ता थे—डॉ. रामविलास शर्मा, पं. नंददुलारे वाजपेयी, डॉ. जगन्नाथ प्रसाद मिश्र, आचार्य जानकी वल्लभ शास्त्री, प्रो. पद्म नारायण, पं. विश्वनाथ प्रसाद मिश्र। इसमें शिवपूजन सहाय का वक्तव्य अपनी पराकाष्ठा पर था। इसी कालखंड में उन्होंने डॉ. राजेंद्र प्रसाद की 'आत्मकथा' का भी कुशल संपादन किया। इसके लिए कॉलेज से छुट्टी लेकर वे इलाहाबाद में रहे।

वर्ष 1950 के जुलाई माह में बिहार राष्ट्रभाषा परिषद् की स्थापना हुई। पं. छविनाथ पांडेय ने मुख्यमंत्री श्रीकृष्ण सिंह के आदेश से इसका कार्यभार ग्रहण कर लिया। एक योग्य मंत्री की जरूरत पड़ी तो डॉ. हजारीप्रसाद द्विवेदी के नाम की चर्चा हुई। तत्कालीन शिक्षा मंत्री आचार्य बदरीनाथ वर्मा ने शिवजी के नाम की अनुशंसा की। राजेंद्र कॉलेज, छपरा में हिंदी विभाग का अध्यक्ष पद छोड़कर 19 जुलाई, 1950 को शिवजी ने परिषद् का मंत्री पद सँभाला। 1 अप्रैल, 1956 को वह मंत्री पद से परिषद् के संचालक बन गए। 31 अगस्त, 1959 तक उन्होंने परिषद् की अनुकरणीय सेवा की। उनके कार्यकाल में परिषद् ने 60 गौरव ग्रंथ प्रकाशित किए। अनुसंधान पुस्तकालय का गठन कर उसमें 10 हजार दुर्लभ पुस्तकें मँगवाईं। विद्वानों की कई भाषण मालाएँ आयोजित कीं, जिसमें

हजारीप्रसाद द्विवेदी से लेकर गिरिधर शर्मा चतुर्वेदी तक आए। नौ वयोवृद्ध साहित्यकारों का सम्मान भी किया। इसी कालखंड में शिवजी ने डॉ. राजेंद्र प्रसाद पर अभिनदंन ग्रंथ भी परिषद् से निकाला। यही उनकी असाधारणता थी। राजेंद्र बाबू राष्ट्रपति हो चुके थे। परिषद् द्वारा वर्ष 1956 से 1959 तक 'शिवपूजन सहाय रचनावली' के चार खंड भी छापे।

शिवपूजन सहाय 1 सितंबर, 1959 को परिषद् के निदेशक पद से सेवानिवृत्त हो गए, लेकिन हिंदी सेवा के कार्य से कभी निवृत्त नहीं हुए। बिहार के 400 लेखकों के वृत्त से संवर्धित साहित्यिक इतिहास की दो खंडों में इनकी रचना कालजयी हो गई। 26 जनवरी, 1960 को भारत सरकार द्वारा उन्हें 'पद्म भूषण' अलंकरण से समादृत किया गया। पर वे निरालाजी द्वारा दिए गए अपने 'साहित्य भूषण सम्मान' को ही सर्वोपरि मानते रहे। 9 अगस्त, 1961 को उनके 68वें जन्मदिन पर पटना नगर निगम ने उन्हें सम्मानित किया। 3 मार्च, 1962 को भागलपुर विश्वविद्यालय ने उन्हें डी.लिट. की उपाधि दी।

शिवपूजन सहाय की तीन कालजयी कृतियाँ हैं—कहानी 'मुंडमाल' एवं 'कहानी का प्लॉट' तथा हिंदी का पहला आंचलिक उपन्यास 'देहाती दुनिया'। ये तीनों कृतियाँ अपने युग की सर्वोत्तम साहित्यिक अभिव्यक्ति हैं तथा इतिहास हो चुकी हैं। कौन नहीं जानता है इस पंक्ति को—'अमीरी की कब्र पर उगी हुई गरीबी की घास बहुत खतरनाक होती है।' ऐसी ही भाषा की कई उक्तियाँ और जन-संवेदना के मुहावरों के लोक-सृजन में उनका अविस्मरणीय अवदान है। इसी तरह कई विधाओं के गद्य-लेखन में आज तक उनका जोड़ पाना भी मुश्किल है।

शिवपूजन सहाय सरल हास्य व विनोद के भी जीवित पुंज थे। उनकी उपस्थिति में कोई भी व्यक्ति हास्य-मुखर हुए बिना नहीं रहता था। एक बार हिंदी के किसी प्राध्यापक ने उनसे पूछ लिया कि नायिकाओं के अंग-वर्णन में उन्हें 'कुंभोध्नी', 'घटोध्नी' (कुंभ या घट के समान उधस्—स्तनोंवाली) आदि विशेषणों से विभूषित किया गया है। क्या यह संगत है? आचार्य शिवजी ने मुसकराते हुए उक्त प्राध्यापक महोदय को प्रश्नात्मक उत्तर दिया था, "आधुनिक डालडा युग में, जिसे अपनी माँ के वैसे स्तनों के पान का सौभाग्य ही नहीं

मिला, वह 'कुंभोध्नी', 'घटोध्नी' जैसे विशेषण की सार्थकता कैसे समझे?" एक बार वे किसी विश्वविद्यालय की स्नातक या स्नातकोत्तर परीक्षार्थियों की उत्तर-पुस्तिकाएँ जाँच रहे थे। किसी परीक्षार्थी ने प्रश्नोत्तर के क्रम में 'रीतिकाल' को सर्वत्र 'रतिकाल' लिखा हुआ था। उस पर अपनी विनोद-वैखरीपूर्ण टिप्पणी करते हुए उन्होंने कहा था कि "विश्वविद्यालय शिक्षा की स्थिति विचित्र है। वहाँ के परीक्षार्थी 'रीति' और 'रति' को एक ही मानते हैं।"

शिवपूजन सहाय अद्‌भुत पत्र-लेखक थे। वे सरल शब्दों में सारी बातें इतने विस्तार से सहेजते थे कि रचना का आस्वाद आ जाता था। जिनके पास शिवजी के वैसे पत्र हैं, वे थाती की तरह उन्हें सँजोकर रखते हैं। यही शिवजी के प्रति जन-स्नेह था। उनकी शैली और शिल्प ही उनकी पहचान हो गई थी। फादर कामिल बुल्के ने तो यहाँ तक कहा है, "परलोक में पहुँचकर मुझे उनसे मिलकर अतिर्वचनीय आनंद का अनुभव होगा। मैंने उन्हीं से जाना कि विनय का वास्तविक स्वरूप क्या है!" सेठ गोविंद दास ने तो यहाँ तक कहा, "शिवजी के व्यक्तित्व और कृतित्व में कौन बड़ा था, कहना मुश्किल है। हर साहित्यकार को उनका अनुसरण करना चाहिए।"

शिवपूजन सहाय का स्वास्थ्य साथ नहीं दे रहा था। 12 सितंबर, 1961 को उनके अभिन्न सहयोगी आचार्य नलिन विलोचन शर्मा का देहावसान हो गया। उनकी स्मृति में सहाय ने नवंबर 1962 में साहित्य का 'नलिन स्मृति अंक' निकाला। तब तक उनकी आँखें भी जवाब दे चुकी थीं। 21 जनवरी, 1963 की सुबह सहाय का देहावसान हो गया। पटना के बाँस घाट पर उनकी अंत्येष्टि में सारा पटना शहर उमड़ पड़ा था। शिवपूजन सहाय के निधन से राष्ट्रपति डॉ. राजेंद्र प्रसाद इतने मर्माहत हुए कि उनके मुँह से निकला, "राष्ट्र और राष्ट्रभाषा की सेवा में अपने को तिल-तिल मिटा देना ही शिवपूजन सहाय का धर्म रहा। उनकी दुःखद मृत्यु से राष्ट्र और राष्ट्रभाषा की अपूर्णीय क्षति तो हुई ही है, मेरा एक अनन्य सखा भी चल बसा।"

□

उपेंद्र महारथी

कुछ समय पहले तक बिहार से बाहर के ज्यादातर लोग उपेंद्र महारथी को नहीं जानते थे। कला नायकों के नाम पर पत्र व पत्रिकाएँ राजा रवि वर्मा से शुरू होकर सैयद हैदर रजा या फिर मकबूल फिदा हुसैन पर आकर ठहर जाती थीं। बिहार में भी उपेंद्र महारथी के व्यक्तित्व और कृतित्व की चर्चा कुछ विशेष अवसरों पर ही होती थी। उपेंद्र महारथी की बहुआयामी प्रतिभा का पूर्ण परिचय संसार को प्राप्त नहीं हो पाया था। लेकिन वर्ष 2017 में उपेंद्र महारथी की पुत्री श्रीमती महाश्वेता महारथी के सक्रिय सहयोग से राष्ट्रीय आधुनिक कला संग्रहालय, नई दिल्ली द्वारा 'उपेंद्र महारथी' शीर्षक से एक पुस्तक का प्रकाशन हुआ। इसके दो वर्षों के बाद वर्ष 2019 के सितंबर माह में राष्ट्रीय आधुनिक कला संग्रहालय में उपेंद्र महारथी की लगभग 1,000 कृतियों को प्रदर्शित किया गया, जिनमें उनके द्वारा निर्मित रेखांकन, व्यक्ति चित्र, तैलचित्र, पुस्तकों के आवरण चित्र, वॉश पेंटिंग से लेकर वेणु शिल्प, आर्किटेक्चरल डिजाइन और लिखित पुस्तकों को शामिल किया गया। भारत में किसी कलाकार के जीवन भर की कृतियों को उनकी मृत्यु के लगभग चार दशक बाद इस भगीरथ परिश्रम, लगन और खोज के साथ इकट्ठा कर प्रदर्शित नहीं किया गया था। कला-संसार में अपने ढंग का यह बिल्कुल नया अनुष्ठान था। इसका फलाफल यह निकला कि कला के जो महानायक इतिहास के एक कोने में पड़े थे, अचानक पूरे देश में उनका यश और सम्मान बढ़ गया। पत्र-पत्रिकाओं, साइबर और सोशल मीडिया में उनके व्यक्तित्व एवं कृतित्व की चर्चा होने लगी। कला समालोचक भी इतनी बड़ी संख्या में उनकी कृतियों को देखकर चकित तथा हतप्रभ हो गए और उन्हें

सहसा यह विश्वास करना कठिन हो गया कि किसी कलाकार का रचना-संसार इस कदर समृद्ध और बहुआयामी भी हो सकता है।

रूसी आलोचक चेर्नीशेवस्की कहा करते थे कि किसी कलाकार की कृतियों को जानने-समझने के लिए उस कलाकार के जीवन को जानना जरूरी होता है, इसलिए उपेंद्र महारथी की कला को जानने के लिए उनके जीवन-वृत्त पर एक नजर डालना आवश्यक है। उपेंद्र महारथी का जन्म उड़ीसा के पुरी जिले के नरेंद्रपुर गाँव में मई 1908 में हुआ था। बचपन में गाँव की गलियाँ, छोटे-बड़े मकान, तालाब, खेत-खलिहान, रंग-बिरंगे लिबास, मेला, हाट तथा अनेक पर्व-त्योहारों के परिवेश ने उन्हें पूरी तरह कलात्मक बना दिया। पानी, धरती, आकाश एवं समुद्र की गहराइयों को जानने-समझने की ललक होने के कारण उनका मन कला के रंग में रँगने लगा। उनकी माँ अन्नपूर्णा देवी उड़ीसा की परंपरागत लोककला 'सौंरा चित्रकला' में प्रवीण थीं। प्रकृति और माँ के सान्निध्य में वे बचपन में ही सौंरा चित्रांकन के साथ-साथ अन्य पारंपरिक कलाओं को समझने लगे थे। वड्र्सवर्थ के शब्दों में, "वस्तुओं के अंतर को वे चीन्हने लगे थे।" उनके हाथ में पेंसिल आते ही ऐसी रेखाएँ उभरने लगतीं, जो मूलतः सौंदर्यपरक अनुभव को अपने में बाँधे रहतीं।

कलात्मक मन एवं कला के प्रति उत्सुकता के कारण कला की विधिवत् शिक्षा के लिए उन्होंने सन् 1925 में कलकत्ता के स्कूल ऑफ आर्ट्स में दाखिला लिया। आर्ट स्कूल के तत्कालीन प्राचार्य पर्सी ब्राउन के मार्गदर्शन में उनकी भविष्य की कला-साधना का मार्ग सुनिश्चित हुआ। भारतीय समकालीन कला के लिए यह संक्रमण काल था। कला में भारतीयता की बातें होने लगी थीं। उस समय बंगाल स्कूल में ई.बी. हैवेल, रवींद्रनाथ ठाकुर, अवनींद्रनाथ ठाकुर, नंदलाल बोस जैसे कलाकारों के सतत प्रयास से आधुनिक भारतीय कला के स्वदेशीकरण या पाश्चात्य प्रभाव से विमुक्तीकरण के लिए चलाया गया आंदोलन चरम पर था। यहाँ के कलाकार अपने विचारों को लेकर देश के विभिन्न क्षेत्रों में भ्रमण करने लगे थे, जिनका मुख्य उद्देश्य था कि भारत की परंपरागत कला-शैलियों को फिर से नवजीवन प्रदान किया जाए। उपेंद्र महारथी भी इस आंदोलन से जुड़ गए। उनकी कला में भारतीय लोककला परंपराओं की छवि

आने लगी। उड़ीसा की कला से वे प्रभावित थे ही, बंगाल के आर्ट स्कूल में पढ़ने के क्रम में उन्हें बंगाल शैली की कला को लेकर सकारात्मक सोच मिली, जिसके कारण बाद में रचना के क्रम में उन्होंने इसी शैली को व्यापक रूप दिया। अपनी चित्रकला के लिए उन्होंने जातक कथाओं और बुद्ध के जीवन को अपना विषय बनाया। शुरुआती दौर में उन्होंने कागज पर रंगों का ज्यादा प्रयोग किया; किंतु बाद में लकड़ी की तख्ती, शीशा और कैनवास इत्यादि पर भी तैल रंगों से प्रभावशाली कृतियों की रचना करने लगे।

उन दिनों देश की स्वतंत्रता के लिए आंदोलन चल रहा था। सन् 1931 में चित्रकला में प्रथम श्रेणी से पास करने के बाद कला को जीविकोपार्जन का साधन बनाने के बजाय आजादी के आंदोलन के साथ उनका जुड़ाव हुआ। वे एक सजग कार्यकर्ता के रूप में क्रांतिकारी गतिविधियों में भाग लेने लगे; प्रशासन की नजर से अपने आपको बचाने के लिए एक जगह रहकर काम करने के बजाय घूम-घूमकर लोगों की चेतना जाग्रत् करने लगे। इस उद्‌देश्य से उन्होंने देश के कई क्षेत्रों का भ्रमण किया। उसी क्रम में सन् 1932 में उनका बिहार आना हुआ। बिहार की धरती उन्हें पसंद आई और उन्होंने अपना कार्य-क्षेत्र बिहार को ही बनाने का निर्णय कर लिया। डेढ़-दो वर्षों तक घूमने-फिरने के पश्चात् सन् 1933 में लहेरियासराय (दरभंगा) स्थित 'पुस्तक भंडार' में उन्होंने चित्रकार के रूप में कार्य करना शुरू किया। यहाँ रहते हुए उन्होंने सैकड़ों पुस्तकों के लिए आवरण चित्र बनाए। इस दौरान रेखाचित्र निर्माण में अपनी अपूर्व प्रतिभा का परिचय उन्होंने दिया। तब यह पुस्तक भंडार साहित्यकारों और कलाकारों का अखाड़ा था। आचार्य रामलोचन शरण, शिवपूजन सहाय, रामवृक्ष बेनीपुरी, रामधारी सिंह दिनकर, प्रो. कलक्टर सिंह केसरी और आरसी प्रसाद सिंह जैसे धुरंधर साहित्यकार पुस्तक भंडार को ऊर्जित करते थे। उनके संपर्क में आने से उपेंद्र महारथी में बिहार की लोककला एवं साहित्यिक परंपरा के संबंध में सोचने समझने की दृष्टि विकसित हुई। इसी दौरान (1938 में) उन्होंने कागज पर वॉश पेंटिंग में 'अर्धनारीश्वर' चित्र का निर्माण किया, जिसमें शिवत्व और देवी के मातृत्व का शांत व स्निग्ध वातावरण दरशाया गया। इस चित्र के प्रकाशन से तत्कालीन कला-जगत् में एक हलचल मच गई।

दरभंगा में रहते हुए उन्होंने निकट के गाँवों का भ्रमण किया। जब कभी उन्हें मौका मिलता, आसपास के इलाकों में निकल पड़ते थे। उसी दौरान उनकी नजर मिथिलांचल में लोककला और लोकशिल्प की समृद्ध परंपरा की ओर गई। गाँव में घरों की दीवारों पर अंकित आकृतियाँ हों या स्त्रियों द्वारा सृजित कोहबर या बिछावन के रूप में सिलाई की गई सुजनी—सबने उपेंद्र महारथी को चकित कर दिया। वे मुग्ध हो गए। तत्समय अपनी कृतियों में उन्हें जगह देना शुरू किया, खासकर पौराणिक देवी-देवताओं से जुड़े हुए चित्रों एवं आकृतियों को। तत्पश्चात् अपनी इस रुचि को समृद्ध करने के उद्देश्य से उन्होंने राँची, दुमका, हुगली, मुर्शिदाबाद और बाँकुरा के ग्रामीण क्षेत्रों का भ्रमण कर वहाँ की लोककला का सूक्ष्मता के साथ अध्ययन किया, जिसके चलते उनकी कलाकृतियों में उनसे जुड़े तत्त्व स्वतः प्रस्तुत होने लगे। देशी झाँकियाँ और वे मधुर स्वप्न, जो उनके भीतर बचपन से संचित होते गए थे, उनकी आत्मा के सच्चे प्रतीक बनकर रंग और रेखाओं में बिखर गए।

स्वतंत्रता-प्राप्ति के बाद बिहार सरकार के आग्रह पर वे पटना आकर उद्योग विभाग में डिजाइन विशेषज्ञ के रूप में कार्य करने लगे। इस दौरान राज्य में लुप्त हो रही लोककला और लोकशिल्प परंपरा को एक स्वतंत्र पहचान दिलाने के उद्देश्य से उन्होंने अनेक सुझाव सरकार के सामने रखे, जिसे आधार बनाकर कार्य शुरू हुआ। परिणामस्वरूप बिहार की लोककला को देशव्यापी पहचान मिली। उनकी इस रुचि एवं सक्रियता को देखते हुए भारत सरकार ने सन् 1954 में जापान में होनेवाले अंतरराष्ट्रीय हस्तशिल्प सम्मेलन में भाग लेने का अवसर प्रदान किया। सम्मेलन में भाग लेने के क्रम में जापान की हस्तशिल्प कलाओं को देखकर वे काफी प्रभावित हुए। वेणु शिल्प के संबंध में बारीकी से जानकारी प्राप्त करने के लिए वे दोबारा फिर जापान गए। सन् 1955 में शिल्प अनुसंधान केंद्र, पटना में निदेशक के रूप में उन्होंने कार्य करना शुरू किया। यहाँ अपनी प्रशासनिक कुशलता का परिचय देते हुए बिहार की शिल्प परंपराओं के उत्थान के लिए सतत प्रयत्न किया और कई विलुप्त हो रहीं लोककलाओं को सामने लाए। मधुबनी या मिथिला चित्रकला को राष्ट्रीय व अंतरराष्ट्रीय पहचान दिलाने में उनकी महत्त्वपूर्ण भूमिका रही है। आज मधुबनी पेंटिंग राष्ट्रीय व

अंतरराष्ट्रीय स्तर पर चर्चा में है। इसे लेकर ढेर सारे प्रयोग, सृजन, शोध आदि हो रहे हैं। लेकिन अगर हम इसके इतिहास को देखें तो घर-आँगन एवं दीवारों तक सिमटी इस कला को बेहतर पहचान दिलाने तथा उसके कलात्मक तत्त्वों पर बातचीत करने की शुरुआत महारथीजी ने की थी।

"हम आज जो कुछ भी हैं, वे उपेंद्र महारथी की वजह से।"—कहते हुए मधुबनी पेंटिंग में राष्ट्रीय पुरस्कार प्राप्त शिवन पासवान और उनकी धर्मपत्नी शांति देवी की आँखों की रेती तरल हो जाती है। वे कहते हैं कि वर्ष 1964-65 के अकाल के दौरान तक हम लोग बड़ी ही फटेहाल स्थिति में थे। हमारी पारिवारिक स्थिति भयावह थी। मिथिला चित्रकला में कायस्थ और ब्राह्मण कलाकारों का वर्चस्व था। हम लोग उनकी देखा-देखी पेंटिंग तो बनाया करते थे, लेकिन वर्ण-व्यवस्था के कारण ज्यादातर लोग हमारी पेंटिंग खरीदने से हिचकते थे। तभी हमारी मुलाकात उपेंद्र महारथी से हुई। उन्होंने हमारा उत्साह बढ़ाया और उनके मार्गदर्शन में पटना आकर हम चित्रों की रचना करने लगे। पटना हमारा अस्थायी ठिकाना हो गया। हम लोग जो भी पेंटिंग बनाते थे, उपेंद्र महारथी के सहयोग से उसकी सरकारी खरीद हो जाती थी। धीरे-धीरे हमारी तकलीफें दूर होने लगीं और हमारी पारिवारिक गाड़ी खिसकने लगी।

अतीत के पन्नों को पलटते हुए पद्मश्री गोदावरी दत्त कहती हैं, "वर्ष 1964-65 के अकाल के दौरान उपेंद्र महारथी डिजाइनर भास्कर कुलकर्णी को लेकर मेरे घर आए थे। यह वह दौर था, जब मिथिलांचल की महिलाओं को पर-पुरुष से बात करने की अनुमति नहीं थी। इसलिए सामाजिक मर्यादा और लोक-लाज के भय से मैं उनसे नहीं मिली। वे दो बार मेरे दरवाजे से लौट गए। फिर जेठ के बहुत समझाने पर मैं उनसे मिली। उस समय तक सिर्फ शादी-ब्याह या पर्व-त्योहार पर ही घर की दीवारों पर मधुबनी पेंटिंग उकेरी जाती थी। उन्होंने उसे मिट्टी की दीवारों से कागज पर उतारने के लिए प्रेरित किया। उनकी प्रेरणा से मेरे साथ-साथ जगदंबा देवी, सीता देवी, गंगा देवी, कर्पूरी देवी और बौआ देवी भी कागज पर पेंटिंग बनाने लगीं। फिर तो मधुबनी पेंटिंग ने अपनी मौलिकता और अनोखेपन से समूची दुनिया को अचंभित कर दिया। उन्होंने मधुबनी पेंटिंग की सरकारी खरीद शुरू की। तब 'ए' ग्रेड की

पेंटिंग के लिए 17 रुपए, 'बी' ग्रेड के लिए 10 रुपए और 'सी' ग्रेड के लिए 7 रुपए मिलते थे।"

मधुबनी पेंटिंग की तरह टिकुली पेंटिंग के उत्थान में भी उपेंद्र महारथी का अन्यतम योगदान रहा है। भारतीय संस्कृति में सुहागन स्त्रियाँ सदियों से सौंदर्य के प्रतीक के रूप में टिकुली या बिंदी का इस्तेमाल करती आ रही हैं। तब काँच पर पेंटिंग कर टिकुली बनाई जाती थी। वर्ष 1900 तक आते-आते भारत में प्लास्टिक की टिकुली बनानेवाले कारखाने खुलने लगे और सस्ते दामों के चलते प्लास्टिक की टिकुली पूरे भारत में छा गई। धीरे-धीरे टिकुली कला के परंपरागत कारीगर दूसरे काम-धंधों में लग गए। उपेंद्र महारथी सन् 1954 में जापान की यात्रा पर गए थे। वहाँ उन्होंने लकड़ी के टुकड़ों पर इनामेल पेंट के माध्यम से पेंटिंग होती देखी। उन्होंने उसका गहराई से अध्ययन किया और भारत में लौटकर पटना सिटी में कभी टिकुली पेंटिंग करनेवाले कलाकारों को जापानी पद्धति का इस्तेमाल करने के लिए प्रेरित किया। महारथीजी की प्रेरणा से कारीगरों ने काँच की जगह लकड़ी और सोने के वर्क के स्थान पर सोने की चमकवाले इनामेल पेंट का उपयोग करना शुरू किया। उनकी पहल पर उपेंद्र महारथी शिल्प अनुसंधान केंद्र में टिकुली कला का प्रशिक्षण शुरू हुआ। धीरे-धीरे टिकुली कला के प्रशिक्षित कलाकारों की संख्या बढ़ने लगी और लगभग लुप्त हो चुकी टिकुली का व्यावसायिक उपयोग एक बार फिर से शुरू हो गया। टिकुली कला के इस नए स्वरूप को बाजार ने हाथोहाथ लिया और यह कला फलने-फूलने लगी। आज सिर्फ पटना और इसके आसपास के क्षेत्रों में पाँच से सात हजार शिल्पकार टिकुली पेंटिंग को अपना व्यवसाय बनाकर जीवन-यापन कर रहे हैं। मधुबनी पेंटिंग और टिकुली पेंटिंग के साथ-साथ गुड़िया शिल्प, वेणु शिल्प और बावन बूटी शिल्प को उपेंद्र महारथी ने एक रचनात्मक स्वरूप प्रदान किया और उनके विपणन का मार्ग प्रशस्त किया।

उपेंद्र महारथी ऐसे कलाकार थे, जिन्हें अपनी परंपरा और जन-संवेदना से गहरा लगाव था। इसलिए उनकी कलाकृतियों में काफी विविधता है, जिन्हें हम विषय-वस्तु एवं शैली के आधार पर कई भागों में विभक्त कर सकते हैं। शुरुआती दौर में, उन्होंने ढेर सारे व्यक्ति-चित्रों का सृजन किया है। उसमें

हम सिर्फ एक चित्र या तसवीर-सा महसूस नहीं करते, बल्कि उस व्यक्ति के आंतरिक एवं सामाजिक सरोकारों, यानी पूरे परिवेश से साक्षात्कार कर सकते हैं। उन्होंने पेंसिल से रेखांकन के साथ ही तैल रंगों से भी पोर्ट्रेटों का सृजन किया है। जयप्रकाश नारायण, गांधी, बुद्ध, भिखारी ठाकुर, बिरसा, आइंस्टाइन, रवींद्रनाथ, राजा राधिका रमण के साथ-साथ ढेर सारे राजनेताओं और कलाकारों का उन्होंने रेखांकन किया है। उनकी पोर्ट्रेट कलाकृतियों में काफी जीवंतता महसूस होती है। रंगों का मिश्रण हो या छाया-प्रकाश—सब में एक खास रिद्म है।

उपेंद्र महारथी महात्मा बुद्ध और गांधी से प्रभावित थे, इसलिए बुद्ध और गांधी की भिन्न-भिन्न मन:स्थिति के अनगिनत चित्र उन्होंने बनाए हैं। वे कहते थे कि मैं गांधी में 'बुद्ध' के दर्शन पा लेता हूँ। उनके बहुचर्चित चित्र 'बुद्ध और गांधी' में यह भावना स्पष्ट रूप से दिखाई पड़ती है। वेणु वन से विदा लेते बुद्ध, भगवान् बुद्ध को खीर अर्पित करती सुजाता, सारनाथ में भगवान् बुद्ध का धर्म-चक्र प्रवर्तन और भगवान् बुद्ध का वैशाली से प्रस्थान जैसे चित्रों में अलौकिक सौंदर्य झलकता है। यशोधरा का विलाप और बुद्ध के महापरिनिर्वाण पर प्रकृति का रुदन जैसी उनकी कलाकृतियाँ उनके विलक्षण रचना-संसार से हमारा साक्षात्कार कराती हैं। इन छोटी-बड़ी कलाकृतियों के अलावा उन्होंने बुद्ध के जीवन पर रिलिफ स्टाइल में कई पैनलों के लिए रेखांकन भी किया है। बुद्ध से संबंधित उनके अधिकांश चित्रों में आकृतियों की अर्धमुँदी हुई आँख, भद्र मॉडल आकृतियाँ, गीतात्मक रेखाएँ और भरी हुई रंग-पट्टिकाएँ दृष्टिगोचर होती हैं। उसी तरह, गांधी के चित्रों में भी उनकी सूक्ष्म सौंदर्य दृष्टि झलकती है। ध्यानमग्न गांधी, रक्तिम सूर्यास्त और तीन महापुरुषों की अंतिम परिणति जैसे उनके चित्र बड़े ही प्रभावशाली बन पड़े हैं। प्रो. आनंद कृष्ण ने लिखा है कि गांधी के कई चित्रों में महारथीजी ने पारंपरिक आकृतियों एवं रंगों का खुलकर प्रयोग किया है। गांधी के चित्रों के मुखमंडल पर अलौकिकता झलकती है, जो 'मूर्तिवाद' का प्रतीक नहीं है, अपितु बुद्ध और गांधी के संदेशों में छिपे हुए समान शाश्वत मूल्यों में उनकी आस्था का प्रतीक है।

भगवान् शिव का चरित्र काफी अलबेला रहा है। उनके मस्तमौला चरित्र पर केंद्रित एक चित्र-शृंखला भी उपेंद्र महारथी ने सृजित की है। उसमें शिव एक

तरफ तांडव करते हुए नृत्य मुद्रा में हैं तो दूसरी तरफ विष का प्याला पीते हुए। टेंपरा माध्यम में सृजित उन कलाकृतियों में अपार करुणा, शांति, समभाव और अभिभूत कर देनेवाला 'शिवत्व' है। धार्मिक एवं पौराणिक कथा-कहानियों पर आधारित, चित्रों के साथ-साथ लोक-जीवन एवं आम लोगों के सपनों, इच्छाओं, कुंठाओं और संवेदनाओं को भी उन्होंने चित्र रूप में प्रस्तुत किया है। उनके एक चित्र में भँवर में फँसा व्यक्ति जीवन-जंजाल एवं मोह-माया की लहरों में जकड़ा-सा महसूस होता है, जिससे निकलने के लिए वह सतत प्रयत्नशील है।

आदिवासी जन-जीवन को उन्होंने बहुत ही करीब से देखा है। उनकी एक कलाकृति है—'छोटानागपुर'। ये शृंखलाबद्ध दो अलग-अलग कलाकृतियाँ हैं। अद्भुत कलाकृतियाँ हैं दोनों। इनमें आदिवासी जन-जीवन के सुबह से रात्रि तक के क्रिया-कलाप को दरशाया गया है। शहरी कृत्रिमता से दूर उनका सीधा-सादा जीवन और उनकी कर्मठता के साथ-साथ प्राकृतिक दृश्यों के चित्रण में रंगों का चयन भी उन्होंने काफी खूबसूरती के साथ किया है। छोटी-छोटी पहाड़ियाँ, नदी-नालों के बीच गाँव का दृश्य अद्भुत है। आदिवासी महिलाओं की त्रासदी, हताशा और दर्द को केंद्र में रखकर सृजित की गई उनकी कलाकृतियाँ हमारे मन को झकझोरती हैं, संवेदित करती हैं। आदिवासी लड़कियों के चित्रण में उनकी उमंग एवं आंतरिक हलचल दृष्टिगत होती है।

उपेंद्र महारथी ने बाँस की जड़ को लेकर भी कई शिल्पों का सृजन किया है। बाँस की जड़ को सिर के आकार में रखकर मानवाकृति के रूप में प्रस्तुत किया है, जो उनकी शिल्प संयोजन की दृष्टि को रेखांकित करता है। दूसरी तरफ, टेक्सटाइल डिजाइन जैसी विधा में भी उन्होंने नवीनतम प्रयोगों को बढ़ावा दिया है। बिहार की वस्त्र शिल्प परंपरा में बावन बूटी का प्रमुख स्थान है। इसका केंद्र नालंदा जिले का बसवन विगहा गाँव है। यहाँ निर्मित होनेवाले वस्त्रों पर बौद्ध धर्म से जुड़े प्रतीकों, यथा—महाबोधि मंदिर, नालंदा विश्वविद्यालय, स्तूप इत्यादि को मोटिव के रूप में इस्तेमाल कर उपेंद्र महारथी ने बावन बूटी शिल्प को राष्ट्रीय एवं अंतरराष्ट्रीय स्तर पर प्रतिष्ठित करने में महत्त्वपूर्ण भूमिका निभाई। विलुप्त हो चुकी इस कला के लिए नए-नए डिजाइन सृजित कर उन्होंने इसे एक नया आयाम दिया।

उपेंद्र महारथी की प्रतिभा बहुकोणीय थी। बहुकोणीय इस मायने में कि चित्र-रचना और शिल्प-निर्माण के साथ-साथ वे भवन, इमारत आदि की कल्पना भी सहज रूप से कर लेते थे। रेखांकन कला को जिस रूप में महारथी ने प्रस्तुत किया है, वह अद्भुत है। रेखाओं की अपनी भूमिका होती है। यूँ कहें कि कला की शुरुआत ही रेखाओं के माध्यम से हुई है। उपेंद्र महारथी ने हजारों रेखाचित्र बनाए हैं। आम जन-जीवन से लेकर पौराणिक कथा-कहानियों को भी उन्होंने रेखाओं के माध्यम से प्रस्तुत किया है। जल रंगों की वाश तकनीक के साथ-साथ तैल रंगों में भी वे समान दक्षता रखते थे। वे महान् चित्रकार के साथ-साथ एक कुशल वास्तु-शिल्पी भी थे। हालाँकि, चित्र रचना और भवन, इमारत आदि के रेखांकन में काफी भिन्नता होती है। एक का फलक सपाट होता है तो दूसरा जगह के अनुसार गोलाकार, आयताकार या वर्गाकार होता है; साथ ही उसकी बाह्य-आंतरिक बनावट भी होती है। लेकिन वास्तुकार के रूप में भी उन्हें महारत हासिल थी। उन्होंने राजगीर के रत्नागिरि पर्वत पर स्थित 'विश्व शांति स्तूप' तथा 'वेणु विहार' का डिजाइन किया था। आज भी देश-विदेश के हजारों पर्यटक प्रतिवर्ष राजगीर आते हैं और विश्व शांति स्तूप का अवलोकन करते समय मुग्ध हो जाते हैं। इसके अलावा, पटना का आर्ट कॉलेज और उपेंद्र महारथी शिल्प अनुसंधान संस्थान तथा वैशाली स्थित प्राकृत शोध संस्थान एवं जैन अध्ययन संस्थान का डिजाइन भी महारथीजी ने ही किया था। उनकी वास्तुकला की बारीक समझ के कारण बिहार के ये संस्थान आज भी धरोहर के रूप में प्रतिष्ठा पा रहे हैं।

उपेंद्र महारथी ने अपनी भावनाओं और जीवन-अनुभवों को चित्र एवं शिल्प रूप में ढाला है, अपने अनुभवों को शब्दों में बाँधकर उसे पुस्तक रूप में भी प्रस्तुत किया है। भगवान् बुद्ध के दर्शनों एवं विचारों को लेकर उन्होंने 'बौद्ध धर्म का उत्थान' नामक पुस्तक लिखी। बिहार की सांस्कृतिक परंपराओं से उन्हें गहरा लगाव था। तभी उन्होंने 'वैशाली के लिच्छवी' नामक पुस्तक की रचना की। इसके अलावा, 'चंद्रगुप्त' नामक पुस्तक में उन्होंने बिहार के गौरवशाली इतिहास को रेखांकित किया है। वर्ष 1954 में जापान की यात्रा से लौटने के

बाद उन्होंने 'वेणुशिल्प' नामक पुस्तक की रचना की, जिसके माध्यम से हम वेणुशिल्प से रू-बरू हो पाते हैं।

बिहार की परंपरागत सिक्की कला, पेपरमैशी शिल्प, वेणु शिल्प, ढोकरा शिल्प और लाह शिल्प को भी लोकप्रियता दिलाने में उपेंद्र महारथी का महत्त्वपूर्ण योगदान रहा है। लोककला के क्षेत्र में अन्यतम योगदान के लिए भारत सरकार ने उन्हें सन् 1969 में 'पद्मश्री' से सम्मानित किया। वर्ष 1976 में उन्हें बिहार विधान परिषद् के सदस्य के रूप में मनोनीत किया गया, जहाँ उन्होंने अपने जीवन के सांस्कृतिक एवं राजनीतिक अनुभवों को साझा कर सरकार को एक नई दृष्टि दी। 11 फरवरी, 1981 को उनका निधन हो गया।

□

पुस्तक-प्रेम के अद्वितीय प्रतिमान : खुदाबख्श खान

उन्नीसवीं सदी दुनिया और भारत में नवजागरण की सदी के रूप में प्रतिष्ठित है। इस सदी को मूर्तिमान करने सामाजिक, राजनीतिक, वैज्ञानिक एवं धार्मिक क्षेत्रों में अनेक कर्मठ और प्रतिभाशाली लोग आए, जिनका सार्वकालिक महत्त्व एवं सम्मान है। वैसे लोगों की कोटि में बिहार के खुदाबख्श खान का नाम भी बड़े ही आदर और सम्मान के साथ लिया जाता है, जिन्होंने अपनी व्यक्तिगत कमाई से पटना में एक पुस्तकालय की स्थापना कर मानवीय सभ्यता एवं संस्कृति को आगे बढ़ाने में उल्लेखनीय भूमिका निभाई है। खुदाबख्श खान का मानना था कि पुस्तकें लोगों का मनोरंजन, ज्ञानवर्धन एवं व्यक्तित्व-संवर्धन करती हैं। इसी से संस्कृति जीवित-जाग्रत् रहती है। यह सभ्य मनुष्य एवं सभ्यता का लक्षण है कि हर व्यक्ति पुस्तक पढ़े और समाज से संवाद बनाकर जीवन को अधिक-से-अधिक समृद्ध करे।

पुस्तकों के माध्यम से मानवीय सभ्यता एवं संस्कृति को आगे बढ़ानेवाले खुदाबख्श खान का जन्म बिहार के तत्कालीन छपरा जिले के उखई गाँव में 2 अगस्त, 1842 को हुआ था। उनके पिता थे मौलवी मोहम्मद बख्श खान। उनके पूर्वज राजा आलमगीर की सेवा में थे। वे राजदरबार में पुस्तकों को जुटाने, संरक्षित रखने के साथ-साथ राज्य के अभिलेखों का भी रख-रखाव करने का काम करते थे। मोहम्मद बख्श खान के व्यक्तित्व में भी दुर्लभ पांडुलिपियों और मुद्रित पुस्तकों को संगृहीत करने की चेतना का प्रस्फुटन

हुआ। पटना में वकालत करने के अपने कार्यकाल में अपने शौक से उन्होंने हस्तलिखित पुस्तकों का संग्रह करने का अभूतपूर्व काम किया। वे पुस्तकों एवं पांडुलिपियों को खरीदने पर अपनी आमदनी का एक बड़ा हिस्सा खर्च करते थे। पिता मोहम्मद बख्श खान अपने पुत्र खुदाबख्श खान को बचपन में ही गाँव उखई से पटना ले आए। पटना में खुदाबख्श की प्रारंभिक शिक्षा शुरू हुई। सन् 1859 में उन्होंने काफी अंक लाकर पटना हाई स्कूल से मैट्रिक की परीक्षा उत्तीर्ण की। यही उनकी प्रतिभा का पहला उन्मेष बना और पिता की उम्मीदों का सिरमौर। मैट्रिक के बाद उच्च शिक्षा के लिए उनको पिता ने कलकत्ता विश्वविद्यालय में पढ़ने के लिए भेज दिया, जो ब्रिटिश काल में पूर्वोत्तर भारत का शैक्षणिक गढ़ था। लेकिन कलकत्ता के वातावरण से खुदाबख्श का सामंजस्य नहीं बैठा। परिवार से पहली बार विलग हुए थे। उनका मन वहाँ रहकर पढ़ाई से उचटने लगा। उन्होंने पिता को उर्दू में लिखा—

"आपने मुझे जेल की काल-कोठरी में भेज दिया। यहाँ पर अपने वतन बिहार की तरह खुलापन नहीं। सभी लोग मुझे 'बिहारी बुद्धू' के उपनाम से पुकारने लगे हैं। मैं यहाँ कतई नहीं रह सकता।"

पत्र पढ़कर वकील पिता सारे परिदृश्य को समझ गए। उन्होंने कतई देरी नहीं की। वे इस बात से चिंतित रहते थे कि उनके लाड़ले बेटे का स्वास्थ्य भी ठीक नहीं रहता, इसलिए कलकत्ता के पर्यावरण में बेटा समायोजित नहीं हो पा रहा है। उन्होंने बेटे को पटना वापस बुला लेने में जरा भी देरी नहीं की। आते ही उन्हें पटना विश्वविद्यालय में कानून का अध्ययन करने के लिए दाखिला दिला दिया। कानून पिता का चुनिंदा पेशा था ही। खुदाबख्श को कानून की पढ़ाई रास आई। सन् 1868 में उन्होंने कानून की पढ़ाई पूरी की। वह उत्साह और कार्य के प्रति समर्पण से लबरेज युवा थे। उन्होंने पिता की तरह ही पटना में वकालत शुरू कर दी। उनकी वाक् पटुता आकर्षक थी। एक साल के भीतर ही वे पटना के नामी वकील बन गए।

सन् 1876 में उनके पिता का देहांत हो गया। पिता के पास कमाई का अकेला धन था—उनके द्वारा संगृहीत पांडुलिपियाँ और मुद्रित पुस्तकें। वे चाहते थे कि उनकी यह पूँजी बचे और आगे बढ़े। इसके लिए रुचि, योग्यता और

क्षमता—तीनों को देखकर उन्होंने अपने पुत्र खुदाबख्श को उसे सहेजकर रखने और पटना में एक पुस्तकालय खड़ा करने की मंशा व्यक्त की थी। पुत्र ने इसे शिरोधार्य किया। पिता से भौतिक धन नहीं, ज्ञान धन पाकर वे अत्यंत प्रफुल्लित हुए। वे पिता के उद्देश्य को समझ गए थे। पिता का संग्रह पूरे विश्व के लिए मूल्यवान् था। वह भविष्य की थाती था। उनका मकसद अपने संग्रह से लोगों को लाभ पहुँचाना और ज्ञान को बचाना था। खुदाबख्श इस मार्मिकता को समझ गए। सारी पुस्तकीय सामग्रियों को बचाने की पिता की अंतिम इच्छा की रक्षा हेतु उन्होंने पटना में एक पुस्तकालय भवन के निर्माण की दिशा में काम करना शुरू किया। पिता का आदेश था अपने तरह की और भी पुस्तकों के संग्रह को बढ़ाते जाने का। पिता से उन्हें मात्र 1,400 पांडुलिपियाँ मिली थीं। पुस्तकालय को खुदाबख्श ने गंगा के किनारे खड़ा करने का निर्णय लिया। दो वर्षों में पुस्तकालय भवन निर्मित हो गया।

इस बीच खुदाबख्श पुस्तकों को विषय एवं भाषा के अनुसार जुटाते व रखते गए। 29 अक्तूबर, 1891 को अपने भवन में पुस्तकालय की स्थापना हो गई। उस समय संयुक्त बंगाल, जिसमें बिहार और उड़ीसा प्रांत शामिल था, के गवर्नर थे चार्ल्स इलियट। उन्होंने उस पुस्तकालय का उद्घाटन किया और वह पुस्तकालय ज्ञान-मंदिर के रूप में आधुनिक काल में बिहार का पहला पुस्तकालय बन गया। उस समय पुस्तकालय में लगभग 4,000 हस्तलिखित पुस्तकें एवं पांडुलिपियाँ थीं। पटनावासियों के लिए इससे अच्छी सौगात क्या हो सकती थी! एक दीप-स्तंभ था उनके लिए वह पुस्तकालय। पिता के आदेशानुसार खुदाबख्श ने उसके संचालन के लिए एक ट्रस्ट बना दिया, ताकि इससे पुस्तकालय की पुस्तकों का महत्त्व और उसके मूल्य की बौद्धिक संपदा सुरक्षित रहे। उस ट्रस्ट के चेयरमैन खुदाबख्श खुद रहे। चेयरमैन की भूमिका में पता लगाकर देश-विदेश से असुरक्षित पांडुलिपियों एवं पुस्तकों को खरीदना और सहेजना शुरू किया। पिता की पिपासा अब खुदाबख्श की पिपासा थी।

खुदाबख्श के पुस्तक-प्रेम का वर्णन पत्रकार अरुण सिंह ने अपनी पुस्तक 'पटना : खोया हुआ शहर' में इस प्रकार किया है—"उन दिनों मो. मकी नाम के एक अरब की बड़ी शोहरत थी। उसे पुरानी पुस्तकों और पांडुलिपियों की

खोज में महारत हासिल थी। इसके लिए वह उनकी चोरी तक किया करता था, और इसे वह गलत भी नहीं मानता था। खुदाबख्श ने मो. मकी को 50 रुपए माहवारी पर अपना मुलाजिम बनाया। इसके अतिरिक्त, वे उसे हर पांडुलिपि पर अलग से कमीशन भी देते थे। मकी 18 वर्षों तक खुदाबख्श का मुलाजिम रहा। इस दौरान वह सीरिया, अरब, इजिप्ट और पर्शिया इत्यादि जगहों पर गया। मकी ने तो इसे समृद्ध बनाया ही, साथ ही देश के कोने-कोने से पांडुलिपियों का आना शुरू हो गया, क्योंकि खुदाबख्श उन पांडुलिपियों के लिए हमेशा अच्छी कीमत देते थे। वे उसे लौटने का राह-खर्च भी अलग से देते।"

खुदाबख्श की उपलब्धियाँ कम नहीं रहीं। अपनी कार्य-शैली और सार्वजनिक जीवन-शैली से सन् 1877 में वे पटना नगर निगम के पहले उपाध्यक्ष बन चुके थे। 1891 में ब्रिटिश सत्ता ने उनके पुस्तक-प्रेम और शिक्षा में उनके अवदान के लिए उन्हें 'खान बहादुर' की पदवी से विभूषित किया। इसके उपरांत सन् 1903 में सरकार ने उन्हें सी.आई.बी. की सर्वोच्च पदवी से अलंकृत किया। बिहार के शिखर पुरुषों में उनकी गणना वकालत करते समय हो चुकी थी। इसी का परिणाम था कि सन् 1895 में हैदराबाद के निजाम ने उन्हें मुख्य न्यायाधीश के पद पर नियुक्त कर दिया। यहाँ भी उन्होंने ख्याति अर्जित की। तीन साल तक अपने पद पर कुशल प्रभाव बनाने के बावजूद वे पटना चले आए। अपनी जमीन उन्हें बराबर खींचती थी। पटना आकर एक नामी-गिरामी व्यक्तित्व से परिपूर्ण उन्होंने पुन: वकालत शुरू की। इससे उन्हें जो भी प्राप्ति हुई, उससे वे पांडुलिपियों व पुस्तकों का संचयन करते रहे, जो पिता के नाम के रूप में उनका जुनून और जीवन था।

पटना में वकालत करते हुए ही वे लकवाग्रस्त हो गए। थोड़ा अच्छा होने के बाद उन्होंने अपनी स्थापित लाइब्रेरी के काम में ही अपने को केंद्रित कर लिया। यह भी इनका एक प्रतिमान था। पुस्तक-प्रेम के चलते जीवन के अंतिम चरण में उन पर कर्जा चढ़ गया। उनका 8,000 रुपए का कर्जा सरकार ने चुकाया और 200 रुपए मासिक पेंशन के रूप में वजीफा भी स्वीकृत कर दिया। लेकिन पक्षाघात से वे मुक्त नहीं हो सके। 3 अगस्त, 1908 को उनके शरीर का अंत हो गया। वे संस्कृति के सूर्य के रूप में अमर हो चुके थे। एक

पुस्तक-प्रेमी, समाज के ज्ञानात्मक विकास का यह प्रतिमान बिहार का बेटा नहीं रहा, पर उनका कृतित्व इतिहास हो गया।

वर्तमान में खुदाबख्श लाइब्रेरी

सन् 1880 तक इसका स्वरूप निजी पुस्तकालय का था। सन् 1891 में यह पब्लिक लाइब्रेरी बनी। इसका कैटलॉग देखकर देश-विदेश के जिज्ञासुओं का यहाँ अरबी, उर्दू, पर्शियन, तुर्किश और पोस्तो भाषा के प्रकाशित ग्रंथों की खोज में आना शुरू हुआ। सन् 1947 में भारत-विभाजन के समय एक समस्या आई। ब्रिटिश प्रशासक इसके विपुल संग्रह को लंदन ले जाने के लिए उद्धत थे। उस समय एस.वी. सहनी नामक बिहार सरकार के विद्वान् पदाधिकारी थे। उन्हें अंग्रेजों की इस मंशा का पता चला। अपने अथक प्रयास से उन्होंने इस लाइब्रेरी की अमूल्य सामग्रियों को लंदन जाने से रोक लिया। सामग्रियाँ पटना, बिहार में रह गईं।

इस अनमोल लाइब्रेरी की बौद्धिक संपदा के मूल्य के आकलन का कार्य भारत सरकार ने किया। भारत सरकार ने इसे राष्ट्रीय महत्त्व की संस्था के रूप में घोषित करते हुए सन् 1969 में ऐक्ट ऑफ पार्लियामेंट (Act of Parliament) के द्वारा इसे संस्कृति मंत्रालय के अधीन कर दिया। इसकी पूरी फंडिंग अब यही मंत्रालय तब से करता है। वर्तमान में यह एक बोर्ड द्वारा संचालित है। इसके ऑटोनोमस ट्रस्ट के चेयरमैन बिहार के महामहिम राज्यपाल हैं।

वर्तमान में 'खुदाबख्श ओरिएंटल लाइब्रेरी' विश्व की केंद्रीय उजागर संस्था है। पूरी दुनिया में इसकी विशिष्ट पहचान है। विभिन्न देशों से यहाँ शोधकर्ता और विशेषज्ञ विद्वान् अध्ययन के लिए पधारते हैं और इसका संग्रह-वैभव देखकर, जानकर चमत्कृत होते हैं। यह विश्व स्तर पर अपने ढंग का अनोखा पुस्तकालय है, जिसके सामने समान-धर्मी पुस्तकालय छोटे पड़ जाते हैं। इसकी गणना दुनिया के सुप्रसिद्ध संग्रहालयों में भी खास है। लंदन के इंडिया हाउस पुस्तकालय के समकक्ष इसका आधार और गणना है। यहाँ का नायाब पुस्तक संचयन और कला, ज्ञान माध्यमों का अनूठा संग्रहण—दोनों पक्ष दुनिया भर को अपनी ओर खींचती हैं।

इस लाइब्रेरी में हर विषय—ज्ञान और संदर्भ की 20,82,904 मुद्रित पुस्तकें हैं। इसी से इसके महत्त्व और गहराई का पता चलता है। अरबी, फारसी, उर्दू, तुर्की, जर्मन, हिंदी, अंग्रेजी एवं पश्तो भाषा की पांडुलिपियों की संख्या 21,136 है। इनमें अधिकांश पांडुलिपियाँ कागज, ताड़पत्र, मृग चर्म, कपड़े और अन्य सामग्रियों पर हैं। उनमें से कुछ ऐसी दुर्लभ पांडुलिपियाँ हैं, जो दुनिया में कहीं अन्यत्र उपलब्ध नहीं हैं। कुल मिलाकर, यहाँ 50 लाख पुस्तकें, पांडुलिपियाँ, पुराने अखबार, ध्वनि व संगीत के अभिलेख, नक्शे, डाटाबेस, ड्रॉइंग आदि विपुल रूप में रख-रखाव से सुरक्षित हैं। इन संकलनों में महत्त्वपूर्ण हैं—'तैमूरनामा', 'आइन-ए-अकबरी', 'सिकंदरनामा', 'जहाँगीरनामा', मुगल बादशाहों की जीवनियाँ, राजकुमारों के इतिवृत्त, रणजीत सिंह के दस्तावेज, मुगल चित्र-शैली की पेंटिंग, अरबी, उर्दू की कैलिग्राफी। सबसे दर्शनीय हैं—हिरण की खाल पर अंकित संपूर्ण कुरान की आयतें। 'तारीख-ए-खानदान-ए-तैमूरिया' मुगल खानदान के इतिहास की एक दुर्लभ प्रति है। यह पांडुलिपि बादशाह शाहजहाँ की लिखावट गें है। इस पुस्तक के 130 पृष्ठों पर सोने के बारीक काम से चित्रकारी की गई है। हिरण के खाल पर तीसरी शताब्दी की लिखी पुस्तक 'कुरआन' पुस्तकालय की सबसे पुरानी पुस्तक है। पुस्तकालय में एक और बहुमूल्य एवं दुर्लभ पुस्तक है—'शहंशाहनामा', जो तुर्की के सुल्तान मुहम्मद तृतीय को समर्पित है। इस पुस्तक में बने चित्र अद्वितीय हैं। पुस्तकालय में संरक्षित एक इंच का 'कुरानशरीफ' भी पुस्तक-प्रेमियों के आकर्षण का केंद्र है।

पुस्तकालय में पांडुलिपियों और पुस्तकों के अलावा दुर्लभ कलाकृतियों का भी नायाब संग्रह है। उनमें गुप्तकालीन घड़ा, मध्यकालीन बरतन, जिन पर चाइनीज तथा फारसी शैली में बारीक नक्काशी उत्कीर्ण है, दर्शकों को विशेष रूप से आकर्षित करती है। जहर-रोधी बरतन, नादिरशाह की तलवार, औरंगजेब एवं बैरम खाँ की कटार, धूप की घड़ी तथा चीन, नेपाल, तुर्की, रूस, जापान एवं विएतनाम इत्यादि देशों के पुराने नोट व सिक्के भी यहाँ दर्शनीय हैं। दक्षिण तथा मध्य एशिया की बौद्धिक व सांस्कृतिक विरासत का सबसे बड़ा भंडार है यह पुस्तकालय।

□

गोपाल सिंह नेपाली

गोपाल सिंह नेपाली हिंदी गीतों को नई ऊँचाई और अर्थवत्ता देनेवाले उन रचनाकारों में हैं, जिन्होंने आम आदमी की अनुभूतियों को साहित्य से जोड़ने का अप्रतिम कार्य किया। ऐसा काम जनता का कवि ही कर सकता है। तभी तो वे जनता के पहले कवि हैं। उनकी पहचान इतिहास बदलनेवाले कवि के रूप में 'वन मैन आर्मी' की पहचान है, जो रवींद्रनाथ ठाकुर की 'एकला चलो' की नीति से समता रखती है। उनकी घोषणा है—

जब-जब जनता पर दुःख की बदली छाई है,
तब-तब हमने विप्लव-बिजली चमकाई है।
मानवता का परिहास बदलने वाले हैं!
हम तो कवि हैं, इतिहास बदलने वाले हैं!

इसी पहचान से निधन के 56 वर्ष बाद भी उनके पाठकों की संख्या लाखों में है। आज भी उनका नाम जनता के गीतकार के रूप में जनता की जुबान और हृदय पर है। दिनकर के बाद बिहार में ऐसा यश-भाग केवल गोपाल सिंह नेपाली को ही मिला है। वे जनता और साहित्य के सेतुबंध होकर अमर हो गए हैं। वे आजीवन अभाव से लड़ते रहे, लेकिन कभी हार नहीं मानी, कभी अपने सिद्धांतों से समझौता नहीं किया।

हम उन्हें जनता का महाकवि या गीतकार हठात् नहीं कह रहे हैं। इससे इतर न उनका परिचय हो सकता है और न ही उनकी महागाथा लिखी जा सकती है। उस महाकवि एवं गीतकार का जन्म बिहार के बेतिया राजमहल

के आउट हाउस में 11 अगस्त, 1911 को एक सैनिक रेल बहादुर सिंह के घर में हुआ था। घर की स्थिति दयनीय थी। बाल्यकाल में ही उनकी माँ चल बसीं। उनका मूल नाम गोपाल बहादुर सिंह था।

परिवार की आर्थिक दु:स्थिति के कारण सन् 1923 में उन्होंने मिडिल पास किया। अध्ययन की यही सीमा रही उनकी। युवापन की देहरी पर वे फुटबॉल के अच्छे खिलाड़ी बनकर उभरे। बिहार के बाहर—गोरखपुर तक फुटबॉल के खिलाड़ी के रूप में उनकी पहचान बन गई। उनके छोटे भाई मगन जब उनसे अच्छा खेलने लगे तो नेपाली ने फुटबॉल खेलना छोड़ दिया। फिर वे प्राकृतिक सौंदर्य के प्रेमी बन गए। वे घंटों एकांत में बैठे रहते थे। प्रकृति एवं प्रेम का कवि बनने के रूप में यहीं से उनका 'बीज-कवि' जीवन शुरू हुआ। वे बाल्यकाल से काव्य-सृजन में लग गए और पर्याप्त प्रसिद्धि भी बटोरने लगे। उनकी सबसे पहली कविता सन् 1930 में लहेरियासराय, दरभंगा से आचार्य रामलोचन शरण द्वारा प्रकाशित 'बालक' मासिक पत्रिका में छपी। फिर वे प्रौढ़ रचनाएँ करने लगे। अपने कविता-प्रेम के चलते वे सन् 1931 में कलकत्ता में हुए अखिल भारतीय हिंदी साहित्य सम्मेलन के अधिवेशन में पहुँच गए। वहाँ उन्हें बनारसी प्रसाद चतुर्वेदी, निराला, शिवपूजन सहाय, बेनीपुरी, दिनकर आदि के दर्शन हुए। लेकिन आयोजकों के बहुत अनुरोध पर भी उन्होंने अपनी कोई कविता नहीं सुनाई। उनका कहना था, "पहले मुझे कविता सुनाने की कला सीखने दीजिए। भीड़ के सामने कविता कैसे पढ़ी जाती है, अभी मुझे यही जानना है।"

इसके तुरंत बाद दूसरा अवसर सन् 1932 में आया। वाराणसी में काशी नागरी-प्रचारिणी सभा द्वारा निराला के संचालन में आचार्य महावीर प्रसाद द्विवेदी का अभिनंदन समारोह आयोजित था। नेपाली के काव्य-सृजन की अद्भुत क्षमता को परख चंपारण के लब्ध-प्रतिष्ठ साहित्यकार महंत धनराज पुरी ने उस अभिनंदन समारोह में काव्य-पाठ हेतु उन्हें भेजा था। अभिनंदन समारोह में नेपाली के काव्य-पाठ की घटना का वर्णन डॉ. सविता सिंह नेपाली ने कुछ इस प्रकार किया है—"पहाड़ी-से दिखनेवाले नेपाली बालक को देखकर निरालाजी के मन में संशय था कि यह बालक इन 'कवि दिग्गजों'

के बीच क्या सुना पाएगा? अपने संक्षिप्त संचालन में उन्होंने इस बालक का काव्य-पाठ सुनने का आग्रह किया। किंतु जब बालक गोपाल मंच पर चढ़े तो अपने सुमधुर कंठ से गाकर अपनी कविताओं की प्रस्तुति देकर वह समाँ बाँधा कि श्रोता वाह-वाह कर उठे। सब पर जैसे किसी ने वशीकरण कर दिया हो। निरालाजी ने लपककर गले लगा लिया और मन का संशय इन शब्दों में व्यक्त करते हुए कहा, 'अरे नेपाली, तुमने तो कमाल ही कर दिया।' और उसी दिन से गोपाल बहादुर सिंह 'गोपाल सिंह नेपाली' हो गए। इस नाम को बड़े भाई का आशीर्वाद समझ उन्होंने शिरोधार्य कर लिया। कथाकार प्रेमचंद तो जैसे उछल पड़े और कहा, 'अरे बरखुरदार, कविताई क्या माँ के पेट से सीखकर आए हो?' उस रात देश के लगभग 150 सुविख्यात कवियों का स्नेह पाकर वे धन्य हुए। अखबारों ने उन्हें मंच का सुकंठी श्रेष्ठ कवि सिद्ध किया और उन्होंने राष्ट्रीय स्तर की ख्याति प्राप्त की। वहाँ उनका पाठ सुनकर विमुग्ध 'सुधा' पत्रिका के संपादक दुलारेलाल भार्गव उन्हें लखनऊ लेते गए और 'सुधा' के संपादकीय विभाग में नियुक्त कर लिया, जहाँ वे वर्ष 1934 के मध्य तक रहे। यहीं उनका पहला गीत-संग्रह 'पंछी' छपा, जिसकी भूमिका निरालाजी ने लिखी थी। यह बड़ा अवसर और ख्याति का आधार बना। पर थे नेपाली अपने स्वभाव में अस्थिर। सन् 1934 में वे दिल्ली चले गए। वहाँ हिंदी के पुराने पत्रकार और उपन्यासकार ऋषभचरण जैन ने उन्हें 'चित्रपट' साप्ताहिक पत्र में सह-संपादक के रूप में रख लिया। श्री ऋषभचरण जैन ने ही उनका दूसरा काव्य-संग्रह 'उमंग' छापा।

नेपाली ने दिल्ली का अपना प्लेटफॉर्म भी बदल दिया और मध्य प्रदेश के रतलाम में आ गए। यहाँ इन्होंने 'रतलाम टाइम्स' का संपादन किया। यहाँ उन्हें हिंदी के प्रसिद्ध लेखक डॉ. प्रभाकर माचवे का साथ मिला। माचवे का एक लेख 'नेपाली की कविता में प्रकृति-चित्रण' उस समय 'रतलाम टाइम्स' में छपा था। इसके बाद छायावादोत्तर कविता में मुक्त प्रकृति-चित्रण और मानवीय आशयों के गीतकार की भूमिका में नेपाली प्रतिष्ठित हो गए। उन्हें 'गीतों का राजकुमार' कहा जाने लगा। रतलाम में चार साल उन्होंने बिताए। मालवा के प्राकृतिक सौंदर्य पर 'मालवा में पावस' और 'मालवा डगर पर'

आदि रचनाओं से 'राग' के कवि के रूप में वे चर्चित हो गए। कविता को गाकर सुनानेवाले कवियों में वे सबसे आगे निकल गए। वे जन-जन की आवाज बन गए—

कवि ने जो खुद जाना
कवि ने जो पहचाना
बनता है वह छंद-छंद में प्राण-प्राण का गाना
हृदय-हृदय का गाना
लोक-लोक का गाना
बनता है वह भाव-लहर में उठता हुआ जमाना।

वर्ष 1937 से 1939 तक वह पटना की धरती पर रहे। वहाँ उन्होंने 'योगी' साप्ताहिक के संपादकीय विभाग में काम किया। फिर दो-तीन वर्षों तक बेतिया राज के प्रिंटिंग प्रेस में काम किया। उस समय एक बार चंपारण साहित्य सम्मेलन के अध्यक्ष महंत धनराजपुरी 'सरस्वती' पत्रिका में छपी उनकी एक रचना देख उनसे मिलने पहुँचे। उस समय का चित्र देखिए—"नेपालीजी शीश महल में स्थित आउट हाउस में थे। नीची छत वाली कोठरी थी। मैंने गरीबी सुन रखी थी, पर ऐसी गरीबी नहीं देखी थी। इस कोटि की निर्धनता मेरी कल्पना के परे थी। वे दोपहर में सोने की तैयारी में थे। मैंने कोठरी में एक सरसरी निगाह डाली। अलगनी पर एक फटी कमीज और एक मैली धोती लटकी थी। कोठरी में कुछ पुस्तकें जहाँ-तहाँ बिखरी पड़ी थीं। बिछावन के नाम पर एक फटी हुई दरी का टुकड़ा था। तकिए का काम कुछ पुस्तकें कर रही थीं। एक पीतल का गिलास कोने में था। बस, इतना ही सामान था।"

उसी समय की एक और घटना है—होली का समय था। इस अवसर पर परंपरानुसार व्यंग्य रचनाएँ छपी थीं, जिसमें बेतिया राज के प्रबंधक विपिन कुमार पर भी व्यंग्य था। जब विपिन कुमार को यह जानकारी मिली तो उन्होंने नेपाली पर 40 रुपए का अर्थदंड लगा दिया। आहत नेपाली ने तत्क्षण प्रेस की नौकरी छोड़ दी। नेपाली लगातार त्याग-पत्र और कमरे की चाभी अपने आत्मस्वाभिमान के लिए फेंकते रहे।

अपने जीवन-संसार के चुनावों में नेपाली हमेशा अपनी भूमिका और प्लेटफॉर्म बदलते रहे। साहित्य का जीवन छोड़ने के बाद वे सन् 1941 के सितंबर में जेहल्लुम में पंजाब रेजिमेंटल सेंटर में एक प्रशिक्षक के रूप में भरती हो गए। सन् 1942 में उन्हें हवलदार (सार्जेंट) के रूप में पदोन्नत किया गया। वे युवा काल से फुटबॉल के एक उत्कृष्ट खिलाड़ी थे ही। सेना में जाकर भी उन्होंने हॉकी, बास्केट बॉल के खेलों में अंतर रेजिमेंटल और राष्ट्रीय स्तर की चैंपियनशिप में, 'क्रॉस कंटरी रनिंग' में अपने रेजिमेंट का प्रतिनिधित्व किया। सन् 1944 में उन्हें कंपनी हवलदार प्रमुख के पद पर पदोन्नत किया गया, जहाँ उन्होंने एक प्रशिक्षक के रूप में कार्य किया। द्वितीय विश्व युद्ध के अंत में उन्हें ब्रिटिश राष्ट्रमंडल दल के एक हिस्से के रूप में जापान भेजा गया, जहाँ उन्होंने वर्ष 1947 तक सेवा की।

नेपाली ने सन् 1944 में फिल्मों की ओर अपना रुख किया। गीत लिखते थे ही, तो जनता के लिए हर भाव के गीत लिखने की जमीन का उपयोग फिल्मों के लिए करना शुरू कर दिया।

वे बंबई में फिल्म कंपनी फिल्मिस्तान में गीतकार के रूप में पहुँचे। सबसे पहले 'मजदूर' फिल्म के गाने लिखे। इस फिल्म में उनके लिखे गीत जनता में खासे लोकप्रिय हुए। सन् 1945 में सर्वश्रेष्ठ गीतकार होने का उन्हें पुरस्कार भी मिल गया। वे सन् 1956 तक बंबई में रमे रहे और साथ ही कवि सम्मेलनों में भी जाते रहे। 'मजदूर' के अलावा उन्होंने 'बेगम', 'शिकारी', 'नगाचंपा', 'गजरे', 'लीला', 'तिलोत्तमा', 'नरसीभगत', 'नागपंचमी', 'पवन-पुत्र', 'शिव-भक्ति', 'तुलसीदास', 'जय भवानी' जैसी फिल्मों में सामाजिक, आर्थिक, पौराणिक—सभी भाव-धाराओं के सफल गीत लिखे। 'तुलसीदास' फिल्म की इन पंक्तियों में उनकी दृष्टि का संपूर्ण नजरिया प्रस्तुत है—

सच मानो तुलसी ना होते, तो हिंदी कहीं पड़ी होती,
उसके माथे पर रामायण की, बिंदी नहीं जड़ी होती!

300 से अधिक गीतों की रचना करते हुए नेपाली बंबई की फिल्मी दुनिया में इस कदर रम गए कि उन्होंने 'हिमालय पिक्चर्स' नामक अपनी फिल्म कंपनी शुरू कर दी। उनके निर्देशन में सन् 1949 में बनी पहली फिल्म

'नजराना' थी। 1950 में उन्होंने 'नेपाली पिक्चर्स' के बैनर तले 'सनसनी' नामक फिल्म का निर्माण किया, जिसमें देवानंद और गीता बाली मुख्य भूमिका में थे। यह फिल्म हिट रही। इन फिल्मों में—'चली आना हमारे अँगना, तुम न कभी आओगे पिया', 'दिल लेके तुम्हीं जीते, दिल देके हमीं हारे', 'दूर पपीहा बोला', 'नाग कहीं जा बसियों रे, मेरे पिया को ना डँसियो रे', 'रोटी न किसी को, किसी को मोतियों का ढेर, भगवान् तेरे राज में अंधेर है अंधेर', 'प्यासी ही रह गई पिया मिलन की अँखिया, रामजी' आदि गीत जनता की जुबान पर चढ़ गए। नेपाली ने फिल्मी गीतों को सर्वथा नई शैली और भाव-भूमि दी। पर रहे वे अंततः साहित्य-गीतों के रचनाकार। नेपाली के निर्देशन में बनी तीसरी और अंतिम फिल्म थी 'खुशबू'। मोतीलाल और श्यामा अभिनीत यह फिल्म बुरी तरह फ्लॉप रही। इस फिल्म की असफलता ने नेपाली को तोड़कर रख दिया और सन् 1956 में वे बंबई छोड़कर बेतिया लौट आए।

नेपाली का एक गीत 'तुम कल्पना करो, नवीन कल्पना करो' की तर्ज पर ही बच्चन ने एक गीत लिखा—'इसीलिए खड़ा रहा कि तुम मुझे पुकार लो।' संस्कृत की प्रणाली पर यह छंद सबसे पहले हिंदी में नेपाली ने ही प्रयुक्त किया था, जिस पर उनके अनेक गीत आधारित हैं। उनकी ये पंक्तियाँ इसी शैली में मार्मिकता से अभिभूत करती हैं—

— नौ लाख सितारों ने लूटा
— दो तुम्हारे नयन, दो हमारे नयन
— तन का दिया, रूप की बाती—दीपक जलता रहा रात भर।

विनोबा भावे ने वर्ष 1951 में भूदान-यज्ञ प्रारंभ किया था। केंद्र सरकार और राज्य सरकारें भूदान-यज्ञ के पक्ष में थीं। राष्ट्रकवि रामधारी सिंह 'दिनकर' ने 'भू-दान' नामक कविता में विनोबा को कृष्ण दूत बताते हुए लिखा था—

पहचानो यह कौन द्वार पर, अधनंगा आया है।
किस कारण अधिकार स्वयं बन भिखमंगा आया है॥
समझ सको यदि मर्म, बुलाए बिना दौड़कर आओ।
जो समझो, तुम अंश ऊपर का उसे स्वयं दे आओ॥

लेकिन नेपाली दिनकर की तरह भूदान–यज्ञ को नहीं लेते। उनका मानना था कि भूदान–यज्ञ जमींदारों और शोषकों को प्राणदान देने के लिए संजीवनी बूटी है। वे विनोबा के भूदान–यज्ञ का विरोध करते हैं। वे विनोबा को ललकारते हैं। इन ललकार भरी कविताओं में नेपाली का जुझारूपन मिजाज, जनतंत्र–प्रेम, गरीबी और गैर–इनसाफी मिटाने की बेचैनी की झलक मिलती है—

किसने कहा कि भिक्षा माँग करोड़ों के लिए।
किसने कहा कि भीख है मलहम जग के फोड़ों के लिए।

वे विनोबा से दो टूक शब्दों में कहते हैं—

राष्ट्र पले कब तक चंदों से
लाज बचे क्या पैबंदों से
मिटे न दुखड़ा इन धंधों से
नया वसंत बुला ला फिर तू
सौरभ सुमन—सुमन से माँग।

फिर उसी साहस से वे जवाहरलाल नेहरू की हास्यास्पद अहिंसा नीति और सहिष्णुता के प्रति अपनी अनास्था जताते हुए बोल पड़ते हैं—

तुम उड़ा कबूतर अंबर में संदेश शांति का देते हो
चिट्ठी लिखकर रह जाते हो, जब कुछ गड़बड़ सुन लेते हो।
वक्तव्य लिखो कि विरोध करो, यह भी कागज, वह भी कागज
कब नाव राष्ट्र की पार लगी यों कागज की पतवार से,
ओ राही, दिल्ली जाना कहना अपनी सरकार से
चरखा चलता है हाथों से, शासन चलता तलवार से।

सफलता और असफलता के बीच झूलते हुए भी अपने विचारों पर वे अडिग रहते थे। जब कभी भी उन्हें महसूस हुआ कि देश गलत दिशा में जा रहा है तो उन्होंने निर्भीक होकर अपना काम किया। अपने समकालीन सुविधाजीवी रचनाकारों और विरोधियों को भी वे ललकारने से नहीं चूके—

ओ आलोचक विष घोल नहीं,
साहित्य समझ, सुन बोल नहीं,

रँगरूटों से कह दे कोई,
मंदिरों में पिटे ढोल नहीं।

'स्वाधीन कलम की विरासत' में अपना आक्रोश व्यक्त करते हुए उन्होंने कहा—

तुझ-सा लहरों में बह लेता तो मैं भी सत्ता गह लेता,
ईमान बेचता चलता तो, मैं भी महलों में रह लेता!
तू दलबंदी पर मरे, यहाँ लिखने में है तल्लीन कलम,
मेरा धन है स्वाधीन कलम!

अपने जीवन के उत्तरार्ध में नेपाली ने अपने कवि-कर्म को सार्थकता के चरम शिखर पर पहुँचा दिया। सन् 1962 में जब चीन ने भारत पर आक्रमण किया तो उन्होंने 'हिमालय ने पुकारा' कविता के माध्यम से सशस्त्र युद्ध करने का आह्वान किया। उनकी इस भावना के प्रकाशन के लिए न तो मीडिया का सहयोग मिला और न रेडियो स्टेशन का। फिर भी, उन्होंने वन मैन आर्मी की भूमिका में आकर जनता के मध्य सिंहनाद करना नहीं छोड़ा। उन दिनों देश का कोई ऐसा नगर नहीं था, कोई ऐसी डगर नहीं थी, जहाँ नेपाली की ये आग उगलनेवाली पंक्तियाँ नहीं गूँजीं—

चालीस करोड़ों को हिमालय ने पुकारा
बढ़ते ही चलो खून की स्याही की कसम है।
सीने पर गोली खाए सिपाही की कसम है
ईश्वर की कसम है जी, इलाही की कसम है।
पंजे से लुटेरों के पहाड़ों को छुड़ा लो!

नेपाली काफी समय से अस्वस्थ चल रहे थे और आर्थिक परिस्थितियों से जूझ रहे थे। बंबई उनको रास नहीं आई थी। वे लगातार एक सप्ताह से भागलपुर जिले का साहित्यिक दौरा कर रहे थे, जनता को चीनी हमले के खिलाफ जगा रहे थे। शासन व भ्रष्टाचार के विरुद्ध जनता की सच्ची प्रतिक्रिया को वाणी देने की उन्होंने ठान रखी थी। उनके मन पर अवसाद का भारी बोझ पड़ा हुआ था। काव्य-पाठ के समय उनके द्वारा व्यक्त की गई उस समय की

पंक्तियाँ इस बात की गवाह हैं कि वे अपने वर्तमान शासकों से कितना खिन्न थे। उनके मकान का कई महीने का किराया बाकी था, लेकिन उस समय भी वे देश के लिए लड़ रहे थे। उनके बीवी-बच्चे गरीबी से जूझ रहे थे। तभी हिंदी काव्य को राग, शृंगार और देश की तरुणाई का संदेश देनेवाले जनता के इस कवि का अंत भागलपुर स्टेशन के प्लेटफॉर्म पर 17 अप्रैल, 1963 को हो गया और उनकी ये पंक्तियाँ साकार हो गईं, जो कभी अपने संबंध में उन्होंने लिखी थीं—'लगेगी ऐसी गहरी नींद, वीण पर सो जाऊँगा मौन।' उनके निधन के समय आर्थिक विपन्नता से उनका परिवार उनकी अंत्येष्टि में तथा श्राद्ध में भागलपुर आने में भी असमर्थ था। वे आजीवन अपने सिद्धांतों व विचारों से लिफाफे पर सटे टिकट की तरह चिपके रहे। यही नेपाली का मूल स्रोत था। जीवन की क्षणभंगुरता को वे जानते थे। उन्होंने पहले ही लिख दिया था—

एक छोटी डाल पर लिख रहा हूँ एक बार
बहार की बयार में लिख रहा हूँ एक बार
मैं चमन की धूल में मिल रहा हूँ एक बार
टूटते हैं एक बार आदमी जहान के
मैं भी अपनी डाल से
हरसिंगार फूल-सा, झर रहा हूँ एक बार।

इसी प्रकार, नेपाली ने जितने प्रकार के गीत-स्वरों का सूत्रपात किया, वैसा प्रयोग कभी हिंदी में निराला के बाद किसी ने नहीं किया। इतने विशाल साहित्य-वैभव के बाद भी वे छायावाद में प्रविष्ट नहीं हुए। अपनी सीमा में ही उनकी मौलिकता हमेशा कायम रही। उस दौर की लोकप्रिय कविता का जो प्रतिमान बनेगा, वह नेपाली के बगैर अधूरा रहेगा।

कुल मिलाकर, नेपाली एक आदर्शोन्मुख, विकासात्मक कवि थे। उनके प्रमुख संग्रह हैं—'उमंग', 'सावित्री', 'नीलिमा', 'पंछी पंचमी', '[illegible]', 'कल्पना', 'आँचल', 'नवीन', 'रिमझिम', 'हमारी राष्ट्रवाणी' और 'हिमालय ने पुकारा'। कविता के क्षेत्र में देश-प्रेम, प्रकृति-प्रेम एवं मानवीय भावनाओं का जो सुंदर चित्रण किया, वह अप्रतिम है। गीत-साहित्य के रसधार में उन्होंने

न सिर्फ अपने को डुबोए रखा, बल्कि अपनी रचनाओं में प्रकृति-प्रेम, शृंगार, वेदना, लोक-चेतना, राष्ट्रीयता आदि की रसधारा में पाठकों को भी गोता लगाने का भरपूर अवसर प्रदान किया। इसलिए साहित्य-समीक्षकों की उपेक्षा के बावजूद वे आज भी हिंदी के लोक-मानस में जीवित हैं।

□

लोक-कवि भिखारी ठाकुर

लोक-कवि तुलसीदास और कबीर के बाद संपूर्ण उत्तर भारत के लोक-मानस में किसी कवि-कलाकार को सबसे ज्यादा जगह मिली है तो वे व्यक्ति हैं—लोक-कवि, कलाकार, नाटककार, नाट्य-निर्देशक, सूत्रधार और नर्तक भिखारी ठाकुर। उनकी सबसे बड़ी खूबी यह थी कि उन्होंने अपने काव्य, नाटक, अभिनय और गायन से अनगढ़ भोजपुरी भाषा की शक्ति को उजागर किया। उनका तरीका लोक-शैली का था, पर उनका बोध अपना था। यही उनकी अद्‌भुत प्रयोगात्मकता थी। यही कारण है कि उनके निधन के लगभग 48 वर्ष बाद भी उनके गीत और नाटक पूरी दुनिया में लगभग 25 करोड़ की संख्या में फैले हुए भोजपुरी भाषा-भाषियों के मन-प्राणों में रचे-बसे हैं। वे उत्तर भारत के गायन में तो हैं ही, मॉरीशस, फिजी और सूरीनाम के लोक-कंठों में भी मौजूद हैं।

भिखारी ठाकुर के गीत, दोहे एवं नाटक प्रेम के साथ-साथ समाज एवं मन की पीड़ा और विरह के मार्मिक क्षणों का चित्रण करते हैं। भिखारी ठाकुर सामाजिक संवेदना और गहरी आध्यात्मिक वेदना के भी कवि हैं। उनके गीत, दोहों और नाटकों में जहाँ एक ओर भक्ति-आंदोलन के कवियों (रैदास, कबीर इत्यादि) जैसी खासियतें हैं तो दूसरी ओर सामाजिक मर्यादा और समाज-सुधार के उपदेश भी। लोकभक्ति और सामाजिक विषमता उनकी मूल चिंताएँ हैं। अपनी रचनाओं के माध्यम से वे लोगों को सामाजिक समरसता और सन्मार्ग पर चलने के लिए मार्ग बनाने हेतु प्रेरित करते हैं। वे कहते हैं—

राज-समाज के बढ़स बड़ाई।
झगड़ा-झंझट छुटस लड़ाई।।
शांति-सत्य-प्रेम चलित आवस।
सुख के बरसा राम बरिखावस।।

(राज्य और समाज की महत्ता बढ़े। युद्ध और फसाद बंद हो। शांति, सत्य और प्रेम की स्थापना हो। ईश्वर सुख की वर्षा करें।)

भिखारी ठाकुर का जन्म बिहार राज्य के सारण जिलांतर्गत ग्राम कुतुबपुर में एक अत्यंत ही निर्धन परिवार में 18 दिसंबर, 1887 को हुआ था। कुतुबपुर पहले भोजपुर जिले में था, परंतु बाद में गंगा की धारा में परिवर्तन के कारण छपरा में चला गया। भिखारी ठाकुर होश सँभालते ही चरवाही करने लगे। फिर अपने पुश्तैनी पेशे नाईगीरी से जुड़ गए। पढ़ने की लालसा हुई तो गाँव के ही मित्र भगवान् साहू से इतना अक्षर-ज्ञान प्राप्त कर लिया कि किसी तरह टो-टाकर कुछ पढ़ने लगे। उन्होंने खुद स्वीकार किया है—

नइखी पाट पर पढ़ल भाई।
गलती बहुत लउकते जाई।।

(मैंने तख्ती पर विधिवत् पढ़ाई नहीं की है, इसलिए गलतियाँ बहुत दिखाई देंगी।)

सन् 1934 में बिहार में भीषण अकाल पड़ा। उसी वर्ष भयानक भूकंप भी आया। तब भिखारी 27 वर्ष के थे। किसानी पर आफत, लगान की रकम बढ़ गई। न खलिहान में अनाज, न शादी-ब्याह, न लगन। जिंदगी दूभर हो गई। गाँव और आसपास के ढेर सारे लोग जीविका की तलाश में परदेस भाग रहे थे। भिखारी भी अपने फूफा के पास खड़गपुर (बंगाल) पहुँच गए। वहीं पर लगभग तीन वर्षों तक रहे। इस दौरान इन्होंने खड़गपुर, मेदिनीपुर और जगन्नाथपुर की यात्रा की। उन दिनों वहाँ शाम को कहीं-न-कहीं रामलीला खेली जाती थी। भिखारी रामलीला देखने जाने लगे। मन रम गया रामलीला में। उन पर उसकी गहरी छाप पड़ी। उनके भीतर का सोया कलाकार जाग गया। उनको रास्ता मिल गया; मंजिल भी दिख गई। अब बंगाल काटने लगा। गाँव पहुँचकर नया जीवन शुरू करने की लालसा प्रबल हो गई।

गाँव लौटकर भिखारी ठाकुर रामचरितमानस की चौपाई बाँचने लगे। जानकारों से अर्थ पूछ-पूछकर अपना शब्द-ज्ञान बढ़ाया। तत्पश्चात् उन्होंने नाट्य-मंडली बनाने का निर्णय लिया। लेकिन यह तय किया कि उनके नाटकों की विषय-वस्तु न तो धार्मिक होगी, न राजा-रानियों की और न लोककथाओं में वर्णित नायक-नायिकाओं की। उन्होंने तत्कालीन भोजपुरी समाज के संभ्रांत परिवारों की सामंती मानसिकता, भोगी प्रवृत्ति, झूठी मान्यताओं के अहम, नशाखोरी और ऊँच-नीच जैसी सामाजिक व धार्मिक बुराइयों को अपने नाटकों का विषय बनाया। नाटकों के रूप को निखारते रहे। इस रचना-प्रक्रिया में भिखारी के मुँह से सूक्तियाँ फूटने लगीं। धीरे-धीरे लोक-धुनों में वे रचना करने लगे। उनके नाटकों और गीतों में भोजपुरी समाज बोलने लगा। जनता ने उसमें अपना चेहरा देखा और उनकी नाच मंडली का काम चल निकला।

तब देश में विदेशी शासन था। गाँवों में भुखमरी थी। काम नहीं मिलता था। जीविका के लिए गाँव छोड़कर लोग कलकत्ता चले जाते थे। घर पर उनकी ब्याहता अकेली रहती थी। शहर जाकर वे लोग वेश्याओं के जाल में फँस जाते थे। पत्नी बेचारी कलपती रहती, संदेशे भेजती। साल गुजर जाते और वियोग चलता रहता। महिलाओं की इसी घुटन और पीड़ा को भिखारी ठाकुर ने पकड़ा। 'बिदेसिया' नाम से नाटक और गीतों की रचना की। बिदेसिया ने साधारण लोगों के दिल को छू लिया। हर अवसर पर, शादी-ब्याह में, जगह-जगह भिखारी ठाकुर बुलाए जाने लगे। बिदेसिया की धूम मच गई। 15-20 हजार लोग भिखारी का नाच देखने के लिए जुटने लगे। उनके गीत हर जगह गाए जाने लगे। कलकत्ता, गोरखपुर और धनबाद के मजदूरों के बीच भिखारी का वह नाटक इतना लोकप्रिय हुआ कि उन्हें लोग 'बिदेसिया' कहने लगे। आज भी बिदेसिया नाच एक लोक-शैली बनकर जीवित है।

भिखारी ठाकुर का बिदेसिया नाटक देखने के लिए हमउम्र और हर जाति के लोग हजारों की संख्या में उमड़ने लगे। भिखारी ने तय किया कि नाटक एवं नाच के क्रम में कोई भी चीज नग्नता के रूप में पेश नहीं की जाएगी। हँसी-ठहाका और कहानी, जो कुछ भी हो, वह मर्यादा के भीतर ही रहेगी। इसके कारण उनके नाटकों और नाच में जो अनुशासन आया, वह काफी लोकप्रिय हो

गया। भिखारी अपनी विधा में सर्वोपरि हो गए। भोजपुरी क्षेत्र की मर्यादा, शान और विनोदपन—सबकुछ उनके नाटकों में एक आस्वाद बनकर झलकने लगा। कुछ भी बेपरदा और आस्वादहीन नहीं रहा।

भिखारी ठाकुर और उनके कलाकारों की यह विशेषता थी कि वे दर्शकों की मुद्रा, भाव और वातावरण के अनुकूल तत्काल संवाद गढ़ लेते थे। उनके पात्र किसी भी समय नाटकों के बीच में अनायास आकर वेशभूषा और संवाद से समाज की विद्रूपताओं व विसंगतियों पर व्यंग्य करने के लिए आजाद थे। वे अपनी बोली के बल पर सामान्य जन को कुरेदने की कला में माहिर होते थे।

भोजपुर के कुल्हड़िया के राजा के यहाँ भिखारी ठाकुर के नाटकों का अकसर ही प्रदर्शन होता था। कुल्हड़िया के राजा का नौकर गंगा कहार भिखारी ठाकुर से घुल-मिल गया था। एक बार भिखारी कुल्हड़िया पहुँचे तो गंगा बहुत उदास होकर उनके सामने चबैना-गुड़ का नाश्ता लेकर आया। भिखारी को पता चला कि राजा के घोड़े को समय पर चना नहीं देने के चलते कोड़ों से उसकी जमकर पिटाई हुई है। भिखारी ने उसी दिन वहाँ प्रस्तुत नाटक 'गबर घिचोर' में पंचायत के एक दृश्य में यह संवाद जोड़ दिया कि 'ज्यादा गड़बड़ी करोगे तो तुमको कुल्हड़िया के राजा के यहाँ नौकर रखवा देंगे। जब राजा का कोड़ा लगेगा तो मिजाज ठिकाने आ जाएगा।' हँसी का फव्वारा फूट पड़ा। यह राजा साहब पर सीधा प्रहार था।

आठवें दशक के आरंभ की घटना है। लोक-कवि तब ढलती उम्र के अंतिम चरण में थे। वाराणसी स्थित राजा रामगढ़ के किले में भोजपुरी सम्मेलन हो रहा था, जहाँ भिखारी ठाकुर का नाटक 'गंगा अस्नान' खेला जा रहा था। ग्रामीण किशोरियाँ गंगा-स्नान के लिए नाचती-गाती गंगा की ओर बढ़ रही थीं। उनके साथ उनका हँसोड़ पात्र यमुना 'मलेच्छू' की भूमिका में था। कुच्च-कुच्च अँधेरा। मलेच्छू का लिबास भी बिल्कुल काला, वह स्वयं काला। किशोरियाँ अँधेरे में भटकती-भटकती उससे पूछती हैं, "ऐ मलेच्छू, तुम कहाँ हो? बोलो ना, कहाँ हो? हमें बहुत डर लग रहा है।"

मलेच्छू ठठा-ठठाकर हँसता है और कहता है, "ढूँढ़ो, मैं कहाँ हूँ।"

थोड़ी देर उन्हें परेशान करने के बाद कहता है, "बताऊँ, मैं कहाँ हूँ!"

"हाँ-हाँ, बताओ, तुम कहाँ हो?"

भारत सरकार के तत्कालीन केंद्रीय मंत्री बाबू जगजीवन राम उस कार्यक्रम में मुख्य अतिथि थे। जगजीवन बाबू गाढ़े काले रंग के थे। मलेच्छू उन्हीं की ओर इशारा करते हुए बोलता है, "देखो, मैं वहाँ कुरसी पर बैठा हूँ।"

हजारों दर्शकों के बीच जोरदार ठहाका। मगर राजा साहब आक्रोश में चिल्लाए, "कहाँ है भिखरिया? उसने मेरे अतिथि का अपमान किया है। मैं उसे जिंदा नहीं छोड़ूँगा।"

काँपते हुए दोनों हाथ जोड़े लोक-कवि मंच पर आते हैं और सूत्रधार के भेस में ही क्षमा माँगते हुए राजा के पास आकर उनके पाँवों पर गिर पड़ते हैं, "मुझे माफ कर दीजिए, सरकार। मेरे यमुना से बड़ी भारी गलती हो गई है।"

तब भी राजा का गुस्सा ठंडा नहीं हुआ। भीड़ बेचैन हो उठी। तब जाकर बाबू जगजीवन राम ने राजा को शांत किया और मंच पर पहुँचकर माइक पर बोले, "मैं राजा साहब की ओर से अपने जनपद के महाकवि से क्षमा माँगता हूँ। मलेच्छू का संवाद कला की पराकाष्ठा है। उसने मेरे रंग की तुलना अँधेरे से करते हुए अपने विवेक का परिचय दिया है। महाकवि के भीतर कला की कैसी गहराई है, उसका परिचय इस संवाद में मिला है। मुझे बिल्कुल भी दुःख नहीं पहुँचा है। मैं तो मलेच्छू के किरदार को पुरस्कृत करना चाहता हूँ।"

जनता ने जोरदार तालियों से बाबू जगजीवन राम की बातों का स्वागत किया। हजारों की भीड़ के सामने डबडबाए महाकवि। भीड़ भी जैसे अपने महाकवि को अपने मन-प्राणों में सदा के लिए कैद कर लेना चाहती हो। ऐसी थी भिखारी ठाकुर की जनप्रियता।

पुरुष की पशुता, नारी की पीड़ा और सामाजिक कुरीतियों पर भिखारी ने कई नाटक लिखे। उसमें 'गंगा अस्नान', 'बेटी-बेचवा', 'पुत्र-वध', 'विधवा-विलाप', 'गबर घिचोर', 'ननद-भौजाई' और 'भाई-विरोध' नाटक, नृत्य नाटिकाएँ प्रमुख हैं। 'गबर घिचोर' नाटक में पंचायत द्वारा एक बच्चे पर अधिकार के निर्णय का मजेदार संवाद है। 'भाई-विरोध' नाटक संयुक्त परिवार के टूटने की कहानी है। 'गंगा अस्नान' नाटक में धार्मिक रूढ़ियों और ढोंग का विरोध है। 'पुत्र-वध' नाटक में औरत के अतिशय आभूषण-प्रेम की परिणति

पुत्र-वध के रूप में होती है। 'कलियुग-प्रेम' नाटक में जुआ और नशाखोरी के शिकार परिवारों की दारुण कथा का चित्रण है तो 'बेटी-बेचवा' में लोभी पिता द्वारा अपनी बेटी का विवाह एक बूढ़े से कर देने के बाद उसकी करुण अवस्था का वर्णन है। 'बेटी-बेचवा' नाटक में दादा की उम्र के बराबर पति से ब्याहे जाने पर बेटी रोती हुई पिता को इन शब्दों में कोसती है—

लूजुर-लूजुर पिया, देख मुँह लेके दीया,
कहीं कइसे, कहे नइखे आवत हो बाबूजी।
मुँहवाँ में दाँत नाहीं, भात चूवे गाल माहीं,
बावला पर भीतरी सलंदर हो बाबूजी।

भिखारी ठाकुर आम जनों के बीच कितने लोकप्रिय थे, उसका अंदाजा नाटककार और कला-मर्मज्ञ जगदीश चंद्र माथुर के इस संस्मरण से लगाया जा सकता है—"मैं अतिशयोक्ति नहीं कर रहा हूँ। जिस 26 जनवरी, 1954 की उस रात को मैंने भिखारी ठाकुर का विराट् रूप देखा, जिसमें विद्रूप भी शामिल था। पटना के हार्डिंग पार्क के पीछे आम्रकानन, जिसमें तृतीय बिहार सांस्कृतिक समारोह के सिलसिले में लोक-मंडलियों द्वारा प्रस्तुत गान, नृत्य और नाट्य का आयोजन था, उस समय टिकट खरीदकर आए हुए दर्शकों से खचाखच भरा हुआ था। बारह या पंद्रह हजार दर्शक उपस्थित थे। हजारीबाग के घटवार नर्तक, राँची के उराँव, खरसाँवा के झाउ नर्तक, वैशाली का मछुआ मंडल—अनेक मंडलियों ने प्रदर्शन किए, उत्कृष्ट और उल्लासपूर्ण। तब भिखारी ठाकुर ने अपनी सुविख्यात भोजपुरी बिदेसिया शैली में 'बेटी-वियोग' नाटक के अंश जब प्रस्तुत किए तो आगे की दो-चार पंक्तियों में बैठे 'संभ्रांत' समाज को छोड़कर समूचा दर्शक समूह तन्मय हो गया। मंच और दर्शक समाज के बीच ऐसा तालमेल या 'कम्युनिकेशन' मैंने बहुत कम देखा है। लेकिन उस मस्ती के कारण हम लोग, जो उत्सव के आयोजक थे, कुछ चिंतित हो चले। विशाल जन-समूह रंगमंच पर उमड़ा आ रहा था। पुलिस तक को बुलाना पड़ा। लेकिन देखा कि पुलिस अपने डंडे से जो थोड़ा-बहुत कंट्रोल कर पाती, उससे कहीं प्रखर अस्त्र भिखारी ठाकुर के पास था। परिस्थिति बिगड़ती देखी तो झट से

कथानक के प्रसंग को बदलकर भिखारी ठाकुर (उनकी आयु उस समय लगभग 65 वर्ष रही होगी) उतर पड़े उत्तान शृंगार रस के समरांगण में। श्लील-अश्लील का पार्थक्य भी गायब हो गया।

भिखारी ठाकुर लगभग पाँच दशकों तक अपने नाट्य-लेखन और मंचन से पूरे भारतवर्ष में छाए रहे। उन्होंने भोजपुरी को केवल समृद्ध ही नहीं किया, बल्कि इस भाषा को हिंदी पट्टी के अलावा अन्य भारतीय भाषाओं के बीच भी लोकप्रिय बनाया। उनकी तुलना कालिदास, शेक्सपियर एवं ब्रेख्त से होने लगी।

भिखारी ठाकुर को अपने जीवनकाल में यश और प्रसिद्धि तो खूब मिली, लेकिन प्रबुद्ध वर्ग से 'नचनिया' की उपाधि और उपेक्षा की हिकारत भरी नजर भी मिली। वैसे लोगों को धिक्कारते हुए महाकवि राहुल सांकृत्यायनजी ने भोजपुरी में लिखा था—"हमारी बोली में कितना जोर है, कितना तेज है, वह आप सभी भिखारी ठाकुर के नाटकों में देखते हैं। लोगों को क्यों अच्छे लगते हैं भिखारी ठाकुर के नाटक? क्यों दस-दस, पंद्रह-पंद्रह हजार की भीड़ जमा होती है इन नाटकों को देखने की खातिर? मालूम होता है, इन्हीं नाटकों में आम जनता को रसानुभूति होती है। जिन चीजों में रस मिले, वही काव्य। यदि किसी की नाक लंबी हो और वह सिर्फ दोष ही सूँघती फिरे तो उसके लिए क्या कहा जाए! दोष है तो उसकी वजह भिखारी ठाकुर नहीं हैं प्रबुद्ध लोग, भिखारी ठाकुर तो भोजपुरी के शेक्सपियर और अनगढ़ हीरा हैं। दरअसल, शेक्सपियर और भिखारी ठाकुर की सृजनशीलता में अद्‌भुत समानताएँ हैं। गीतों की समानता दोनों रचनाकारों में है। साधारण जन की पीड़ा, दुःख-दर्द एवं हास-परिहास की थिरकन और व्यंग्य की पैनी मार दोनों की सृजन विशेषताएँ हैं।"

भिखारी ठाकुर ने तर्जे-बयानी तो लोक से ली, पर तत्कालीन सामाजिक संदर्भ में उसका सार्थक उपयोग किया। मन सुगना, छैला चिकनिया (मनचले युवक), आवारा शरारती, बरजोरी, मीठ बोलिया (मृदुभाषी) जैसे भोजपुरी के सैकड़ों खाँटी शब्द हैं, जिन्हें उन्होंने सामाजिक संदर्भ दिया। भिखारी ठाकुर का नाट्य-शास्त्र से लेश मात्र भी संबंध नहीं था; लेकिन उनके व्यावहारिक ज्ञान ने उन्हें लोक-नाटककार बना दिया। उनके सूत्रधार और अभिनेता दर्शक के मन को वशीभूत कर लेते। वहीं उनका लबार (वे विदूषक को 'लबार' की संज्ञा देते

थे) नाटक को बोझिल होने से बचाता था। वरिष्ठ कवि डॉ. केदारनाथ सिंह की एक लंबी कविता है—भिखारी ठाकुर। यह कविता उनकी संपूर्णता का अद्‍भुत बयान है।

दिलचस्प बात यह है कि भिखारी ठाकुर के नाटक की दर्शक वे स्त्रियाँ नहीं होती थीं, जिनके सामाजिक एवं पारिवारिक जुल्म की कथा वे कहते थे, बल्कि वह पुरुष समाज होता था, जो तमाम जुल्मों के लिए जिम्मेदार होता था। सांस्कृतिक प्रदूषण और अंधानुकरण के लिए चर्चित मध्य वर्ग की संवेदनाओं को झिंझोड़ते रहते थे भिखारी ठाकुर। अपनी एक नृत्य-नाटिका में वे कहते हैं—

"कहत भिखारी भिखार होई गइली, दौलत बहुत कमा के।"

(मैंने इतना धन कमाया कि दरिद्र हो गया।)

धन और सुख-सुविधा के पीछे पागल आधुनिक समाज पर भिखारी ठाकुर की यह एक सख्त व तिलमिला देनेवाली टिप्पणी है। भिखारी ठाकुर ऐसे ही सीधे-सादे, मगर दूरगामी अर्थ-संकेतों के सर्जक थे।

भिखारी ठाकुर ने अपनी रचनाओं और प्रदर्शन से सामाजिक भटकाव को सही दिशा देने की कोशिश की। भौतिकता की चकाचौंध, भोग और सामाजिक-सांप्रदायिक विषमता के विरुद्ध सजग करते हुए उन्होंने अपने पाठकों-दर्शकों को अध्यात्म और संस्कृति की लोक-मंगलकारी दृष्टि की ओर मोड़ा। साथ ही, उन्होंने भोजपुरी भाषा और लोक-संस्कृति तथा देशजपन को भी अमर कर दिया। भिखारी ठाकुर के गीत-संगीत 'रवींद्र संगीत' और 'विद्यापति संगीत' की परंपरा में आज भोजपुरी की जीवंत धरोहर हैं। आज जहाँ हिंदी है, वहाँ भोजपुरी है और जहाँ भोजपुरी का नाम आता है, वहाँ भिखारी ठाकुर खड़े मिलते हैं।

□

समता और संघर्ष के पर्याय थे बाबू जगजीवन राम

राष्ट्रपिता महात्मा गांधी के नेतृत्व में हुए स्वतंत्रता आंदोलन के तीन मुकाम थे—असहयोग आंदोलन, सविनय अवज्ञा आंदोलन और अंग्रेजो, भारत छोड़ो आंदोलन। लेकिन उस आंदोलन में कुछ नेता वैसे भी थे, जो स्वतंत्रता आंदोलन को मात्र राजनीतिक आंदोलन तक ही सीमित नहीं रखना चाहते थे। उन्होंने शोषित व दलितों की बेहतरी के लिए आंदोलन को भी स्वतंत्रता आंदोलन के साथ जोड़कर उसके फलक को और चौड़ा कर दिया था। ऐसे नेताओं में आंबेडकर और जगजीवन राम प्रमुख हैं। सुप्रसिद्ध लेखक शंकर दयाल सिंह ने लिखा है—"आंबेडकर साहब और जगजीवन राम के बाद हरिजनों का कोई भी नेता इस देश में नहीं हुआ, जिसे पूरा देश—दक्षिण और उत्तर, पूर्व और पश्चिम—अपना माने और सिर पर बैठाए। जगजीवन राम उर्फ 'बाबूजी' की जितनी इज्जत मद्रास में थी, उससे रत्ती भर कम हरियाणा या पंजाब में नहीं थी। उनसे अधिक उम्र वाले भी जब उन्हें 'बाबूजी' कहते थे तो मात्र औपचारिकतावश नहीं, बल्कि यह मान-समझकर ही कि यह हमारे लिए बौद्धिक और सामाजिक दृष्टि से 'बाबू' हैं।"

जगजीवन राम का जन्म 5 अप्रैल, 1908 को बिहार के तत्कालीन शाहाबाद (अब भोजपुर) जिले के चंदवा नामक ग्राम में हुआ था। जिस जाति (चमार) में उनका जन्म हुआ था, वह धर्म के नाम पर उपेक्षित थी। इस जाति का मुख्य काम था—मरे हुए पशुओं को गाँव से बाहर ले जाकर उनकी खाल

से चमड़ा तैयार करना। यही उनकी गर्हित जिंदगी थी। वे समाज का ही जरूरी काम करते थे, पर वही समाज उनको अछूत मानता था। जगजीवन राम के पिता शोभी राम ब्रिटिश इंडियन आर्मी में थे, लेकिन बाद में अंग्रेजों से मत- भिन्नता के कारण उन्होंने नौकरी से त्याग-पत्र दे दिया और अपने गाँव चंदवा में कुछ खेती योग्य जमीन खरीदकर खेती-बाड़ी शुरू कर दी। जगजीवन राम अपने पिता की आठ संतानों में सबसे छोटे थे। पिता शोभी राम शहरी जीवन देख चुके थे, इसलिए वे यह बखूबी जानते थे कि बच्चों का उत्कर्ष शिक्षा द्वारा ही संभव है। उनकी पहल और प्रेरणा से बालक जगजीवन की प्रारंभिक शिक्षा गाँव की पाठशाला में हुई। तदुपरांत आगे की शिक्षा के लिए उन्होंने आरा के अग्रवाल मिडिल स्कूल में दाखिला लिया। इसी दौरान जगजीवन राम को छुआछूत से संबंधित कुछ ऐसे कटु अनुभव हुए, जिन्हें वे जीवन भर न भुला पाए। अग्रवाल मिडिल स्कूल में पीने के पानी के दो घड़े थे—एक हिंदुओं के लिए और दूसरा मुसलमानों के लिए। वहाँ पानी पिलाने के लिए एक कर्मचारी नियुक्त था। कर्मचारी के अनुपस्थित रहने पर लड़के स्वयं पानी निकालकर पी लिया करते थे। एक दिन जगजीवन राम ने कर्मचारी की अनुपस्थिति के दौरान स्वयं पानी निकालकर पी लिया। किसी विद्यार्थी ने प्रधानाध्यापक के पास जाकर यह शिकायत कर दी कि जगजीवन राम के छूने से वह घड़ा अशुद्ध हो गया है। प्रधानाध्यापक ने उसी दिन अछूतों के लिए दूसरा घड़ा मँगवाकर रख दिया।

प्रधानाध्यापक की यह काररवाई जगजीवन राम के दिल में तीर जैसे चुभ गई। क्षोभ और क्रोध से उनका चेहरा तमतमा गया। उस सामंती और कट्टरवादी माहौल में खुलेआम विरोध करने का साहस तो वे नहीं कर सके, लेकिन इसका प्रतिकार करने का उन्होंने दूसरा ढंग अपनाया। दूसरे दिन उन्होंने चुपके से उस घड़े को फोड़ दिया। प्रधानाध्यापक ने फिर नया घड़ा मँगवाया, लेकिन उसका भी वही हश्र हुआ। बाध्य होकर प्रधानाध्यापक को पानी पीने की पुरानी व्यवस्था को ही बहाल करना पड़ा। इसी तरह की अपमान की कई अन्य घटनाओं के बावजूद जगजीवन राम अपने अध्ययन में लगे रहे। उन्होंने मैट्रिक की परीक्षा प्रथम श्रेणी में पास की। गणित में तो उन्हें सौ में से सौ नंबर आए।

उन्हीं दिनों महामना पं. मदन मोहन मालवीय हिंदू-मुसलिम एकता के सिलसिले में आरा आए हुए थे। वहाँ अछूतों की ओर से उनका अभिनंदन होना था। सम्मान-पत्र पढ़ने की जिम्मेदारी जगजीवन राम को सौंपी गई। जगजीवन राम के सम्मान-पत्र पढ़ने के ढंग और उनकी वाणी की मधुरता से मालवीयजी इस कदर प्रभावित हुए कि उन्होंने उन्हें इंटर की पढ़ाई के लिए बनारस हिंदू विश्वविद्यालय में आने का निमंत्रण दे दिया; जबकि उस समय तक वहाँ किसी भी अछूत को प्रवेश नहीं मिला था। लेकिन मालवीयजी के हस्तक्षेप से जगजीवन राम को बनारस हिंदू विश्वविद्यालय में पढ़ने की अनुमति मिल गई। जुलाई 1926 में जगजीवन का नामांकन इस विश्वविद्यालय में हो गया।

बनारस हिंदू विश्वविद्यालय का वातावरण भी जातिवाद और छुआछूत की दुर्भावनाओं से व्याप्त था। अछूत होने के कारण नाई उनके बाल काटने से कतराता था। कई बार उन्होंने स्वयं अपने बालों को काटा। एक दिन छात्रावास के मेस के रसोइए ने अछूत होने के कारण उनके जूठे बरतनों को धोने से इनकार कर दिया। जगजीवन राम के आत्मसम्मान को इससे ठेस पहुँची। उन्होंने छात्रावास से अलग हटकर किराए पर एक कमरा लेने का निर्णय लिया; लेकिन नियमों के अनुसार, बिड़ला छात्रवृत्ति पानेवाला विद्यार्थी छात्रावास से बाहर नहीं रह सकता था। जगजीवन राम ने प्रिंसिपल ध्रुव से अपने आत्म-स्वाभिमान की बात कहकर बाहर रहने की अनुमति माँगी। प्रिंसिपल से अनुमति मिलने के बाद जगजीवन राम किराए के मकान में रहने लगे।

समाज में फैली विसंगतियों, विडंबनाओं और भेदभावों को देखकर जगजीवन राम का मन व्यथित हो उठा। उन्होंने देखा कि किसी को मंदिर में पूजा-अर्चना से रोका जाता है तो कहीं तालाब और कुओं पर पानी लेने से। पढ़-लिखकर समझदार बन जाने के बाद उनका दुःख-दर्द यह देखकर और बढ़ गया था। सदियों से धर्म के नाम पर सताए जा रहे दलितों को इज्जत भरी जिंदगी कैसे मिलेगी ? दलितों की बहू-बेटियों की आबरू की रक्षा कौन करेगा ? क्या रूढ़ियों से ग्रसित इस सामाजिक ढाँचे को बदला नहीं जा सकता ? वह दिन कब आएगा, जब दलितों के जीवन से अपमानजनक विषमताएँ दूर हो जाएँगी ? जगजीवन राम का ज्यादा समय इन्हीं सवालों का जवाब खोजने में

बीतने लगा। ऐसे ही समय में जगजीवन राम ने अछूतों को संगठित करना शुरू किया। उनकी राजनीतिक सोच और समझ भी विकसित होने लगी।

उस समय तक बनारस के हज्जाम अछूतों के बाल नहीं काटते थे। जगजीवन राम ने अछूतों का आह्वान किया कि वे हज्जामों का बहिष्कार करें। लेकिन अछूतों को समझाना इतना आसान नहीं था। वे कहने लगे कि अगर हज्जाम हमारे बाल नहीं काटते तो इसके लिए आंदोलन क्यों? ऐसा तो सदियों से होता आ रहा है। लेकिन जगजीवन राम ने हार नहीं मानी और अछूतों को समझाते रहे। अंततः उनका प्रयास रंग लाया और अछूतों ने हज्जामों का बहिष्कार करना शुरू कर दिया। नतीजतन, छह महीनों में ही हज्जामों ने घुटने टेक दिए। इस जीत से जगजीवन राम का आत्मविश्वास बढ़ा और उनके संगठन को शक्ति मिली।

सन् 1928 में आई.एस.सी. की परीक्षा प्रथम श्रेणी में उत्तीर्ण करने के पश्चात् बी.एस.सी. की पढ़ाई के लिए जगजीवन राम ने कलकत्ता का चयन किया। कलकत्ता के विद्यासागर कॉलेज में पढ़ाई के साथ-साथ अछूतों द्वारा आंदोलन में भी वे सक्रिय रहे। इस सिलसिले में उन्होंने मोहल्ले-मोहल्ले में रविदास सभाओं की स्थापना की और उनके माध्यम से दलितों के बीच चेतना जगाने का काम करने लगे। कुछ ही महीनों में वे दलितों के बीच काफी लोकप्रिय हो गए। इसी दौरान कलकत्ता में जगजीवन राम का परिचय डॉ. बिधान चंद्र राय, प्रफुल्ल चंद्र राय, प्रफुल्ल चंद्र घोष और सुभाष चंद्र बोस जैसे नेताओं से हुआ। जगजीवन राम उन नेताओं की बातें सुनते और विचारते। उनके मन में यह संदेह था कि सामाजिक उन्नति के बिना अछूतों को राजनीति के क्षेत्र में कोई प्रमुखता मिलेगी! क्या उच्च जाति के नेता उनका शोषण नहीं करेंगे? लेकिन गांधीजी समेत इन कांग्रेसी नेताओं के उद्देश्यों और उनकी ईमानदारी का असर उनके मन पर धीरे-धीरे होने लगा और वे कांग्रेस की ओर आकर्षित होते गए।

तब तक महात्मा गांधी के नेतृत्व में आजादी का आंदोलन जोर पकड़ने लगा था। इसी बीच द्वितीय गोलमेज सम्मेलन में डॉ. आंबेडकर ने अछूतों के लिए अलग चुनाव-क्षेत्र की माँग कर डाली। महात्मा गांधी इसके विरुद्ध थे।

ब्रिटेन के प्रधानमंत्री मैकडोनॉल्ड ने दलितों के लिए विशेष क्षेत्र बनाए जाने की घोषणा कर दी। दलितों को यह अधिकार दिया गया कि साधारण और सांप्रदायिक दोनों ही श्रेणियों में वे अपना वोट दे सकेंगे। गांधीजी को इससे गहरा आघात पहुँचा। उनका मानना था कि दलितों के लिए पृथक् चुनाव की व्यवस्था होने भर की देर है, फिर तो यह समुदाय, जिन्हें वे हिंदू धर्म का एक आवश्यक अंग मानते थे, अलग हो जाएगा। इससे एक बहुत बड़े भारतीय जन-समूह की एकता विनष्ट हो जाएगी। इसलिए वे किसी भी कीमत पर अछूतों को हिंदू समाज से अलग देखना नहीं चाहते थे। वे डॉ. आंबेडकर की इस माँग के विरुद्ध आमरण अनशन पर बैठ गए और वहीं से अपील जारी की—"डॉ. आंबेडकर जब तक अपना प्रस्ताव वापस नहीं लेंगे, तब तक मैं अन्न-जल ग्रहण नहीं करूँगा और यहीं पर अपने प्राण त्याग दूँगा।" बाद में कांग्रेस के कई वरिष्ठ नेताओं की मध्यस्थता के बाद गांधी एवं आंबेडकर में समझौता हुआ, जो 'पूना समझौता' के नाम से प्रसिद्ध है। इस समझौते में दलितों के लिए प्रांतीय और केंद्रीय विधानसभाओं में स्थान सुरक्षित किए गए। ब्रिटेन के प्रधानमंत्री ने इस पर अपनी मुहर लगा दी।

पूना समझौते के बाद महात्मा गांधी ने अछूतों को 'हरिजन' की संज्ञा दी और उनकी संस्था 'हरिजन सेवक संघ' के नाम से प्रचलित हुई। इस संस्था के माध्यम से गांधीजी ने पूरे देश में अस्पृश्यता निवारण आंदोलन छेड़ने की घोषणा की। इसी सिलसिले में जगजीवन राम को बिहार हरिजन सेवक संघ के मंत्री पद पर मनोनीत किया गया। जगजीवन राम ने इसी समय अपनी योग्यता व कर्मठता का पूरा परिचय दिया और बिहार के विभिन्न जिलों का दौरा कर हरिजन सेवक संघ को गतिशील बनाया। बिहार के समाचार-पत्रों में भी इनकी चर्चा होने लगी।

जनवरी 1934 में बिहार में विनाशकारी भूकंप आया। प्राकृतिक आपदा के मद्देनजर बिहार में बड़े पैमाने पर राहत कार्य शुरू हुए। महात्मा गांधी, डॉ. राजेंद्र प्रसाद, जयप्रकाश नारायण सरीखे अखिल भारतीय नेताओं के साथ जगजीवन राम भी राहत कार्य में जुट गए। वर्ष 1934 के अप्रैल माह तक राहत कार्य जोर-शोर से चलता रहा। इस दौरान जगजीवन राम के राहत कार्यों की

महात्मा गांधी समेत अन्य नेताओं ने भरपूर सराहना की। सन् 1936 में जगजीवन राम बिहार विधान परिषद् के सदस्य मनोनीत हुए।

इंडिया ऐक्ट-1935 के अनुसार, समूचे देश में प्रांतीय विधानसभाओं के चुनाव कराए गए। कांग्रेस ने भी इस चुनाव में हिस्सा लिया। जगजीवन राम समेत अन्य कांग्रेसी नेताओं के प्रयासों से बिहार की सभी 14 सुरक्षित सीटें कांग्रेस को मिलीं। कांग्रेस को बहुमत नहीं मिला। मोहम्मद यूनुस बिहार के अंतरिम मंत्रिमंडल के मुख्यमंत्री चुने गए। उन्हें समर्थन नाममात्र का था। उन्हें इस बात का विश्वास था कि हरिजन उनके प्रलोभन में आ जाएँगे। उन्होंने जगजीवन राम को मनचाहा मंत्री पद का प्रलोभन दिया, लेकिन जगजीवन राम ने ठुकरा दिया। गांधीजी ने तब 'हरिजन' में लिखा था—"इस दलित युवक के उत्सर्ग से पूरे राष्ट्र, खासकर सवर्णों, को सीख लेनी चाहिए।" बाद में डॉ. श्रीकृष्ण सिन्हा मुख्यमंत्री बने और जगजीवन राम संसदीय सचिव बनाए गए। संसदीय सचिव के रूप में जगजीवन राम को जो विभाग मिले, वे थे—विकास, सहकारिता और उद्योग। कांग्रेसी सरकारों ने सन् 1939 में त्याग-पत्र दे दिया।

सन् 1939 से 1946 तक जगजीवन राम बिहार प्रदेश कांग्रेस के मंत्री रहे। अंग्रेजी हुकूमत के खिलाफ कांग्रेस द्वारा चलाए जा रहे आंदोलन में सक्रियता के चलते दिसंबर 1940 में जगजीवन राम को गिरफ्तार कर आरा जेल में बंद कर दिया गया, जहाँ से बाद में उन्हें हजारीबाग जेल स्थानांतरित कर दिया गया। 10 सितंबर, 1941 को हजारीबाग जेल से उनकी रिहाई हुई; लेकिन 30 अगस्त, 1942 को वे फिर गिरफ्तार कर लिये गए। इसके बाद उनकी रिहाई सन् 1946 में ही संभव हो पाई।

स्वतंत्रता-प्राप्ति के बाद केवल कामराज योजना को छोड़कर जगजीवन राम लगभग 30 वर्ष तक भारत सरकार के विभिन्न मंत्रालयों (कृषि, खाद्य एवं आपूर्ति, प्रतिरक्षा, संचार, रेल, आवास, परिवहन-जहाजरानी, श्रम) में केंद्रीय मंत्री रहे। वे जिस मंत्रालय में गए, उसे चमकाकर रख दिया। चाहे वे श्रम मंत्री (1946-1952) का कार्यकाल हो या फिर खाद्य, कृषि एवं आपूर्ति मंत्री (1967-70) का—सभी मंत्रालयों के मंत्री के रूप में उन्होंने अपनी अमिट छाप छोड़ी। जब रेलवे का घाटा बेतरह बढ़ गया तो वे रेल मंत्री बनाए गए और

घाटा मुनाफे में बदल गया। श्रम मंत्री के रूप में उन्होंने मजदूरों की जीवन-स्थितियों में सुधार के लिए कई विशिष्ट कानूनी प्रावधान किए, जो आज भी हमारी श्रम-नीति का मूलाधार है। केंद्रीय श्रम मंत्री के रूप में उन्होंने इनके लिए कई क्रांतिकारी कदम उठाए थे।

पहले औद्योगिक विवादों से निपटारे के लिए विभिन्न राज्यों में अलग-अलग कानून थे और केंद्रीय ऐक्ट था। इस विषमता को दूर कर समूचे देश के लिए उन्होंने 'लेबर रिलेशन बिल' का सूत्रपात किया, जिसका पूँजीपतियों ने हर संभव विरोध किया। लेकिन एन.एम. जोशी, जयप्रकाश नारायण एवं श्रीपद अमृत डांगे जैसे नेताओं ने जगजीवन राम के इस कदम की भरपूर सराहना की। मजदूर स्वभावत: कांग्रेस की ओर आकर्षित होते चले गए। जगजीवन राम का मानना था कि खेतिहर मजदूरों और छोटे किसानों की दशा में कोई उल्लेखनीय सुधार नहीं आया है। बंबई में भारतीय राष्ट्रीय कांग्रेस के 73वें खुले अधिवेशन में अपना अध्यक्षीय उद्‌गार व्यक्त करते हुए उन्होंने कहा था, "गाँवों का नेतृत्व आज भी बड़े और मध्य किसानों के रूप में है। इस नेतृत्व में छोटे किसानों, खेतिहर मजदूरों और श्रमिकों का कोई स्थान नहीं है। आज भी वही पुराना जमींदार, जो बड़ा किसान बन गया है, गाँवों पर शासन कर रहा है। इसलिए खेती के स्वामित्व पर सीमाबंदी होनी चाहिए। इस सीमाबंदी के परिणामस्वरूप जो भूमि उपलब्ध हो, उसे खेतिहर मजदूरों में वितरित करना चाहिए। हमें वे सब तरीके भी अपनाने चाहिए, जिनसे बेकार लोगों को काम के अधिक-से-अधिक अवसर प्राप्त हों। हम सहकारिता के आधार पर औद्योगिक स्थापन और आत्मनियोजी योजनाएँ चलाएँ। इसके अतिरिक्त, वैचारिक स्तर पर भी नवयुवकों की भागीदारी बढ़ानी चाहिए, जिससे कि वे विकास के कार्यक्रमों के बारे में सुझाव दें और उन्हें भी यह अनुभव हो कि देश की उन्नति के लिए जो बड़े प्रयत्न किए जा रहे हैं, उनमें उनका भी हाथ है।"

सन् 1971 के भारत-पाक युद्ध के समय जगजीवन राम रक्षा मंत्री थे। उस दौरान उन्होंने अत्यंत धैर्य और सूझ-बूझ से काम लिया। कूटनीति में चौकस रहकर अमेरिका को इस जंग में हस्तक्षेप न करने देना जगजीवन बाबू की काबिलीयत का ही परिणाम था। देश के सभी राजनीतिक दलों को अपने साथ

रखकर उनका विश्वास हासिल करना और फिर पाकिस्तान पर भारी जीत से देश के चप्पे-चप्पे में जगजीवन बाबू की प्रतिष्ठा बहुत ऊँची हो गई। इस युद्ध ने दुनिया की नजरों में भारत की तसवीर फिर से सँवार दी। मेरे विचार में, अगर तत्कालीन गृह मंत्री सरदार वल्लभभाई पटेल को देशी रजवाड़ों, महाराजाओं, नवाबों को राष्ट्रीय धारा में विलय कराने का श्रेय जाता है तो जगजीवन राम को भी सन् 1971 के भारत-पाक युद्ध के समय पूर्वी बंगाल को पाक तानाशाही से मुक्त कराकर स्वतंत्र बँगलादेश के निर्माण का श्रेय जाता है। बँगलादेश का नया अध्याय बाबू जगजीवन राम के नाम से ही खुलता है।

जगजीवन राम के जीवन में 1960 का दशक अत्यंत महत्त्वपूर्ण है। सन् 1966 में प्रधानमंत्री पद के लिए श्रीमती इंदिरा गांधी और मोरारजी देसाई के बीच मुकाबला हुआ। उस समय तक जगजीवन राम कांग्रेस के एक कद्दावर नेता बन चुके थे। सबकी नजरें उन पर लगी हुई थीं। संकट की इस घड़ी में बाबू जगजीवन राम ने इंदिरा गांधी का समर्थन किया, क्योंकि उनकी आस्था लोकतंत्र और समाजवाद में थी। इस प्रकार, जगजीवन राम ने अपने समर्थन के बल पर नेहरू परिवार को सत्ता में स्थायित्व प्रदान किया।

उनके जीवन में दूसरी क्रांतिकारी घटना वर्ष 1969 में हुई। 10 जुलाई, 1969 को कांग्रेस के बेंगलुरु अधिवेशन में श्रीमती इंदिरा गांधी ने बाबू जगजीवन राम को भारत का राष्ट्रपति बनाने का प्रस्ताव रखा। लेकिन श्रीमती गांधी के विरोधी सामंती मानसिकता वाले कांग्रेसियों ने नीलम संजीव रेड्डी को राष्ट्रपति पद के लिए अपना प्रत्याशी घोषित कर दिया। तब इंदिरा गांधी ने वी.वी. गिरि को अपना समर्थन प्रदान कर दिया। परिणामस्वरूप कांग्रेस इंडिकेट और सिंडिकेट में विभाजित हो गई। मध्य वर्गीय और सामंती विचारवाले कांग्रेसियों ने अपनी अलग कांग्रेस बना ली; जबकि श्रीमती इंदिरा गांधी ने जगजीवन राम को अध्यक्ष बनाकर असली कांग्रेस का गठन कर लिया। दलित राजनीति के लिए यह एक महत्त्वपूर्ण घटना थी। दलितों पर इस घटना का व्यापक असर पड़ा। यही वह समय था, जब दलित कांग्रेस से जुड़े। जगजीवन राम की वजह से समूचे देश में दलितों ने कांग्रेस को अपनी पार्टी की तरह महत्त्व दिया। इस

प्रकार, जगजीवन राम ने दलितों को कांग्रेस का वोटबैंक बनाने में बहुत बड़ी भूमिका निभाई।

वर्ष 1974 के प्रारंभ में देश की राजनीति में फैले भ्रष्टाचार और कांग्रेसी कुशासन के खिलाफ सर्वोदयी नेता जयप्रकाश नारायण ने बिहार के छात्रों की रहनुमाई प्रारंभ की, जो कुछ समय बाद संपूर्ण क्रांति के नारे में तब्दील हो गया। इस देशव्यापी आंदोलन को दबाने के लिए श्रीमती गांधी को पूरे देश में सन् 1975 में आपातकाल लागू करना पड़ा। उस काल में संजय गांधी का हस्तक्षेप क्रूर तानाशाह की तरह था। अब जगजीवन राम कांग्रेस में उपेक्षित महसूस करने लगे थे। देश से आपातकाल हटाने, आंतरिक सुरक्षा कानून खत्म करने और राजनीतिक बंदियों की रिहाई की माँग को लेकर सन् 1976 में जगजीवन राम कांग्रेस और सरकार को छोड़कर बाहर निकल गए। दलित राजनीति के लिए यह एक बहुत बड़ी घटना थी। दलितों पर इसका व्यापक असर पड़ा और वे जगजीवन राम के नेतृत्व में इंदिरा गांधी एवं कांग्रेस दोनों के विरोधी हो गए।

जगजीवन राम को लगा कि यही समय है, जब वे दलित राजनीति को पुनर्स्थापित कर उसे शीर्ष पर पहुँचा सकते हैं। इसी उद्देश्य से जगजीवन राम ने 'कांग्रेस फॉर डेमोक्रेसी' नामक राजनीतिक पार्टी बनाई। वर्ष 1977 का चुनाव जगजीवन राम ने जनता पार्टी के साथ तालमेल कर लड़ा। उस चुनाव में श्रीमती इंदिरा गांधी को पराजय का मुँह देखना पड़ा। परंतु जनता पार्टी की जीत के बाद प्रधानमंत्री पद के कई उम्मीदवार हो गए। उस खींचतान में सांसदों ने लोकनायक जयप्रकाश नारायण पर यह भार सौंप दिया कि वे जिस नाम की घोषणा करेंगे, उसे सभी लोग स्वीकार कर लेंगे। जयप्रकाश नारायण की इच्छा बाबू जगजीवन राम को प्रधानमंत्री बनाने की थी। जगजीवन राम सबसे दक्ष, अनुभवी और आमजन में लोकप्रिय भी थे। लेकिन लोकतांत्रिक परंपराओं के पक्षधर जयप्रकाश ने जब विभिन्न गुटों में बँटे जनता पार्टी के वरिष्ठ नेताओं से अलग-अलग बात कर उनका मन टटोला तो जगजीवन राम के नाम पर सहमति नहीं बन पाई। मोरारजी देसाई जहाँ उनके प्रबल विरोधी थे, वहीं एक अन्य घटक के नेता चौधरी चरण सिंह ने कहा कि उन्हें मोरारजी मंजूर हैं,

लेकिन जगजीवन राम नहीं। इसलिए जयप्रकाश के पास एकमात्र विकल्प मोरारजी देसाई ही बचे। जगजीवन राम उप-प्रधानमंत्री बनाए गए।

किंतु वर्ष 1979 में जनता पार्टी सरकार का पतन हो गया। तदुपरांत चौधरी चरण सिंह ने सरकार बनाने का दावा किया, जिसे राष्ट्रपति नीलम संजीव रेड्डी ने स्वीकार कर लिया। चरण सिंह सरकार संसद् का सामना भी नहीं कर पाई। मात्र ढाई माह में ही उसके पतन के बाद बाबू जगजीवन राम ने सरकार बनाने का दावा प्रस्तुत किया। लेकिन राष्ट्रपति ने उसे नामंजूर कर दिया और लोकसभा भंग कर दी गई। जनता पार्टी के एक महत्त्वपूर्ण नेता चंद्रशेखर ने यह आरोप लगाया था कि राष्ट्रपति नीलम संजीव रेड्डी ने बाबू जगजीवन राम को सरकार बनाने का अवसर न देने के लिए षड्यंत्र रचकर राष्ट्रपति भवन का दुरुपयोग किया।

जगजीवन राम देश के विकास में जातिवाद एवं संप्रदायवाद को बाधक मानते थे। उनका कहना था कि जातिवाद एवं संप्रदायवाद एक ही सिक्के के दो पहलू हैं। वे कहा करते थे कि भारतीय समाज संकीर्ण जातिगत एवं सांप्रदायिक समूहों में बँटा हुआ है। जिस जाति एवं संप्रदाय का वर्चस्व है, वह औरों पर अपना प्रभुत्व जमाने की चेष्टा करती है। संप्रदाय एवं जाति का आकर्षण एक ऐसा तत्त्व है, जिसने हमारे राष्ट्र के प्रत्येक पहलू को—उसमें सामाजिक, शैक्षणिक, प्रशासनिक एवं राजनीतिक सभी पहलू शामिल हैं—दूषित कर दिया है। उनका कहना था कि जब तक वर्ण-व्यवस्था बनी रहेगी, भारतीय समाज एक सीमित समाज रहेगा और इस प्रकार, जातियों की बहुलता के वातावरण में संप्रदायवाद को कभी समाप्त नहीं किया जा सकता।

सामाजिक परिप्रेक्ष्य में जगजीवन राम जैसे क्रांतिकारी व्यक्ति भारत में थोड़े ही हुए हैं। दलित समाज के सरोकारों के वे जबरदस्त पैरोकार थे। उन्होंने दलित समाज को अंधकार से निकालने के लिए उनमें सामाजिक, आर्थिक एवं राजनीतिक चेतना के लिए महत्त्वपूर्ण काम किया। उसी का परिणाम है कि दलित समाज शिक्षा, नौकरी, व्यवसाय और विशेषकर राजनीतिक पटल पर उभरा। उनकी मान्यता थी कि सामाजिक सुधारों के बाद ही राजनीतिक सत्ताएँ कायम की जा सकती हैं। उन्होंने अपनी पुस्तक 'भारत में जातिवाद और हरिजन

समस्या' में लिखा है—"कुछ लोगों का यह कहना है कि सामाजिक समस्या, अछूत कहे जानेवाले लोगों की समस्या के अतिरिक्त आर्थिक समस्या है। उनका कहना है कि यदि आर्थिक समस्या का समाधान उचित ढंग से कर दिया जाए तो सब ठीक हो जाएगा। मैं समझता हूँ कि यह एक छिछला दृष्टिकोण है। मैं समझता हूँ कि आर्थिक तथा राजनीतिक पहलुओं पर तो ध्यान जाना ही चाहिए, लेकिन सामाजिक पहलू की भी उपेक्षा नहीं की जा सकती।"

भोजपुरी भाषा के प्रति बाबू जगजीवन राम का अगाध प्रेम था, श्रद्धा थी। भोजपुरी के प्रति उनका प्रबल स्वाभिमान उनके विचारों और भाषणों में चरमोत्कर्ष पर पहुँचा हुआ मिलता था। सुप्रसिद्ध कथाकार मधुकर सिंह ने बाबू जगजीवन राम के भोजपुरी प्रेम की एक घटना का उल्लेख अपने एक संस्मरण में इस प्रकार किया है—"वर्ष 1972-73 के दौरान की एक घटना है। केदार पांडेय तब बिहार के मुख्यमंत्री थे और उनकी देखरेख में पटना में अखिल भारतीय भोजपुरी सम्मेलन का आयोजन हुआ था। उस सम्मेलन की अध्यक्षता आचार्य हजारीप्रसाद द्विवेदी ने की थी और उद्घाटन बाबू जगजीवन राम ने। अपने उद्घाटन भाषण के दौरान जगजीवन राम ने भोजपुरी भाषा की सांस्कृतिक विरासत और भोजपुरी शब्दों की गरिमा को रेखांकित करते हुए होली के गीत का उदाहरण प्रस्तुत किया था, 'सोगिया लवनी पीढ़िया घुरिया कहाँ लगवलू।' उनका संकेत शब्द, ध्वनि और अस्मिता-गरिमा से था। आचार्य द्विवेदी उनकी शब्द व्याख्या से इतने अभिभूत हुए कि उठकर जगजीवन बाबू को यह कहते हुए गले लगा लिया, 'धन्य बानी बाबूजी रउरा। रउवा आँगा हमरो भाषा लजाए लागता।' दोनों एक-दूसरे से देर तक गले लगे रहे, ठहाका लगाते रहे।"

बाबू जगजीवन राम ने भोजपुरी भाषा के बारे में एक और बात कही थी, "भोजपुरी मर्दाना भाषा है। एकरा में स्त्रीलिंग के व्यवहार ना होखे। भोजपुरी जनपद में नदियो पुलिंग हो जाले।"

श्रोताओं की भीड़ में से कोई बोला, "जइसे?" बाबूजी तत्काल बोले, "सोन नदी बहतिया न बोलाए, सोने नदी बहता कहाला।" भीड़ में प्रशंसा की हँसी फूट पड़ी थी।

शोषित-पीड़ित बहुसंख्यक जन-समुदाय की आशा-आकांक्षाओं के मूर्त प्रतीक जगजीवन राम का 6 जुलाई, 1986 को निधन हो गया। लेकिन हम उन्हें तब तक उद्धृत करते रहने और याद करने को नियतिबद्ध हैं, जब तक कि उस किस्म का समाज अंततः साकार नहीं कर लिया जाता, जिसे हासिल करने के लिए वह आजीवन संघर्षरत रहे थे। नई पीढ़ी के लिए उनकी ऐतिहासिक स्मृति का अपना महत्त्व है।

□

'बिहार-विभूति' डॉ. अनुग्रह नारायण सिंह

पराधीन भारत से लेकर स्वाधीन भारत तक की बेकाबू परिस्थितियों को चुनौती देते हुए अपने सफल नेतृत्व से जिन कांग्रेसी नेताओं ने बिहार को एक दिशा दी, समर्थ शासन दिया और कांग्रेस की जड़ें जमाईं, उनमें डॉ. राजेंद्र प्रसाद, बाबू जगजीवन राम, डॉ. श्रीकृष्ण सिन्हा और श्री के.बी. सहाय के साथ-साथ अनुग्रह नारायण सिंह का नाम प्रमुखता के साथ लिया जाता है। सन् 1937 में जब देश के विभिन्न राज्यों में कांग्रेस की सरकारें बनीं तो मंत्री पदों के साथ-साथ संसदीय सचिवों के पद भी सृजित हुए थे। बिहार में उस सरकार के प्रधानमंत्री डॉ. श्रीकृष्ण सिन्हा और वित्त मंत्री अनुग्रह नारायण सिंह थे। बाबू जगजीवन राम और के.बी. सहाय उस समय संसदीय सचिव ही थे। आजादी के आंदोलन, किसान आंदोलन एवं बिहार कांग्रेस दल के सुदृढ़ीकरण में भी अनुग्रह बाबू की अहम भूमिका थी। आजादी के पूर्व सन् 1946 में जब अंतरिम सरकार का गठन हुआ, तब श्रीकृष्ण सिन्हा मुख्यमंत्री और अनुग्रह बाबू वित्त एवं श्रम दोनों विभागों के पहले मंत्री बने। अनुग्रह नारायण सिंह को 'बिहार-विभूति' भी कहा जाता है। इसलिए कि उन्होंने बिहार का वह प्रशासनिक ढाँचा तैयार किया, जिस पर आज भी बिहार समेत कई राज्यों का प्रशासन चल रहा है। किसानों और श्रमिकों के लिए उन्होंने नवाचारी कृषि और श्रमिक कानूनों का सूत्रपात किया, जो आज भी अनुकरणीय है। वे हमेशा जनता के बीच रहे और जनहित के कार्यों में संलग्न रहे। बिहार के प्रथम मुख्यमंत्री श्रीकृष्ण सिन्हा एवं उनकी जोड़ी मिसाल मानी जाती है। वर्ष 1937 से लेकर 1957 तक दोनों की जोड़ी इसी रूप में रही। सन् 1957 में जब अनुग्रह बाबू की मृत्यु हुई, तब वे बिहार के उप-मुख्यमंत्री थे। इस जोड़ी

की देन है आज का बिहार। सुप्रसिद्ध साहित्यकार शंकर दयाल सिंह ने अपने एक संस्मरण में लिखा है कि "श्रीकृष्ण बाबू यदि बिहार के मस्तक थे तो अनुग्रह बाबू हृदय। चाहे वह व्यवस्था हो या सत्ता या फिर सरकार हो अथवा जनता या भूगोल हो या इतिहास—दोनों के लिए ऊँचे मस्तक और विशाल हृदय की जरूरत होती है, जिसके अभाव में कोई भी परिच्छेद पूरा नहीं होता।"

अनुग्रह नारायण सिंह का जन्म बिहार के औरंगाबाद जिले के पोईअवा नामक गाँव में 18 जून, 1887 को हुआ। पिता थे ठाकुर विशेश्वर दयाल सिंह, जिनकी गणना एक वीर पुरुष में होती थी। उनका वीरत्व ही बालक अनुग्रह की पहली विभूति बना। प्रारंभिक शिक्षा के लिए वे सन् 1900 में औरंगाबाद मिडिल स्कूल में, फिर 1904 में गया जिला स्कूल में दाखिल हुए। इसके पूर्व शिक्षा का श्रीगणेश अपने गाँव में घर पर ही हुआ। कॉलेज की पढ़ाई के लिए सन् 1908 में पटना कॉलेज में आने के पहले वे अपनी प्रतिभा का एक रिकॉर्ड बना चुके थे। उन्होंने प्रवेशिका परीक्षा में पटना प्रमंडल (गया, शाहाबाद, सारण, चंपारण, मुजफ्फरपुर, दरभंगा) में प्रथम स्थान प्राप्त किया था। पटना कॉलेज में अध्ययन के दौरान उनके भीतर देश और समाज की चिंताओं के बीज अंकुरित हुए। पटना से बी.ए. करने के बाद कलकत्ता से उन्होंने इतिहास में एम.ए. किया और भागलपुर में 16 महीने तक इतिहास के प्रोफेसर रहे।

उस समय देश में शिक्षित लोगों के हृदय में परतंत्रता की वेदना थी। युवा अनुग्रह ने कॉलेज शिक्षा काल में ही गुलामी की जंजीरों में जकड़ी भारतीय जनता की चीत्कार सुनी। उनकी जीवन-धारा ही मुड़ गई। उस समय युवाओं के मन-प्राण पर सुरेंद्रनाथ बनर्जी और योगीराज अरविंद छाए हुए थे। उनके कार्यों, विचारों और भाषणों की छाप अनुग्रह बाबू पर पहले पड़ी। माँ भारती की सेवा का भाव कुछ इस तरह उमड़ा कि वे पढ़ाई के साथ-साथ छात्र गतिविधियों में भी हिस्सा लेने लगे। सर्फुद्दीन के नेतृत्व में 'बिहारी छात्र सम्मेलन' नामक संस्था सन् 1911 में गठित हुई थी। यही संस्था देशरत्न राजेंद्र प्रसाद और अनुग्रह बाबू जैसे मेधावी छात्रों का बुनियादी मंच बनी। कानून की पढ़ाई कर वकील बनने की जगह उनकी दिशा समाज और देश की तरफ मुड़ गई। अनुग्रह बाबू युवा नेता की भूमिका में आ गए। सन् 1911 में पटना में

आयोजित अखिल भारतीय कांग्रेस के वार्षिक अधिवेशन के दौरान उनमें नेतृत्व क्षमता विकसित हुई। उनकी नेतृत्व क्षमता से प्रभावित होकर उन्हें 1915 में छात्र सम्मेलन का महासचिव बनाया गया।

महात्मा गांधी के नेतृत्व में बिहार के चंपारण जिले में सन् 1917 में एक सत्याग्रह हुआ। गांधीजी के नेतृत्व में भारत में किया गया यह पहला सत्याग्रह था। राजेंद्र बाबू के साथ अनुग्रह नारायण इस आंदोलन से सहज भाव से जुड़ गए। चंपारण के किसानों की तबाही उनकी तबाही बन गई। दरअसल, मुजफ्फरपुर के कमिश्नर की राय के विरुद्ध गांधीजी चंपारण गए और हालात की जाँच शुरू कर दी। इसमें उन्हें कुछ वकीलों की जरूरत पड़ी, जो समय आने पर निर्भीकतापूर्वक जेल जाने के लिए भी तैयार रहें। इस विकट क्षण में ब्रजकिशोर प्रसाद और राजेंद्र बाबू के साथ अनुग्रह नारायण भी शामिल हो गए। उन्होंने तनिक भी चिंता नहीं की कि उनका पेशा क्या है और इसके चलते भारी क्षति उठानी पड़ सकती है। वे त्याग के रास्ते पर बढ़ गए। यह एक नए अनुग्रह का उदय था। समय ने अनुग्रह को सहज भाव से स्वीकार कर लिया। राजेंद्र बाबू और अनुग्रह बाबू की जोड़ी बन गई।

चंपारण का आंदोलन 45 महीनों तक जोर-शोर से चला। अनुग्रह बाबू अंत तक उसमें डटे रहे। गांधीजी के आश्रम में उन्हें सेवा और आत्मनिर्भरता का पाठ मिला। उन्होंने गांधीजी के साथ निर्भीकता से काम किया और आंदोलन को सफल बनाकर ही पटना लौटे। गांधीजी के आत्मबल से बहुत कुछ सीखा, जो उनके जीवन का आधार बन गया।

राष्ट्रीय गतिविधियों की शुरुआत और भागीदारी

सन् 1920 में कांग्रेस का नागपुर में अधिवेशन हुआ। अब अनुग्रह बाबू पूर्ण कांग्रेसी थे। महात्मा गांधी के आह्वान पर सन् 1921 में उन्होंने वकालत छोड़ दी और उनका संपूर्ण जीवन और लक्ष्य देश को अर्पित हो गया। अनुग्रह बाबू उसमें भाग लेकर राष्ट्रीय फलक़ के तमाम नेताओं के संपर्क में आ गए। सन् 1928 में वे गया कांग्रेस की स्वागत समिति के महामंत्री चुने गए। वर्ष 1929 के दिसंबर माह में सरदार पटेल किसान संगठन के सिलसिले में मुंगेर आदि जिलों

में आए। अनुग्रह बाबू छाया की तरह उनके साथ रहे और किसानों की जिंदगी एवं उनकी समस्याओं को निकटता से देखा। 26 जनवरी, 1930 को कांग्रेस और गांधीजी ने 'पूर्ण स्वतंत्रता' की घोषणा कर दी। जगह-जगह वह घोषणा पढ़ी जाने लगी। उन्होंने भी कई स्थानों पर घोषणा पढ़ने का काम किया। कुछ दिनों बाद गांधीजी का नमक सत्याग्रह आंदोलन शुरू हुआ। इस सिलसिले में अनुग्रह बाबू ने मुजफ्फरपुर व चंपारण आदि कई जिलों की यात्राएँ कीं और जन-संपर्क में कूद पड़े। 26 जनवरी, 1933 को जब वे पटना में घोषणा-पत्र पढ़ रहे थे, उसी समय उन्हें गिरफ्तार कर लिया गया। हजारीबाग जेल में उनको 15 महीनों की सजा हुई। तभी सन् 1934 का प्रलयकारी भूकंप बिहार में आया। अनुग्रह बाबू का हृदय जनता के दर्द और सेवा के लिए कराह उठा। चहारदीवारी के भीतर से वे कुछ नहीं कर सकते थे, इसकी पीड़ा उन्हें सताने लगी। तभी सरकार ने उन्हें छोड़ दिया। यह राहत कार्य में जुट गए। वह उनकी पहली मानव और मानवता की सेवा थी। राजेंद्र बाबू की अध्यक्षता में एक राहत समिति बनी। वे उसके उपाध्यक्ष चुने गए। काफी लगन के साथ उन्होंने कार्य किया। उनके नाम और काम का सिक्का जम गया।

अगला मोड़

वर्ष 1940 के मार्च महीने में अखिल भारतीय कांग्रेस का अधिवेशन रामगढ़ में तय हुआ। अधिवेशन का पूरा भार अनुग्रह बाबू के कंधों पर था। उसमें जिस संगठन शक्ति और तत्परता का परिचय दिया, उससे कांग्रेस का अधिवेशन पूर्ण सफल हुआ। अनुग्रह बाबू राष्ट्रीय परिदृश्य में आ गए। तभी गांधीजी ने 'व्यक्तिगत सत्याग्रह' का नारा दिया। अनुग्रह बाबू इसमें कहाँ चूकने वाले थे; कूद पड़े और सन् 1940 में गिरफ्तार कर लिये गए। अगस्त 1941 में रिहा हुए। अब वे आंदोलन की देशव्यापी आँच पर पक चुके थे। नाम हो चुका था। गांधीजी ने 'करो या मरो' का अगस्त क्रांति का नारा दिया। कांग्रेस कमेटियाँ जब्त कर ली गईं। तभी अनुग्रह बाबू कारावास से मुक्त हुए थे। इस प्रकार, अनुग्रह बाबू तीन बार अंग्रेजों के कारावास में कैद हुए। पहली बार 15 माह के लिए, दूसरी बार वर्ष 1940-41 में सविनय अवज्ञा आंदोलन के दौरान 9 माह के लिए तथा तीसरी बार 1942 के आंदोलन में 22 माह हेतु कारावास की सजा झेली।

बिहार की राजनीति का नेतृत्व

सन् 1937 में भारत के सभी राज्यों में कांग्रेस के नेतृत्व में अंतरिम सरकार का गठन हुआ था। उसमें बिहार में अनुग्रह बाबू वित्त मंत्री थे। उनका अनुभव बिहार निर्माण का पूँजी बना। उसी समय से, यानी सन् 1937 से मृत्यु के समय तक वे बिहार कांग्रेस विधायक दल के उप-नेता बने रहे। सन् 1946 में आजादी के पूर्व अंतरिम सरकार का गठन हुआ। 1937 के बाद दूसरा मंत्रिमंडल बना। अनुग्रह बाबू तब वित्त मंत्री और श्रम मंत्री बने। अंत तक, यानी 2 अप्रैल, 1946 से 5 जुलाई, 1957 तक वे इन पदों पर बिहार का नेतृत्व मुख्यमंत्री श्रीकृष्ण सिन्हा के साथ करते रहे।

आधारभूत निर्माण कार्य

यह अनुग्रह बाबू का ही योगदान है कि बिहार में एक सुदृढ़ प्रशासनिक ढाँचा निर्मित हुआ। एक बड़ा काम यह है उनका। ये भुलाए नहीं जा सकते। श्रम मंत्री की भूमिका में अपनी न्यायप्रियता और लोकतांत्रिक विचारधारा का जो परिचय दिया, वह श्रमिकों की जीवन-व्यवस्था में किए गए सुधारों के लिए अनुकरणीय है। उन्होंने बिहार के केंद्रीय श्रम परामर्श समिति के माध्यम से श्रम प्रशासन तथा श्रमिक समस्याओं के समाधान के लिए जो नियम और प्रावधान बनाए, वे पूरे देश के मापदंड के रूप में आज भी स्वीकार्य हैं। यह अनुग्रह बाबू का अप्रतिम योगदान है। किसानों और श्रमिकों के लिए जीवन के आरंभ से उनका जो मानवीय अनुभव था, उसी का प्रतिफल यह है।

उनका दूसरा ऐसा ही प्रतिफल कृषि के क्षेत्र में भी है। अपने मंत्रित्व काल में खाद, बीज, मिट्टी, मवेशी में सुधार करने के लिए उन्होंने व्यापक शोध करवाए तथा पहली बार जापानी तरीके से धान की उपज बढ़ाने की पद्धति का शिलान्यास किया, जिससे बिहार 'धान का कटोरा' बना। इसी भूमिका में पूसा का कृषि अनुसंधान फार्म उन्हीं की देन है। उनके कार्यकाल में निहार गें उद्योग-धंधे का जाल बिछा। श्रम और कृषि की संरचना को विकसित करने का 'अनुग्रह मॉडल' ही आज वह आधारशिला है, जिस पर बिहार की कृषि खड़ी है। अनुग्रह बाबू का व्यक्तित्व प्रादेशिक एवं राष्ट्रीय स्तर से ऊपर अंतरराष्ट्रीय स्तर पर भी

स्थापित हुआ, जब सन् 1930 में वे अंतरराष्ट्रीय श्रम संगठन के प्रतिनिधि बनकर जेनेवा गए, फिर जेनेवा में 1947 में हुए अंतरराष्ट्रीय खाद्य एवं कृषि सम्मेलन में भारतीय प्रतिनिधि मंडल का उन्होंने नेतृत्व किया। सन् 1954 में टोरंटो में हुए अंतरराष्ट्रीय समाज कल्याण सम्मेलन में भी भारतीय प्रतिनिधिमंडल का सफल नेतृत्व कर अपनी नेतृत्व क्षमता का परिचय दिया।

समाहार : व्यक्तित्व का मूल्यांकन

वर्ष 1887 से 1957 तक के कालखंड में अनुग्रह बाबू स्वतंत्रता सेनानी, शिक्षक, वकील और सफल राजनीतिज्ञ रहे। महात्मा गांधी और राजेंद्र बाबू से उसका सान्निध्य एक इतिहास है। इससे उनके व्यक्तित्व के रेशे बने, जिसमें उनकी ग्रामीण पृष्ठभूमि का भी कम हाथ नहीं है। उन्होंने बिहार के लिए जिन भूमिकाओं का निर्वाह किया, उसके बल पर उन्हें 'बिहार-विभूति' का सम्मान प्राप्त है।

पूर्व सौम्य, शीतल, परोपकारी, अहंकार-मुक्त और दीप्ति उनकी पहचान थी, जिससे वे सहज ही आदर का पात्र बन जाते थे। बिहार के जनगण के मन पर उनका अधिकार था और जनगण के मन पर उनका प्रभाव व सम्मान था। ये दोनों पक्ष विरल होते हैं। वे आजीवन राष्ट्रपिता महात्मा गांधी के पदचिह्नों पर चले। गांधीजी उन्हें अपना प्रिय अनुयायी मानते थे। यही उनकी तपस्या थी। अनुग्रह बाबू ने अपना पूरा जीवन सादगीपूर्ण बिताया। खादी का कुरता, बंडी, टोपी और छड़ी उनकी सतत पहचान बनी रही। इसे उन्होंने कभी नहीं छोड़ा। इसी के बल पर बिहार में खेती और उद्योग-धंधों का जाल बिछ सका। कुल 13 वर्षों तक वे बिहार की अथक व अनवरत सेवा करते रहे। बिहार उनकी प्रतिबद्धता रहा। बिहार के ऐतिहासिक स्वरूप में आधुनिकता की देन अगर किसी से जुड़ी है तो वे अनुग्रह बाबू से।

सब में एक लालसा होती है कि लोग प्रमुखता निजीपन को देते हैं। अनुग्रह बाबू ने ऐसा कभी नहीं किया। जिस पावन मार्ग को उन्होंने अपनाया, उस पर आजीवन चलते रहे। तभी वे 'बिहार-विभूति' कहलाए। प्रभाव ग्रहण करना और प्रभावित करना, यही 'विभूति' कहलाती है। उनका पूरा व्यक्तित्व इसका साक्ष्य

बना रहा। तभी तो देशरत्न राजेंद्र बाबू ने उनके बारे में लिखा है—"मेरा परिचय अनुग्रह बाबू से बिहार छात्र आंदोलन में ही पहले-पहल हुआ था। मैं उनकी संगठन शक्ति और साथ में आए कार्य में उत्साह देखकर मुग्ध हो गया। यह भावना समय बीतने से कम न होकर अधिक गहरी होती गई।" तभी तो अनुग्रह बाबू ने एक लंबी बीमारी के बाद देह का त्याग किया तो पटना सचिवालय पर सात दिनों तक राष्ट्रीय ध्वज झुका रहा। उनके जोड़ीदार श्री बाबू ने कहा, "मैंने अपना एकमात्र साथी खो दिया।" अनुग्रह बाबू की भौतिक तेजस्विता का अंत 5 जुलाई, 1957 को हुआ। पर उनका अंत स्मृति का अनंत अंग है। उनकी मृत्यु पर तत्कालीन राज्यपाल ने कहा, "सादगी और सरलता के शासक थे—बिहार-विभूति डॉ. अनुग्रह नारायण सिंह।"

बिहार के निर्माण में अनुग्रह बाबू की भूमिका रेखांकित है। कहा जाता है कि गांधीजी ने सिखाया था—राजेंद्र बाबू, कृपलानी और अनुग्रह बाबू को भोजन बनाना। इसी का प्रतिदान है कि अनुग्रह बाबू ने बिहार और भारत को मूल्यों एवं विचारों का स्थायी भोजन परोसकर एक कीर्तिमान की रचना की। उनकी परंपरा की ही देन है कि उनका परिवार राजनीतिक-सांस्कृतिक बना। उनके पुत्र बिहार के मुख्यमंत्री बने और पौत्र राज्यपाल।

सबसे उल्लेखनीय है कि सन् 1917 में वे गांधीजी के चंपारण आंदोलन में उनके आह्वान पर नौकरी छोड़कर उनके साथ हो गए। वह उनका साहसिक निर्णय था—अपने आप को राष्ट्र को अर्पित कर दिया। उनके त्याग और आडंबरहीन जीवन को देखकर गांधीजी ने कहा था, "अनुग्रह बाबू ने मेरा अद्‌भुत साथ दिया। उनमें कोई दिखावा नहीं है। हमेशा काम ईमानदारी से करते हैं। सांप्रदायिक एकता में उनका उतना ही विश्वास है, जितना मेरा है; उससे कम नहीं। वह मेरे विश्वसनीय योद्धा हैं। उन्होंने ही ब्रज किशोर बाबू और राजेंद्र बाबू के साथ आकर किसानों की स्थिति से हमें अवगत कराया। यह ज्ञान ही स्वतंत्रता आंदोलनों का आधार बना। अंग्रेजों के शोषण और अत्याचार की एक मुकम्मल तसवीर उभरी, जो भारतीय जन-मानस में पैठ कर गई।"

इसी के बाद अनुग्रह बाबू ने गांधीजी के नेतृत्व में रॉलेट ऐक्ट का विरोध किया था। इससे उनकी विशिष्ट पहचान नागपुर के कांग्रेस अधिवेशन में बनी।

गांधीजी ने स्वराज्य हासिल करने के लक्ष्य में बिहार में प्रचार-प्रसार की संपूर्ण जिम्मेदारी उन्हें दे दी।

विलक्षण प्रतिभा-संपन्नता के साथ सरलता और सादगी का मणिकांचन संयोग ही अंततः उनकी पहचान बनी, जिससे उन्होंने कांग्रेसी कार्यकर्ताओं और आम जन-जीवन में आत्मविश्वास, राष्ट्रीयता, त्याग एवं दायित्व के प्रति प्रतिबद्धता के गुण भरे। उन्होंने राष्ट्रीय आंदोलन को किसान आंदोलन से जोड़कर बिहार की भूमिका को अहम बना दिया। इस तरह, एक सच्चे मूल्य अनुयायी की तरह उन्होंने जीवन भर काम किया। गोविंद बल्लभ पंत का कहना था कि अनुग्रह बाबू ने शासन में भी अपनी उत्कृष्ट उपलब्धियों से केवल बिहार को ही नहीं, बल्कि पूरे देश को सुशासन का मार्ग दिखाया। उनकी इसी बहुआयामिता को देखकर जगजीवन बाबू ने कहा था कि सफल प्रशासक होने के लिए जिन गुणों और प्रवृत्तियों की जरूरत होती है, वे सभी समग्र रूप से अनुग्रह बाबू के व्यक्तित्व में समाहित हैं।

अनुग्रह बाबू रचनात्मक कार्यक्रम के नायक बनकर जीवन भर रहे। आंदोलन के प्रभाव से खादी धारण किया और लोगों को सत्याग्रह, अहिंसा, सादगी, निर्मल व्यवहार एवं भागीदारी की प्रेरणा देते रहे। इसी के बल पर सन् 1925 में राज्य परिषद् केंद्रीय उच्च सदन के सदस्य बने। सन् 1940 में काउंसिल ऑफ स्टेट से त्याग-पत्र दे दिया और चुनावों, निगमों, निकायों के जुड़ाव तथा सक्रिय लगाव कायम किया। इसी का परिणाम था कि वे 20 जुलाई, 1937 को श्री बाबू के नेतृत्व में कांग्रेस मंत्रिमंडल के वित्त, स्थानीय स्वशासन और लोक निर्माण विभाग के मंत्री बने। उनके विशिष्ट कार्यों के बल पर बिहार एक कल्याणकारी राज्य के रूप में देश और दुनिया में परिणत हुआ। राज्य सरकार अनुग्रह बाबू को बिहार के निर्माता के रूप में सम्मानपूर्वक याद करती है और उनके जन्मदिन (18 जून) पर प्रत्येक वर्ष राजकीय समारोह का आयोजन कर बिहार विधानमंडल परिसर में स्थापित उनकी आदमकद प्रतिमा पर श्रद्धा-सुमन अर्पित करती है।

□

महान् गणितज्ञ डॉ. वशिष्ठ नारायण सिंह

उस समय तक विश्व स्तर पर विज्ञान की दुनिया में आइंस्टीन का अंतिम नाम था, जिन्होंने 'सापेक्षता के सिद्धांत' की खोज की थी और अणु का विखंडन किया था। इसके बाद तो दुनिया ही बदल गई थी। अणु शक्ति के ऊर्जा स्रोत से विकास करो, मानव-हित में ऊँचाइयों पर जाओ या फिर विनाश करो और प्रलय लाओ। आइंस्टीन का यह सिद्धांत सर्वमान्य था। इसे चुनौती दी थी बिहार के भोजपुर जिले के बसंतपुर गाँव के सिपाही के बेटे और विलक्षण प्रतिभा के स्वामी वशिष्ठ नारायण सिंह ने। उन्होंने आइंस्टीन के सापेक्षता के सिद्धांत से आगे जाकर 'चक्रीय समिस्ट सिद्धांत' की बड़ी थ्योरी दी। वर्ष 1969 में 'द पीस ऑफ स्पेस थ्योरी' शीर्षक में उनके द्वारा किए गए शोध से पूरी दुनिया में तहलका मच गया। बर्कले विश्वविद्यालय, अमेरिका ने उन्हें 'जीनियसों का जीनियस' कहा। आइंस्टीन इशारा कर जहाँ रुक गए थे, वशिष्ठ नारायण ने उससे आगे का रास्ता दिखाया था।

गणित के इस वैश्विक क्षितिज का जन्म 2 अप्रैल, 1946 को आरा शहर से 5-6 किलोमीटर दूर बसंतपुर गाँव में हुआ था। वशिष्ठ नारायण अपने सिपाही पिता लाल बहादुर सिंह और माता लहासो देवी की सबसे बड़ी संतान थे। पिता की आर्थिक स्थिति अच्छी नहीं थी, इसलिए गाँव के स्कूल में ही उनकी प्रारंभिक पढ़ाई शुरू हुई। वे बचपन से ही बहुत होनहार थे। उनकी प्रस्फुटित प्रतिभा को स्कूल के शिक्षक ने सबसे पहले पहचाना और उस समय की प्रतिभाओं के स्कूल नेतरहाट में उन्हें भेजने की सलाह दी। वशिष्ठ नेतरहाट की प्रवेश परीक्षा में बैठे और सफल रहे। वहाँ दाखिला लिया और वहीं से 1963 में हायर सेकंडरी

की परीक्षा में सर्वोच्च स्थान प्राप्त किया। तत्पश्चात् पटना के प्रतिष्ठित साइंस कॉलेज में इंटरमीडिएट में उनका नामांकन हुआ।

वहाँ उन्हें गणित के जाने-माने शिक्षक प्रो. बीकन भगत पढ़ाया करते थे। क्लास में प्रो. बीकन जिस तरीके से गणित का सवाल हल करते, वशिष्ठ उसका दूसरा हल बता देते। वे अकसर प्रो. बीकन भगत के हल को यह कहकर चुनौती देते रहते थे कि गणित के इस सवाल को दूसरे फॉर्मूले से भी बनाया जा सकता है। नाराज बीकन भगत ने प्राचार्य डॉ. नगेंद्र नाथ से उनकी शिकायत कर दी। डॉ. नगेंद्र नाथ खुद बड़े वैज्ञानिक थे। वे 'रमण प्रभाव' के मशहूर वैज्ञानिक थे। डॉ. नाथ ने तत्क्षण वशिष्ठ नारायण को अपने कार्यालय कक्ष में बुलाया। उस दौरान प्राचार्य के कक्ष में किसी छात्र को बुलाने का मतलब होता था निलंबित होना। डॉ. नाथ ने वशिष्ठ को गणित का एक जटिल सवाल हल करने को कहा। उसे वशिष्ठ ने कई तरीकों से सुलझा दिया। डॉ. नाथ गद्गद हो गए और उहोंने उन्हें गले से लगा लिया। फिर उन्होंने पूरी कहानी तत्कालीन कुलपति जॉर्ज जैकब को सुनाई। कुलपति के निर्देश पर वशिष्ठ के लिए पटना विश्वविद्यालय की नियमावली में संशोधन किया गया। स्नातक प्रथम वर्ष से सीधे गणित ऑनर्स के अंतिम वर्ष की परीक्षा में वशिष्ठ नारायण सिंह को शामिल होने की अनुमति दी गई, जिसमें वशिष्ठ कुल 600 में से 574 अंकों के साथ टॉप कर गए। इसके बाद वशिष्ठ ने एम.एस-सी. में दाखिला लिया। उसी दौरान साइंस कॉलेज में 'विश्व गणित कॉन्फ्रेंस' का आयोजन हुआ था, जिसमें शामिल होने अमेरिका से कैलिफोर्निया विश्वविद्यालय के प्रो. जॉन केली आए हुए थे। वशिष्ठ से केली का साक्षात्कार हुआ। गणित की जटिलताओं को कई तरह से हल करने की उनकी प्रतिभा से प्रो. केली चमत्कृत रह गए और उन्होंने वशिष्ठ को अमेरिका आने का निमंत्रण दिया। पिता लाल बहादुर सिंह ने घर का खेत 10 हजार रुपए में बंधक रखकर वशिष्ठ को अमेरिका भेज दिया।

वर्ष 1965 में अमेरिका के बर्कले विश्वविद्यालय में उन्होंने योगदान दिया। सन् 1966 में वे नासा के अपोलो मिशन से जुड़ गए। यह किस्सा मशहूर है कि अपोलो की लॉन्चिंग के दौरान नासा के 31 कंप्यूटरों ने अचानक काम करना बंद कर दिया। मिशन से जुड़े वैज्ञानिकों व गणितज्ञों को तो जैसे काठ मार गया।

दूसरी तरफ वशिष्ठ ने आँखें बंद कर कैलकुलेशन शुरू कर दिया और पल भर में ही गणना कर दी। दस मिनट बाद जब कंप्यूटर चालू हुए तो यह देखकर सभी हैरान रह गए कि कंप्यूटर और वशिष्ठ नारायण सिंह की गणना एक समान थी। सन् 1967 में वशिष्ठ कोलंबिया इंस्टीट्यूट ऑफ मैथमेटिक्स के निदेशक पद पर प्रतिष्ठित हो गए। नौकरी के साथ-साथ उन पर पढ़ाई की भी धुन सवार थी। प्रो. केली ने उन्हें पी-एच.डी. की प्रवेश परीक्षा में शामिल होने के लिए दो साल तक तैयारी करने का सुझाव दिया। लेकिन वशिष्ठ मात्र 6 माह की तैयारी कर परीक्षा में बैठे और टॉप कर गए। अपनी थीसिस 'द पीस ऑफ स्पेस थ्योरी' में उन्होंने आइंस्टीन के मास, लेंथ और टाइम के सिद्धांत को चुनौती दी। इस विषय पर पी-एच.डी. मिली। इस शोध से पूरी दुनिया में तहलका मच गया। बर्कले विश्वविद्यालय ने उन्हें 'जीनियसों का जीनियस' की उपाधि से विभूषित किया।

कहते हैं कि उस दौर में प्रो. केली की बेटी उनसे प्यार करने लगी थी। डॉ. केली ने वशिष्ठ के समक्ष विवाह का प्रस्ताव रखा, लेकिन उनकी एक शर्त थी कि विवाह के बाद वशिष्ठ अमेरिका में ही बस जाएँ। डॉ. वशिष्ठ और उनके घरवाले इसके लिए तैयार नहीं हुए। डॉ. वशिष्ठ अपने देश की सेवा के लिए प्रतिबद्ध थे। अमेरिका का आराम-विलास उन्हें रास नहीं आ रहा था। कहा तो यह भी जाता है कि अमेरिका में उन्हें अपने वरिष्ठ साथियों से भेदभाव का सामना करना पड़ रहा था, जिससे वे व्यथित थे।

उस दौरान अपने एक नजदीकी मित्र रामप्रसाद को उन्होंने एक पत्र लिखा था, जिसमें उनके भारत-प्रेम की भावना आईने की तरह झलकती है। पूरा पत्र यहाँ उद्धृत है—

प्रिय रामप्रसाद,

तुम्हारे पत्र का जवाब देने में बहुत देर की है मैंने, इसके लिए क्षमा करना। तुम्हारी परीक्षा तो बहुत अच्छी गई ही होगी, तब भी लिखना कि परीक्षा कैसी गई? हिंदी में पत्र पाकर प्रसन्नता हुई, कोई असुविधा नहीं हुई। अब मेरा यहाँ पर चौथा साल है। मेरी प्रगति अच्छी रही है। वहाँ और यहाँ के जन-साधारण के जीवन में काफी फर्क है। लेकिन असली

फर्क पैसे का है और पैसे के प्रति विचार का है। यहाँ के मध्य वर्गीय परिवार धनी हैं। जरूरत की चीजें हैं उनके पास और अपने बच्चों की शिक्षा-दीक्षा पर ध्यान देते हैं। संयुक्त परिवार शायद ही हों। भारत के विषय में यहाँ के अधिकतर लोग कुछ नहीं सोचते। भारत अगर धनी और ताकतवर देश होता तो बहुत सोचते। तब भी, कुछ लोग हैं, जो भारत के विषय में बहुत सोचते हैं और अपने देश से सहानुभूति रखते हैं। यहाँ की आम जनता भारतीय जनता से ज्यादा संपन्न है और कई दृष्टियों से ज्यादा सुखी है। किंतु कुछ खयाल से कम सुखी है। जिस व्यक्ति के हृदय में देश-प्रेम जोर नहीं मारता और जिसे यहाँ की आराम और विलास की वस्तुओं के सेवन का अभ्यास हो जाता है, देश लौटने की नहीं सोचता। कुछ व्यक्ति इस कारण से भी देश नहीं लौटते कि देश में अच्छी संस्थाएँ नहीं हैं, जहाँ पर समझदार व्यक्ति बातचीत करने को मिलेंगे, जहाँ पर जरूरत से ज्यादा राजनीति नहीं चलती होगी और जहाँ पर पुस्तकें और जर्नल्स मिलेंगी। मैं तो देश अवश्य लौटूँगा, लेकिन कुछ काल के बाद। बीच में नेतरहाट स्कूल को कुछ प्रतिभाशाली छात्र उत्पन्न करने चाहिए, जो भविष्य के गणितज्ञ और वैज्ञानिक बन सकें। लौटकर आने पर खोज करने और पढ़ाने-लिखाने का विचार है। मैंने अपनी थीसिस लिख रखी है फंक्शनल एनालिसिस में। अब ज्योमेट्री में भी खोज कर रहा हूँ। आनेवाले स्प्रिंग में डिग्री मिल जाएगी।"

तुम्हारा
वशिष्ठ

अपने शोध में वशिष्ठ ने आइंस्टीन के मास, लेंथ और टाइम सिद्धांत को चुनौती दी थी। आइंस्टीन इशारा कर जहाँ रुक गए थे, उससे आगे का रास्ता दिखाया था। लेकिन वे किसी अंतिम निष्कर्ष पर नहीं पहुँच पाए और सन् 1971 में दस बक्सों में अपनी किताबों एवं शोध-ग्रंथ को लेकर भारत लौट आए।

भारत लौटकर उन्होंने आई.आई.टी., कानपुर में एक साल तक अध्यापन का कार्य किया। मगर वहाँ की राजनीति उन्हें रास नहीं आई, इसलिए वहाँ की

नौकरी छोड़कर टाटा इंस्टीट्यूट ऑफ फंडामेंटल रिसर्च (ट्राम्बे) और इंडियन इंस्टीट्यूट ऑफ स्टैटिसटिक्स में योगदान दिया। 8 जुलाई, 1973 को उनका विवाह छपरा जिले की रहनेवाली डॉ. बंदना रानी सिंह से हुआ; लेकिन उनका वैवाहिक जीवन सफल नहीं रहा। डेढ़ साल बाद ही दोनों अलग-अलग हो गए। वैवाहिक जीवन के तनावों, सरकारी उपेक्षा और सामाजिक उदासीनता ने उन्हें तोड़ दिया और सन् 1974 में उन्हें एक मानसिक दौरा पड़ा। मालूम हुआ कि सिजोफ्रेनिया है। तब उनकी उम्र बमुश्किल 35 साल की थी। उनका इलाज शुरू हुआ, लेकिन अपेक्षित सुधार नहीं हुआ। 1977 में कर्पूरी ठाकुर के नेतृत्व में जब बिहार में जनता पार्टी की सरकार बनी, तब उन्होंने डॉ. वशिष्ठ नारायण को राँची के डेविड नर्सिंग होम में चिकित्सार्थ भरती कराया। उनके मुख्यमंत्रित्व काल तक नर्सिंग होम की राशि का नियमित रूप से भुगतान होता रहा। लेकिन उनके हटते ही सरकारी सहायता बंद कर दी गई। सन् 1982 में वशिष्ठ को कुछ महीनों तक डेविड अस्पताल में बंधक भी रहना पड़ा। 1987 में वह असामान्य स्थिति में ही अपने गाँव लौट आए। दो साल बाद सन् 1987 में इलाज के लिए मध्य प्रदेश जाते हुए वे गढ़वारा (खंडवा) स्टेशन से लापता हो गए। चार साल बाद 7 फरवरी, 1993 को वे बेहद दयनीय हालत में छपरा के डोरीगंज में एक झोंपड़ीनुमा होटल के बाहर प्लेट साफ करते हुए मिले। उनके गाँव के दो लोगों ने उन्हें पहचाना और उन्हें पकड़कर गाँव ले आए। तब तत्कालीन मुख्यमंत्री लालू प्रसाद उनसे मिलने उनके गाँव बसंतपुर पहुँचे थे और उनकी हालत देखकर उन्होंने घोषणा की थी कि बिहार को हमें बंधक भी रखना पड़े तो रखेंगे, लेकिन इस महान् गणितज्ञ का इलाज विदेश तक कराएँगे। लालू प्रसाद की पहल पर डॉ. वशिष्ठ नारायण को इलाज के लिए बेंगलुरु स्थित निमहांस (NIMHNS–National Institute of Mental Health and Neuro Sciences) अस्पताल में सरकारी खर्च पर भरती कराया गया। जहाँ तीन वर्ष तक, यानी 1997 तक सघन इलाज चला। इससे उनकी स्थिति में आंशिक सुधार हुआ और वे अपने गाँव लौट आए।

बाद में वे अपने भाई अयोध्या प्रसाद सिंह के पटना स्थित आवास पर रहने लगे। नेतरहाट ओल्ड ब्वॉयज एसोसिएशन उनकी देखभाल के लिए 20 हजार

रुपए महीना देता रहा; लेकिन इसके बाद वे नेपथ्य में चले गए और गुमनामी का जीवन जीने लगे। गुमनामी की अवस्था में ही 14 नवंबर, 2019 को उनका निधन हो गया। निधन के बाद श्रद्धांजलियों की बाढ़-सी आ गई। राष्ट्रपति, प्रधानमंत्री और बिहार के राज्यपाल से लेकर मुख्यमंत्री तक की श्रद्धांजलियाँ आईं। भारत सरकार ने 'पद्मश्री' सम्मान की घोषणा की। लेकिन उनके जीते-जी परिवार, समाज, सरकार और बौद्धिक तबका न तो उनका उचित इलाज करा सका और न उनके साथ अमेरिका से आए शोध-पत्र एवं दस्तावेजों को सँभालकर रख सका। सन् 1971 में वे दस बक्सों में अपनी जिन पुस्तकों और शोध-पत्र को लेकर वापस लौटे थे, आज वे गायब हैं।

वशिष्ठ नारायण सिंह का लिखा आज ऐसा कुछ भी नहीं बचा है, जिसकी मदद से गणित को नए ढंग से समझा जा सके। बीमारी की अवस्था में भी जब कोई उन्हें देखने जाता था तो वे घुमा-फिराकर गणित पर ही चर्चा करने लगते थे। पुस्तकों को उलटते-पलटते रहते थे या फिर गणित के किसी फॉर्मूले को डायरी में उतारने लगते थे। उसी दौरान पटना के गणितज्ञ डॉ. के.सी. सिन्हा ने उनसे मुलाकात की थी। उन्होंने अपने संस्मरण में लिखा है कि वे सिलसिलेवार ढंग से तथ्यों को बताना भूल चुके थे। अगर उनकी बातें क्रम में होतीं तो हम उनकी बातों का निचोड़ निकालकर उनके काम को अंजाम तक पहुँचा सकते थे; लेकिन ऐसा नहीं हो सका। उनके साथ ही उनका काम भी इस धरा से विदा हो गया। ऐसे में, यह सरकार की जिम्मेदारी है कि वह डॉ. वशिष्ठ नारायण सिंह के सारे संग्रहों और शोध-पत्रों की खोज कर प्रकाश में लाए, नहीं तो भारत की इस नायाब प्रतिभा की कहानी एक अधूरी किंवदंती ही रह जाएगी। डॉ. वशिष्ठ नारायण जैसे लोग दुनिया में कभी-कभार ही आते हैं। आर्यभट्ट और रामानुजन के बाद भारत के तीसरे बड़े गणितज्ञ थे डॉ. वशिष्ठ नारायण सिंह।

□

कलम के सत्याग्रही पीर मुहम्मद मूनिस

चंपारण सत्याग्रह की पृष्ठभूमि तैयार करने और गांधीजी को चंपारण लाने में राजकुमार शुक्ल की भूमिका तो जग-जाहिर है; किंतु चंपारण सत्याग्रह में कलम का एक ऐसा सत्याग्रही भी था, जिसने अपनी पत्रकारिता के माध्यम से चंपारण के किसानों की दुर्दशा को लगातार पुरजोर तरीके से उजागर किया था, जिन्हें कम ही लोग जानते हैं। उस सत्याग्रही का नाम था—पीर मुहम्मद मूनिस, जो बिहार में 'अभियानी' पत्रकारिता के जन्मदाता थे। चंपारण सत्याग्रह के एक शताब्दी बाद तक गुमनाम रहे पीर मुहम्मद मूनिस ने अब जाकर देश के बुद्धिजीवियों का ध्यान आश्चर्यजनक रूप से अपनी ओर खींचा है।

पीर मुहम्मद मूनिस का नाम वस्तुतः 'पीर मुहम्मद अंसारी' था 'मूनिस' उनका तखल्लुस अर्थात् उपनाम था, जिसका मतलब है—मददगार, साथी या कॉमरेड। 'मूनिस' अरबी का शब्द है और इस शब्द की सार्थकता को पीर मुहम्मद अंसारी ने जीवनपर्यंत सिद्ध किया। सन् 1892 में बेतिया शहर के एक मध्य वर्गीय परिवार में जन्म लेनेवाले पीर मुहम्मद मूनिस बचपन से ही इनसाफ-पसंद इनसान थे। फतिंगन मियाँ की इस संतान की लेखनी ब्रिटिश सरकार को पसंद नहीं आई और उन्हें आतंकी पत्रकार घोषित कर दिया गया। ब्रिटिश दस्तावेजों के मुताबिक—"पीर मुहम्मद मूनिस अपने संदेहास्पद साहित्य के जरिए चंपारण जैसे बिहार के पीड़ित क्षेत्र से देश-दुनिया को अवगत करानेवाला और मिस्टर गांधी को चंपारण आने के लिए प्रेरित करनेवाला पहला 'खतरनाक' और 'बदमाश' पत्रकार था।"

मूनिस कानपुर से निकलनेवाले पत्र 'प्रताप' के संवाददाता थे। यह वही सुप्रसिद्ध पत्र था, जो गणेश शंकर विद्यार्थी के संपादकत्व में निकलता था। मूनिस ने वर्ष 1913 से 1931 तक बतौर संवाददाता इसके लिए काम किया। वर्ष 1913 से वे नियमित रूप से 'प्रताप' में पत्रों, लेखों व टिप्पणियों के माध्यम से निलहों के आतंक, अत्याचार, किसानों की परेशानी, शोषण और संघर्ष को दुनिया के सामने ला रहे थे। इनमें कई लेख उन्होंने 'दुःखी आत्मा' के छद्म नाम से भी लिखे। गांधीजी के चंपारण आने से तीन-चार साल पहले ही वे 'प्रताप' में 'चंपारण में अंधेर' (13 मार्च, 1916), 'चंपारण की दुर्दशा' (10 अप्रैल, 1917) आदि लेख लिख चुके थे। उन्होंने गांधीजी की चंपारण यात्रा की रिपोर्ट भी 'प्रताप' को भेजी थी। पीर मुहम्मद मूनिस ने अंग्रेजों की हकीकत को बयान करते हुए एक पुस्तक 'चंपारण की प्रजा पर अत्याचार' लिखी थी, जिसे अंग्रेजों ने जब्त कर लिया। वह पुस्तक आज तक नहीं मिली है।

चंपारण के साठी कोठी के शेख गुलाब, मठिया गाँव के शीतल राय और सतवरिया के राजकुमार शुक्ल ने सन् 1907 में अंग्रेज निलहों के खिलाफ खुलेआम जंग का ऐलान कर दिया था। उस समय इस जंग की अधिकांश खुफिया मीटिंग पीर मुहम्मद मूनिस के घर पर ही हुआ करती थी। सन् 1916 में लखनऊ में होनेवाले राष्ट्रीय कांग्रेस के अधिवेशन में राजकुमार शुक्ल के साथ पीर मुहम्मद मूनिस भी गए थे। उस अधिवेशन में ब्रजकिशोर प्रसाद भी शामिल थे। ब्रजकिशोर प्रसाद के साथ इन दोनों ने सर्वप्रथम मदन मोहन मालवीय से मिलकर चंपारण की दुःखी जनता का उद्धार करने की प्रार्थना की। वहाँ तिलक भी मौजूद थे। मालवीय के बोलने से पहले ही तिलक ने साफ मना कर दिया, "अभी समय इन बातों में उलझने का नहीं है। हमारा एकमात्र लक्ष्य है—स्वराज्य और लक्ष्य-प्राप्ति में भटकाव बहुत बड़ा बाधक है। स्वराज्य आने से सारी समस्याओं की स्वतः समाप्ति हो जाएगी।"

यह सुनते ही राजकुमार शुक्ल निराश हो गए। मूनिस ने प्रस्ताव रखा कि क्यों न महात्मा गांधी से मिला जाए। तब उन लोगों ने वहीं गांधीजी से मुलाकात की थी। गांधीजी ने उसी मुलाकात के दौरान मार्च-अप्रैल महीने में चंपारण आने का वचन दिया था।

महात्मा गांधी 15 अप्रैल, 1917 को मोतिहारी पहुँचे और गाँव-गाँव घूमकर निलहों के अत्याचार की जानकारी लेने लगे। उनकी इस पहल ने सरकारी हलकों में घबराहट पैदा कर दी। तिरहुत के आयुक्त ने मुख्य सचिव को गांधीजी के साथ काम करनेवालों के बारे में एक रिपोर्ट भेजी थी। उसने अपनी रिपोर्ट में लिखा था—"महात्मा गांधी को दो व्यक्ति विशेष रूप से सहायता दे रहे हैं और वे काफी सामग्री उन्हें उपलब्ध करा रहे हैं। पहला पीर मुहम्मद है। यह व्यक्ति कानपुर के 'प्रताप' को प्रकाशनार्थ निबंध भेजता है। 'चंपारण की प्रजा पर अत्याचार' शीर्षक जब्त पुस्तिका इसी की लिखी हुई है। दूसरा चनपटिया के समीप गाँव सतवरिया का राजकुमार शुक्ल है।"

गांधीजी को चंपारण में मदद पहुँचानेवाले लोगों के बारे में अंग्रेज पुलिस अधीक्षक मरसम ने सरकार को सूची भेजी। उनमें तीन खतरनाक लोग थे—एक बरखास्त प्रोफेसर रखा आचार्य कृपलानी, दूसरे बरखास्त शिक्षक पीर मुहम्मद मूनिस और तीसरे हरवंश सहाय। मरसम ने गांधी को मदद करनेवाले 32 लोगों की सूची और एक लंबा पत्र 12 सितंबर, 1917 को आयुक्त के पास भेजा। सूची के पहले दस नामों के बारे में पुलिस अधीक्षक का कहना है कि बेतिया व मोतिहारी में गांधी के कार्यालय में क्रम संख्या 1 से 10 तक के लोगों ने ज्यादा काम किया है। इस सूची में क्रमिक रूप से ब्रजकिशोर साही, राजेंद्र प्रसाद, रामनवमी प्रसाद, धरणीधर प्रसाद, शंभू शरण शाही, राम अनुग्रह नारायण, जे.बी. कृपलानी, हरवंश सहाय, गोरख प्रसाद और पीर मुहम्मद मूनिस का नाम है। मरसम लिखता है—"बेतिया का पीर मुहम्मद संदेहास्पद साहित्य बाँटने के कारण बेतिया राज एच.ई. स्कूल से बरखास्त किया गया था। उसका कोई स्तर नहीं। वह एक खतरनाक व्यक्ति है, व्यवहारतः बदमाश!"

गांधीजी जब निलहे अंग्रेजों के खिलाफ आंदोलन करने के लिए चंपारण आए तो पीर मुहम्मद मूनिस उनके साथ साए की तरह रहे। गांधीजी के लिए उन्होंने रोटियाँ पकाईं, उन्हें खिलाया और साथ ही एक दिलेर सहयोगी की हैसियत से काम करते रहे। उनका एक ही मिशन था—अंग्रेज भगाओ और भारत को आजाद कराओ। इस तरह पीर मुहम्मद मूनिस एक ऐसे मुजाहिद-ए-आजादी थे, जिन्होंने अपनी पूरी जिंदगी 'जंग-ए-आजादी' में ही लगा दी।

गांधीजी भी उन्हें बहुत मानते थे। गांधीजी जब पहली बार 23 अप्रैल, 1917 को बेतिया पहुँचे तो हजारीमल धर्मशाला में थोड़ा रुककर सीधे पीर मुहम्मद मूनिस के घर उनकी माँ से मिलने पैदल चल पड़े। वहाँ मूनिस के हजारों मित्रों ने गांधीजी को अभिनंदन-पत्र भेंट किया। अभिनंदन-पत्र इस प्रकार था—

कर्मवीर मोहनदास करमचंद गांधी की सेवा में

मान्यवर महात्मा!

आज हम लोगों को उस महात्मा के चरण-कमल के दर्शन का सौभाग्य प्राप्त हुआ है, जिसको ऋषि गोपाल कृष्ण गोखले ने बड़े अभिमान के साथ कहा था कि हे परमात्मा! मुझे भी महात्मा गांधीजी जैसे देशभक्त नेता के स्वदेश-सेवा का अनुकरण करने का सुअवसर प्राप्त हो। आज हमारी मातृभूमि उस कर्मवीर के श्रीचरण से पवित्र हुई, जिसने संसार को सत्याग्रह का पाठ पढ़ाकर उस अनहोनी को प्रत्यक्ष रूप से परिणत कर दिखलाया, जिसे टॉल्सटॉय जैसे महात्मा केवल विचार करते थे। हम आज उस सत्याग्रह के नायक का अभिनंदन कर कृतार्थ होते हैं, जिसने बोथा जैसे स्वेच्छाचारी शासक की नींव हिला दी और संसार को यह बता दिया कि भारतमाता की संतान अपने धर्मबल से वह कार्य कर सकती है, जिसे संसार ने असंभव मानकर त्याग दिया था। हमारी आँखें जगत्-जननी के उस लाड़ले सपूत को देखकर तृप्त हुईं, जिसने दक्षिण अफ्रीका जैसे सुदूर देश में भारत गौरव की ध्वजा फहराई और अनेक कष्ट सहकर भी महात्मा की उस शांतिप्रद शिक्षा का प्रतिपादन किया कि एक गाल पर थप्पड़ मारने पर दूसरा गाल भी उसकी ओर फेर दो। आज उनके चेले भी मानने में आनाकानी करते हैं। हमें आज उस नेता के अभिनंदन का गौरव प्राप्त है, जिसकी सत्य-निष्ठा व धर्म-त्याग को देखकर मुसलमानों के अनन्य नेता मौलाना अबुल कलाम आजाद ने मुल्क का पहरेदार ही नहीं, बल्कि आखिरून भी कहा था।

बस, केवल अब हार्दिक प्रार्थना यही है कि श्रीमान ने जिस सत्य कार्य के लिए हमारी भूमि को कृतार्थ किया है, उस शुभ कार्य के सफल होने में परमात्मा आपकी सहायता करे।

अप्रैल 1917, सेवक समिति, बेतिया

इतिहास की पुस्तकों में सिर्फ इतना ही दर्ज है कि बिहार में महात्मा गांधी ने सन् 1917 में चंपारण सत्याग्रह शुरू किया था और उनको चंपारण बुलानेवाले राजकुमार शुक्ल थे। लेकिन अब यह प्रमाणित हो चुका है कि राजकुमार शुक्ल, जिन्होंने लखनऊ जाकर गांधीजी को चंपारण आने के लिए राजी कराया था, ने जो चर्चित पत्र गांधीजी को लिखे थे, वह दरअसल मूनिस के ही लिखे हुए थे। यही वह पत्र था, जिसे पढ़कर महात्मा गांधी ने चंपारण आने का मन बनाया था। इतिहासकार के.के. दत्त को उस पत्र की एक प्रति मूनिस के आवास से मिली थी। वह पत्र कुछ इस प्रकार था—

बेतिया
27 फरवरी, 1917
मान्यवर महात्मा,

किस्सा सुनते हो रोज औरों के
आज मेरी भी दास्तान सुनो।

आपने उस अनहोनी को प्रत्यक्ष कार्य रूप में परिणत कर दिखाया, जिसे टॉल्सटॉय जैसे महात्मा केवल विचारा करते थे। उसी आशा और विश्वास के वशीभूत होकर हम आपके निकट अपनी राम कहानी सुनाने के लिए तैयार हैं। हमारी दुःख भरी कथा उस दक्षिण अफ्रीका के अत्याचार से, जो आप और आपके अनुयायी सत्याग्रही बहनों और भाइयों के साथ हुआ, कहीं अधिक है। हम अपना वह दुःख, जो हमारी 19 लाख आत्माओं के हृदय पर बीत रहा है, सुनाकर आपके कोमल हृदय को दुःखित करना उचित नहीं समझते। बस, केवल इतनी ही प्रार्थना है कि आप स्वयं आकर अपनी आँखों से देख लीजिए, तब आपको अच्छी तरह विश्वास हो जाएगा कि भारतवर्ष के एक कोने में यहाँ की प्रजा, जिसको ब्रिटिश छत्र की सुशीतल छाया में रहने का अभिमान प्राप्त है, किस प्रकार के कष्ट सहकर पशुवत् जीवन व्यतीत कर रही है। हम और अधिक न लिखकर आपका ध्यान उस प्रतिज्ञा की ओर आकृष्ट करना चाहते हैं, जो लखनऊ कांग्रेस के समय और फिर वहाँ से लौटते समय कानपुर में आपने की थी, अर्थात् मार्च-अप्रैल महीने में चंपारण आऊँगा, बस, अब समय आ गया है।

श्रीमान अपनी प्रतिज्ञा को पूर्ण करें। चंपारण की 19 लाख दुःखी प्रजा श्रीमान के चरण-कमल के दर्शन की टकटकी लगाए बैठी है और उन्हें आशा ही नहीं, पूर्ण विश्वास है कि जिस प्रकार भगवान् श्रीरामचंद्र के चरण-स्पर्श से देवी अहल्या तर गईं, उसी प्रकार श्रीमान के चंपारण में पैर रखते ही हम 19 लाख प्रजाओं का उद्धार हो जाएगा।

श्रीमान का दर्शनाभिलाषी
राजकुमार शुक्ल

यूनिस सामाजिक सरोकार और दायित्व से जुड़े हुए थे। उनके भाषण एवं लेख सरकारी अन्यायों की धृष्टताओं और संगठित ढोंगों पर हमला करनेवाले होते थे। निलहों के खिलाफ लिखने और बोलने में उनकी निर्भयता कभी मंद न पड़ी। राष्ट्र के स्वत्व को प्राप्त करने के मार्ग में जो कठिनाइयाँ आईं, उनसे कभी उन्होंने समझौता नहीं किया। इसकी उन्हें कीमत भी चुकानी पड़ी। बेतिया राज एच.ई. स्कूल की मास्टरी से बरखास्त कर दिए गए। झूठे मुकदमे में जेल की सजा भी काटी।

'चंपारण में फिर अत्याचार' शीर्षक से 'प्रताप' में प्रकाशित लेख में वे कहते भी हैं—"मैं राज में इतना बदनाम हूँ कि यदि कोई किसी के ऊपर यह दरख्वास्त दे दे कि अमुक आदमी मूनिस का दोस्त और मददगार है तो वह बेचारा नौकरी से बरतरफ कर दिया जाए। अभी हाल ही की बात है, अबुस्मद नाम का एक आदमी राज में नौकरी कर रहा था। अफसरों से किसी ने यह कह दिया कि वह मूनिस का हामी और मददगार है। बस, इसी पर बेचारा बेकसूर नौकरी से हटा दिया गया।"

सन् 1921 में चंपारण में कांग्रेस की स्थापना होने पर पीर मुहम्मद मूनिस उससे जुड़कर काम करने लगे। चंपारण से गांधीजी के जाने के बाद तीन कठिया प्रथा तो खत्म हो गई, लेकिन अत्याचार नहीं रुका। तब मूनिस ने मजहरुल हक और राजकुमार शुक्ल के साथ मिलकर 'रैयती सभा' की स्थापना की। रैयती सभा के आंदोलन में भी उन्होंने सक्रिय रूप से हिस्सा लिया और जेल भी गए। 30 अगस्त, 1920 के 'प्रताप' में उन्होंने 'चंपारण में फिर नादिरशाही छाई'

रिपोर्ट लिखी। उन्होंने लिखा—"मिस्टर कुक के यहाँ लड़का पैदा हुआ है। हजारों रैयतों से लड़के की मुँह-दिखाई एक-एक रुपया फीस वसूल की गई। कोठी के साहब बहादुर ने मोटरकार खरीदने के लिए 'हुबली टैक्स' लगाया और रैयतों से पैसे वसूल किए। बेतिया कोर्ट में एक रैयत ने नालिस की है कि मेरे गाँव के ठेकेदार ने मुझसे सौ रुपए जबरन हाथी पाँव में बाँधकर वसूल किए हैं। जब मैंने रुपए देने से इनकार किया तो मुझे जमीन में हाथी द्वारा घसिटवाया गया। रिश्तेदारों के सौ रुपए दिए जाने पर जान बची।" इस प्रकार, जीवनपर्यंत वे गरीब किसानों और मजलूमों के साथ खड़े रहे।

यह वह समय था, जब सर सैयद एवं दयानंद की मजहबी भेद-नीति और हंटर कमीशन के जरिए शुरू किए गए भाषायी वैमनस्य ने भारत की सदियों पुरानी साझी विरासत को तार-तार कर दिया था। लेकिन उसी समय प्रेमचंद, गणेश शंकर विद्यार्थी, महादेव सेठ जैसी कुछेक विभूतियाँ सामने आईं और 'हमारी ही हिंदी, हमारी ही उर्दू' की साझी विरासत फिर से शुरू की। उस दौरान इस सिलसिले को समर्पित भाव से आगे बढ़ानेवालों में पीर मुहम्मद मूनिस भी प्रमुख थे। तब मूनिस हिंदी व उर्दू को मिलाकर 'हिंदुस्तानी' नाम देने की वकालत कर रहे थे। वे हिंदी-उर्दू विभाजन के खिलाफ थे। बिहार हिंदी साहित्य सम्मेलन का पंद्रहवाँ अध्यक्ष उन्हें बनाया गया था। वे इसके संस्थापकों में शामिल रहे थे। भाषा के प्रति पीर मुहम्मद मूनिस का नजरिया बिल्कुल स्पष्ट था। उनका मानना था कि भाषा ऐसी हो, जिसमें लोगों की आत्मा बोले। हिंदी भाषा के बारे में उन्होंने जो बात सन् 1937 में कही, वह आज भी प्रासंगिक है—"कुछ लोग हिंदी को जनता की भाषा न बनाकर पंडितों की भाषा बनाने का विफल प्रयत्न कर रहे हैं।...जनता के लिए ऐसी भाषा का प्रयोग लिखने व बोलने में करना चाहिए, जो सरल, सुबोध और भावमय हो; जनता जिसे तुरंत समझ जाए और उसी भाषा में अपना अभिप्राय आसानी से प्रकट कर सके।" भाषा के प्रति ऐसा रवैया वही अपना सकता है, जिसका जुड़ाव जनता से हो। उनके लेखों में शायरों की पंक्तियाँ और 'रामचरितमानस' के दोहे एक साथ उद्धृत मिलते हैं।

दिसंबर 1937 में आरा में मूनिस के सभापतित्व में बिहार हिंदी साहित्य सम्मेलन का पंद्रहवाँ अधिवेशन हुआ। आचार्य शिवपूजन सहाय के शब्दों में, यह

अधिवेशन बड़ा शानदार हुआ था। इस अधिवेशन में बड़ी संख्या में हिंदी-प्रेमियों ने शिरकत की थी। सम्मेलन के उद्देश्यों और आदर्शों पर प्रकाश डालते हुए मूनिस ने उस अधिवेशन में बोलते हुए कहा था, "सम्मेलन के सामने बहुत काम हैं। बिहार के अहिंदी-भाषी भागों में हिंदी का प्रचार करना तथा हिंदी-भाषी भागों में साहित्य का प्रचार करना, ये दो सम्मेलन के मुख्य उद्देश्य हैं। सम्मेलन के उद्देश्यों की पूर्ति के लिए प्रांत के प्राय: सभी भागों में, खासकर प्रत्येक जिले में, सम्मेलन से संबंधित हिंदी सभाएँ चाहिए। सम्मेलन का अब अपना भवन शीघ्र बनने जा रहा है। क्या उस भवन में हम सम्मेलन का एक सुंदर 'काशी नागरी-प्रचारिणी सभा' सा अप-टू-डेट पुस्तकालय नहीं बना सकते? क्या वहाँ हम अपना अच्छा सा संग्रहालय नहीं खोल सकते, जिसमें बिहार के पुराने लेखकों व कवियों के स्मारक, पुरानी पत्र-पत्रिकाओं के अंक तथा हस्तलिखित पुरानी पुस्तकों, चित्रों आदि का संग्रह कर सकें? काम बहुत है। उनके करने के लिए हमें लगन और तत्परता चाहिए। मैं तो हिंदी का एक छोटा सा सेवक हूँ। आप जब हिंदी की सेवा के लिए अग्रसर होंगे तो आपका झंडा लेकर मैं भी आपके साथ एक सेवक की हैसियत से चलने के लिए तैयार रहूँगा।"

आचार्य शिवपूजन सहाय ने मूनिस के व्यक्तित्व और कृतित्व पर अपनी टिप्पणी में लिखा है कि मूनिस आजीवन हिंदी और हिंदुस्तान की सेवा में निस्पृह भाव से तत्पर रहे। मुसलमान होकर हिंदी की खातिर उन्होंने जो आत्मोत्सर्ग किया, उसका ऋण चुकाना हिंदी-प्रेमियों का कर्तव्य है। उर्दू का सहारा पकड़ते तो गरीबी का डंस न सहते।

मूनिस हिंदू-मुसलिम एकता के प्रबल पक्षधर थे। वर्ष 1916 में 'प्रताप' में लिखे 'हिंदू-मुसलिम एकता शीर्षक' लेख में उनके लोकतांत्रिक विचारों की झलक मिलती है। वे लिखते हैं—"जहाँ एकता है, वहाँ विरोध भी है और जहाँ विरोध है, वहाँ एकता भी साथ-ही-साथ है। सारे जन-समुदाय का एक विचार, एक भाव और एक खयालात का होना सर्वथा असंभव है। मगर हमें इसके साथ-साथ यह भी देखना है कि जन-समुदाय में अधिकांश लोगों का विचार क्या है, उनके भावों का जोर किस ओर अधिक है, उनके खयालात का झुकाव कैसा है? निर्विवाद, हमें मानना पड़ेगा कि वही विचार तो अधिकांश लोगों का

एक ही ओर है, जो उन्हें एक ही पहराए में ढले और जो एक ही आदर्श की पूर्ति के लिए है। वहीं एक भाव सारे जन-समुदाय का, सारी जाति का प्रधान और महान् उद्‍देश्य समझा जाएगा। भारतवर्ष जैसे विशाल देश में अनेक जातियाँ और उपजातियाँ वास करती हैं। हिंदू धर्म के अंदर जैनी, सिख, कबीरपंथी, आर्यसमाजी, सनातनी अनेक संप्रदाय हैं; पर सभी अपने को इसलाम एवं रसूल के पैरोकार बतलाते हैं, कुराने पाक के सभी अनुयायी हैं। लेकिन एक संप्रदाय पर अन्याय या अत्याचार होने से सभी खड़े हो जाते हैं और अपना जुदा-जुदा बल एक करके किसी महान् उद्‍देश्य की पूर्ति के लिए कटिबद्ध हो जाते हैं। कुछ छोटी-मोटी बातों को छोड़कर सभी बातों में यह एक राय है और एक ही उद्‍देश्य—स्वराज्य के लिए उद्योग कर रहे हैं। परमात्मा से हमारी यही प्रार्थना है कि इन दोनों जातियों में एकता का भाव प्रबल हो और वे अपने अंतिम उद्‍देश्य को पूरा करें और भारत को सार्थक भारत बनाकर छोड़ें—लाजिम है हिंदुओं को तन-मन निसार करना। हिंदोस्ताँ को रश्के, बागो-बहार करना।"

पीर मुहम्मद मूनिस के इस लेख की प्रासंगिकता का अंदाजा इसी से लगाया जा सकता है कि यदि इसके प्रकाशन का वर्ष 1916 के बदले 2020 कर दिया जाए तो ऐसा मालूम पड़ेगा, मानो समकालीन भारत को ही संबोधित किया जा रहा हो। राहुल सांकृत्यायन ने अपनी पुस्तक 'मेरे असहयोग आंदोलन के साथी' में मूनिस का विस्तार से जिक्र किया है। बावजूद इसके यह विडंबना ही कही जाएगी कि पत्रकारिता की पुस्तकों में उनका जिक्र मुश्किल से ही मिल पाता है। आरा (शाहाबाद) में सन् 1917 में दंगा हो गया। उस दंगे के दौरान 'प्रताप' में मूनिस की जो रिपोर्ट प्रकाशित हुई थी, उसमें उनकी हिंदू-मुसलिम एकता की भावना को समझा जा सकता है—"आरा वाली घटना को मजहबी दीवानों और कुछ गैर-समझों ने तूल देकर मुसलमान जनता में शोरिश फैलाने की बड़ी कोशिश की और कुछ कामयाब भी हुए। इस साजिश में जिन हाथों ने काम किया, उनमें हमारा या गैर का भी हाथ था। हम किसी को दोष नहीं देते और न अपराधी ठहराते हैं। विरोधी या झगड़ालू लोग यह जरूर चाहते थे कि बात बढ़े और देश व्यापी झगड़ा उठ खड़ा हो। लेकिन पटना के हिंदू भाई एक सार्वजनिक सभा करके और घायल मुसलमानों के साथ गहरी सहानुभूति प्रकट करके उनके दुःख से दुखी हुए।"

पीर मुहम्मद मूनिस ने मरते दम तक कांग्रेस का साथ नहीं छोड़ा। सन् 1930 के नमक सत्याग्रह के दौरान उन्होंने तीन महीने तक जेल की सजा काटी। 1937 में वे कांग्रेस के टिकट पर चंपारण डिस्ट्रिक बोर्ड के सदस्य चुने गए और बेतिया लोकल बोर्ड के चेयरमैन बने। पीर मुहम्मद मूनिस को किसी पद का लालच कभी नहीं रहा। इसी के चलते सन् 1939 में उन्होंने इस पद से इस्तीफा दे दिया और अंग्रेजों के खिलाफ सत्याग्रह में पूरी तरह से लग गए। इसके लिए उन्हें जेल भी जाना पड़ा। अंग्रेजों ने उनकी पूरी जायदाद जब्त कर ली। पूरा घर बरबाद हो गया, मगर कभी उन्होंने इसकी फिक्र न की। पीर मुहम्मद मूनिस का व्यक्तित्व बहुआयामी था। उनके लेखन में इतालवी राष्ट्रवादी नेता गैरीबाल्डी और रूसी साहित्यकार लियो टॉल्सटॉय का प्रभाव झलकता है।

अपना संपूर्ण जीवन देश के लिए न्योछावर करनेवाले पीर मुहम्मद मूनिस ने सारी उम्र अभाव में ही गुजारी और आर्थिक विपन्नता के हालात में ही 24 दिसंबर, 1949 को उनका निधन हो गया। किंतु उन्हें प्रेरणास्रोत के रूप में सदैव स्मरण किए जाने की जरूरत है। पत्रकारिता के छात्रों के लिए तो वे मानो किसी प्रकाश-स्तंभ सरीखे ही हैं। बिहार के पत्रकार श्रीकांत ने उन पर एक आधिकारिक पुस्तक लिखकर उनका ऋण चुकाने का काम किया है। मूनिस का एक गौरवशाली स्मारक और पत्रकारिता का पीठ बने, यह बिहारवासियों और देश के लिए प्रेरणा का स्रोत होगा। जिस चंपारण आंदोलन ने देश में स्वतंत्रता का अलख जगाया, उसके केंद्र में मूनिस का योगदान सर्वोपरि है। ऐसे बिहार के नायक का सम्मान बिहार की गौरवशाली परंपरा और मिली-जुली संस्कृति का सम्मान होगा।

□

लोकनायक जयप्रकाश नारायण

भारत समेत विश्व के अनेक देशों में समता, समानता एवं स्वतंत्रता के लिए समय-समय पर हुई क्रांतियों और उनसे जुड़े नायकों की एक लंबी फेहरिस्त है। उन नायकों की यश-गाथाएँ आज भी हम में नई स्फूर्ति एवं शक्ति का संचार करती हैं। लेकिन भारत को छोड़कर अन्य देश में किसी ऐसे नायक की मिसाल नहीं मिलती, जिसने अपने जीवनकाल में एक नहीं, दो-दो सफल क्रांतियों का नेतृत्व किया हो। यहाँ बात हो रही है लोकनायक जयप्रकाश नारायण की, जो सन् 1942 की 'अगस्त क्रांति' और 1974 के 'लोकतंत्र बचाओ आंदोलन' के नायक रहे हैं।

सामाजिक, राजनीतिक एवं प्रशासनिक विसंगतियों के खिलाफ जीवनपर्यंत लड़ाई लड़नेवाले जयप्रकाश नारायण का जन्म बिहार के सारण जिले के सिताब दियारा गाँव में 11 अक्तूबर, 1902 को हुआ था। उनके पिता का नाम हरसू दयाल तथा माता का नाम फूलरानी था। जयप्रकाश की प्रारंभिक शिक्षा गाँव के ही प्राथमिक विद्यालय में हुई। सातवीं की पढ़ाई की सुविधा गाँव में न होने के कारण जयप्रकाश को पटना लाया गया, जहाँ उनका नामांकन पटना कॉलेजिएट स्कूल में हुआ। वर्ष 1919 में मैट्रिक की परीक्षा अच्छे अंकों से उत्तीर्ण कर उन्होंने पटना कॉलेज के विज्ञान संकाय में नामांकन कराया। उस समय जलियाँवाला बाग, होमरूल आंदोलन, रॉलेट ऐक्ट तथा चंपारण सत्याग्रह की घटनाओं के कारण पूरे देश का राजनीतिक माहौल गरम था। महात्मा गांधी के प्रभाव में आकर जयप्रकाश ने अंग्रेजी के वर्चस्व वाले पटना कॉलेज की पढ़ाई छोड़ दी। 16 मई, 1920 को जयप्रकाश का विवाह बिहार के प्रसिद्ध

समाज-सेवी ब्रजकिशोर प्रसाद की सुपुत्री प्रभावती के साथ हुआ। तत्पश्चात् जयप्रकाश ने महात्मा गांधी द्वारा स्थापित बिहार विद्यापीठ से आई.एस.सी. की परीक्षा प्रथम श्रेणी से पास की।

विवाह के बाद जयप्रकाश को पुन: विद्या अध्ययन की आवश्यकता महसूस हुई। किंतु देश के सभी शिक्षण संस्थानों पर ब्रिटिश सत्ता का अधिकार था। चूँकि जयप्रकाश ने असहयोग आंदोलन में भाग लेते समय यह प्रतिज्ञा की थी कि वे विदेशियों द्वारा चलाए जा रहे किसी भी शिक्षण संस्थान में अध्ययन नहीं करेंगे, इसलिए उन्होंने आगे की पढ़ाई के लिए अमेरिका जाने का निश्चय किया। 16 मई, 1922 को वे अमेरिका के लिए रवाना हुए। वहाँ पहुँचकर उन्होंने कैलिफोर्निया विश्वविद्यालय में नामांकन कराया। अमेरिका में रहने के दौरान उन्होंने बगीचों में फल चुनने, होटल में प्लेट धोने, कमोड साफ करने, बूट पॉलिश करने और बूचड़खाने तक में काम किया और किसी तरह अपनी पढ़ाई जारी रखी।

उन दिनों लवस्टोन के नेतृत्व में अमेरिका साम्यवादी मार्क्सवाद का प्रचार कर रहा था। जयप्रकाश पर उसका असर पड़ा और वे मार्क्सवादी साहित्य के अध्ययन में डूब गए। ओहियो विश्वविद्यालय से बी.ए. की परीक्षा पास करने के बाद जयप्रकाश को उसी विश्वविद्यालय में सहायक की नौकरी मिल गई। साथ ही, वहीं एम.ए. में नामांकन कराकर उन्होंने अपना अध्ययन भी जारी रखा। अपनी माँ की अस्वस्थता का समाचार सुनकर वर्ष 1929 में वे एक कट्टर कम्युनिस्ट बनकर भारत लौटे। लेकिन भारत लौटकर वे कम्युनिस्ट पार्टी में शामिल नहीं हुए, क्योंकि तब कम्युनिस्ट पार्टी स्वाधीनता आंदोलन में शामिल नहीं थी।

उस समय भारत में स्वतंत्रता आंदोलन निर्णायक मोड़ पर था। जयप्रकाश कांग्रेस पार्टी में शामिल होकर स्वतंत्रता आंदोलन में सक्रिय हो गए। अपनी अलग सोच के चलते जयप्रकाश नारायण ने शीघ्र ही कांग्रेस में एक महत्त्वपूर्ण स्थान बना लिया। सन् 1929 में उन्हें कांग्रेस के मजदूर शोध विभाग की जिम्मेदारी सौंपी गई। इस दौरान उन्होंने राष्ट्रीय व अंतरराष्ट्रीय ट्रेड यूनियन संगठनों से कांग्रेस का संबंध जोड़ने की पहल की। लेकिन तभी उनकी माता का निधन हो गया और उनके पिता हरसू दयाल को भी पक्षाघात की बीमारी हो गई। परिवार के समक्ष उत्पन्न आर्थिक संकट को देखते हुए जयप्रकाश ने गांधीजी की सलाह

पर उनके निकटतम सहयोगी और प्रसिद्ध उद्योगपति घनश्याम दास बिड़ला के यहाँ निजी सहायक की नौकरी कर ली। वहाँ जयप्रकाश ने भारतीय पूँजीवाद का सही रूप देखा। उनके मन में भारतीय पूँजीवाद के खिलाफ घृणा का भाव पैदा हो गया। अतः छह माह बाद ही उन्होंने बिड़ला की नौकरी छोड़ दी। तब तक दूसरा गोलमेज सम्मेलन विफल हो जाने से देश की राजनीतिक स्थिति गंभीर हो गई थी। अंग्रेज सरकार ने कांग्रेस को गैर-कानूनी संगठन घोषित करते हुए उसके अधिकांश शीर्षस्थ नेताओं को बंदी बना लिया था। शीर्षस्थ नेताओं की अनुपस्थिति में 30 वर्ष की उम्र वाले जयप्रकाश पर ही असहयोग आंदोलन को चलाते रहने की जिम्मेदारी आ पड़ी। लेकिन वे घबराए नहीं और अज्ञातवास में रहकर उन्होंने तितर-बितर हो रहे कांग्रेस कार्यकर्ताओं को संगठित कर जुलूस, हड़ताल, सत्याग्रह आदि कार्यक्रम जारी रखा। अंग्रेज सरकार परेशान हो उठी। आखिर, वर्ष 1932 के सितंबर महीने में वे मद्रास में गिरफ्तार कर लिये गए। उन्हें एक वर्ष की सजा मिली। उनकी गिरफ्तारी पर बंबई के अंग्रेजी अखबार 'फ्री प्रेस जर्नल' ने लिखा था—'कांग्रेस ब्रेन अरेस्टेड'। वर्ष 1933 के अंत में जयप्रकाश की जेल से रिहाई हो पाई। तभी जनवरी 1934 में बिहार में विनाशकारी भूकंप आया और जयप्रकाश सभी कार्यों को छोड़कर राहत कार्यों में जुट गए।

इस बीच, कई मसलों को लेकर जयप्रकाश का कांग्रेस से मोहभंग हो गया। उनका मानना था कि कांग्रेस की नीतियों और गांधीवादी फॉर्मूलों से देश के दबे-कुचले लोगों की तकदीर नहीं बदली जा सकती। जयप्रकाश एक ऐसे मंच के गठन की आवश्यकता महसूस कर रहे थे, जिसमें ऐसे लोग आ सकें, जो मार्क्सवादी विचारधारा के होते हुए भी स्वतंत्रता आंदोलन में योगदान कर सकें। जयप्रकाश देश भर में बिखरे समाजवादियों को एकजुट करने की कोशिश में जुट गए। उनकी मेहनत रंग लाई। अशोक मेहता, राम मनोहर लोहिया, मीनू मसानी जैसे समाजवादी विचारधारा में यकीन रखनेवाले लोग जयप्रकाश के संपर्क में आए और 17 मई, 1934 को पटना के अंजुमन इसलामिया हॉल में आयोजित समाजवादियों के सम्मेलन में कांग्रेस सोशलिस्ट पार्टी का गठन हुआ। जयप्रकाश उसके महासचिव बनाए गए। यह कोई नया संगठन नहीं था। उसके सदस्य केवल वही लोग हो सकते थे, जो कांग्रेस के सदस्य थे।

सितंबर 1939 में दूसरा विश्व युद्ध शुरू हो गया। जयप्रकाश इस विश्व युद्ध में अंग्रेजों की सहायता के प्रबल विरोधी थे। उनका मानना था कि यदि विश्व युद्ध में अंग्रेजों की सहायता न करके उनके विरुद्ध व्यापक जन-आंदोलन छेड़ दिया जाए तो भारत से अंग्रेजों के पाँव उखड़ सकते हैं। इसलिए 10 फरवरी, 1940 को अंग्रेज सरकार ने जयप्रकाश नारायण को गिरफ्तार कर लिया। वर्ष 1940 के अंत में उनकी रिहाई हो पाई; लेकिन कुछ ही दिनों बाद उन्हें बंबई में फिर गिरफ्तार कर देवली के अस्थायी कारावास में डाल दिया गया। देवली कारावास में सिर्फ 50 कैदियों को रखने की क्षमता थी, लेकिन वहाँ 200 कैदी ठूँस-ठूँसकर रखे गए थे। बंदियों से मवेशियों की तरह व्यवहार किया जाता था। वहाँ और भी विभिन्न प्रकार की अराजकताएँ अपनी सीमा लाँघ चुकी थीं। जयप्रकाश इस सड़ी-गली व्यवस्था के विरुद्ध धरने पर बैठ गए। अंततः सरकार को झुकना पड़ा और उन्हें देवली कारावास से हटाकर हजारीबाग जेल भेज दिया गया।

8 अगस्त, 1942 को कांग्रेस के बंबई अधिवेशन में 'भारत छोड़ो आंदोलन' का प्रस्ताव पारित हुआ। पूरे देश में भीषण आंदोलन छिड़ गया। आंदोलन की शुरुआत के साथ ही गांधीजी समेत तमाम बड़े कांग्रेसी नेता बंदी बना लिये गए। आम जनता की अगुवाई के लिए कोई नेता नहीं बचा था, परिणामस्वरूप आंदोलन ढीला-ढाला चल रहा था। उस समय जयप्रकाश हजारीबाग जेल में बंद थे। लेकिन उनके विद्रोही व्यक्तित्व के लिए जेल में चुपचाप बैठना गँवारा न था। वे उचित अवसर की तलाश में थे। ठीक दीपावली के दिन वे कुछ दोस्तों के साथ हजारीबाग जेल की 18 फीट ऊँची दीवार फाँदकर फरार हो गए। फरारी के बाद वे भूमिगत होकर आंदोलन को संचालित करने लगे। छद्म वेश में घूम-घूमकर वे विद्रोह का अलख जगाने लगे। अंग्रेज सरकार परेशान हो गई और उसने जयप्रकाश को जिंदा या मुर्दा पकड़नेवाले को 10 हजार रुपए इनाम की घोषणा कर दी। अंततः 19 सितंबर, 1943 को अमृतसर से लाहौर जाने के रास्ते में उन्हें गिरफ्तार कर लिया गया, जहाँ से उन्हें 1946 में ही मुक्ति मिल सकी। लेकिन जयप्रकाश के इस साहसिक कदम ने उन्हें नौजवानों का दीवाना बना दिया। सर्वत्र 'अगस्त क्रांति के हीरो' के रूप में उनकी चर्चा होने

लगी। कांग्रेस के दिग्गज नेता भी जयप्रकाश के व्यक्तित्व में भारत के भविष्य की तलाश करने लग गए।

सन् 1947 में भारत आजाद हुआ। आजादी मिलने के साथ ही स्वतंत्रता की लड़ाई में थके नेता आजाद भारत में कुरसी पाने के लिए लालायित हो उठे। राज्य सत्ता का आकर्षण मामूली नहीं था। उससे बच निकलना भी दुरूह था। आजादी की लड़ाई में अगले मोर्चे पर रहनेवाले जयप्रकाश अगर चाहते तो आसानी से सत्ता से जुड़ सकते थे; लेकिन उन्हें सत्ता का आकर्षण नहीं था। इसलिए सन् 1948 में उनके नेतृत्व में समाजवादियों ने कांग्रेस से संबंध तोड़ लिया।

भारतीय समाजवादियों ने वर्ष 1952 के प्रथम आम चुनाव में अपनी सफलता को लेकर काफी आशाएँ बाँध रखी थीं। यह चुनाव जयप्रकाश के नेतृत्व में लड़ा गया था; लेकिन चुनाव नतीजे आशा के बिल्कुल विपरीत निकले। पराजय से उपजी निराशा के कारण समाजवादियों में ही फूट पड़ गई, यहाँ तक कि जयप्रकाश और लोहिया के व्यक्तिगत रिश्तों में भी खटास पड़ गई। हालाँकि, बाद में जयप्रकाश ने लोहिया से मिलकर समाजवादी एकता के लिए प्रयास किया, लेकिन वह सफल नहीं हो सका। सन् 1953 में प्रधानमंत्री नेहरू ने जयप्रकाश को अपने मंत्रिमंडल में शामिल होने का न्योता दिया, लेकिन उन्होंने उसे अस्वीकार कर दिया।

जयप्रकाश का मन शीघ्र ही दलगत राजनीति से ऊब गया। उसी समय विनोबा भावे ने सर्वोदय आंदोलन शुरू कर दिया था। जयप्रकाश ने अनुभव किया कि तत्कालीन परिस्थितियों में वे उस आंदोलन के जरिए भारतीय जनता की बेहतर सेवा कर सकते हैं, इसलिए सन् 1954 में उन्होंने सर्वोदय के लिए जीवन-दान दे दिया। जीवन-दान के बाद जयप्रकाश राजनीति में निष्क्रिय हो गए; किंतु समसामयिक समस्याओं के प्रति बराबर सजग रहते थे। भूदान, संपत्ति दान के लिए उन्होंने पूर्ण समर्पण भाव से काम किया। यह जयप्रकाश और विनोबा के सम्मिलित प्रयास का ही नतीजा था कि लाखों एकड़ भूमि बड़े जमींदारों से लेकर गरीब एवं भूमिहीन गरीबों के बीच बाँटी जा सकी।

सन् 1964 में नेहरू अस्वस्थ हुए। प्रश्न उठा कि नेहरू के बाद कौन? कांग्रेस के कई शीर्षस्थ नेताओं ने जयप्रकाश से सत्ता सँभालने के लिए तैयार

रहने को कहा। उसका जवाब जयप्रकाश ने पटना की एक सभा में इस प्रकार दिया, "जब तक मिल-जुलकर अपना काम स्वयं करने की शक्ति हम पैदा नहीं करते, तब तक दिल्ली में बैठकर सरकार कोई भी चलाए, देश आगे नहीं बढ़ सकता। आज चिंता यह है कि पं. नेहरू के बाद क्या होगा? इसका उत्तर मेरी ओर से यह है कि अपने-अपने गाँवों-नगरों में हम अपना राज्य कायम करें और कुशलतापूर्वक उसे चलाएँ। अगर हम ऐसा करते हैं तो दिल्ली और पटना में जो भी लोग बैठे हैं, वे ठीक से काम करेंगे और जो बुनियादी सवाल हमारे सामने हैं, उनके हल का भी रास्ता निकलेगा।" जयप्रकाश चाहते थे कि जनता इस बात को ठीक-ठीक समझ ले कि लोकतंत्र में असली मालिक वह है और सभागार में बैठनेवाले लोग उसके बलबूते पर चुने हुए प्रतिनिधि हैं। जनता द्वारा अपने चुने हुए प्रतिनिधियों को वापस बुलाने की बात भी वे करते थे।

सन् 1965 में जयप्रकाश नारायण को उनकी लोक-सेवा के लिए फिलीपींस के मैगसेसे पुरस्कार से सम्मानित किया गया। 12 अप्रैल, 1972 को चंबल घाटी के 501 खूँखार डकैतों, जो सरकार के अनेक प्रयासों के बावजूद काबू नहीं आ रहे थे, ने जयप्रकाश के व्यक्तित्व से प्रभावित होकर उनके समक्ष स्वेच्छा से आत्मसमर्पण कर दिया। डकैतों द्वारा आत्मसमर्पण की यह मिसाल इतिहास में बेजोड़ थी।

लगभग दो दशक के अपने व्यापक ग्राम संपर्क अभियान के उपरांत जयप्रकाश इस नतीजे पर पहुँचे कि भूदान, ग्रामदान योजना तो ठीक है, लेकिन इनके साथ-साथ देश में एक बार फिर राजनीतिक ज्वार की जरूरत है। प्रशासन और राजनीति में भ्रष्टाचार, बढ़ती महँगाई, शिक्षा के क्षेत्र में अराजकता और राजनीतिक दलों की विफलताओं ने उन्हें देश के हालात पर कुछ करने के लिए विवश कर दिया। तब बहत्तर वर्ष की उम्र में जयप्रकाश ने छात्रों, युवकों तथा आम नागरिकों को संगठित कर अहिंसक आंदोलन का बिगुल फूँका। 5 जून, 1974 को पटना के गांधी मैदान की अभूतपूर्व जनसभा में उन्होंने संपूर्ण क्रांति का आह्वान किया तो समूचा देश उनके साथ हो चला। उन्होंने कहा कि जब तक जीवन के प्रत्येक क्षेत्र में क्रांतिकारी परिवर्तन नहीं होता, तब तक देश का स्तर ऊँचा नहीं उठ सकता। संपूर्ण क्रांति के लक्ष्य को प्राप्त करने के उद्देश्य

से उन्होंने 1 जनवरी, 1975 को 'छात्र-युवा-संघर्ष वाहिनी' का गठन किया। यह पूर्ण रूप से निर्दलीय संगठन था। आंदोलन के दौरान उन्हें सबकुछ सहना पड़ा। लांछन, प्रताड़ना, निंदा, यहाँ तक कि बूढ़े जयप्रकाश को पुलिस की लाठियाँ तक खानी पड़ीं; लेकिन सबकुछ उन्होंने सहज भाव से स्वीकार किया। अत्यंत उत्तेजक और विस्फोटक वातावरण में भी मानसिक संतुलन न खोते हुए उन्होंने अपना आंदोलन शांतिपूर्वक जारी रखा। आंदोलन को ठप करने के लिए तत्कालीन प्रधानमंत्री श्रीमती इंदिरा गांधी को पूरे देश में इमरजेंसी लगानी पड़ी। जयप्रकाश समेत अधिकांश विपक्षी नेता जेल में डाल दिए गए। लेकिन इन कठोर कदमों के बावजूद सन् 1977 के आम चुनावों में इंदिरा गांधी को पराजय का मुँह देखना पड़ा और जयप्रकाश नारायण के प्रयासों से बनी जनता पार्टी सत्ता में आई।

आंदोलन के दौरान ही जयप्रकाश ने 'संपूर्ण क्रांति' का नारा दिया था। उनका मानना था कि देश की सामाजिक, आर्थिक, नैतिक और सांस्कृतिक व्यवस्था में अनेक गलत मूल्य हैं, जिन्हें बदले बिना समस्या का समाधान नहीं होगा। इसलिए उन्होंने संपूर्ण क्रांति के तहत संपूर्ण व्यवस्था को जड़ से बदलने का आह्वान किया।

जयप्रकाश नारायण को उम्मीद थी कि जनता पार्टी की सरकार उनके संपूर्ण क्रांति के अरमानों को पूरा करेगी; पर पार्टी के विभिन्न घटकों की आपसी कलह और विवाद से उनकी सारी आशाओं पर पानी फिर गया। संपूर्ण क्रांति के प्रति समर्पित नेताओं-कार्यकर्ताओं की दूसरी पंक्ति भी वे तैयार नहीं कर पाए थे। उनकी किडनी की तकलीफ भी बढ़ चुकी थी। 8 अक्तूबर, 1979 को पटना में उनका निधन हो गया।

लोकनायक जयप्रकाश नारायण जब तक जीवित रहे, उनके राजनीतिक प्रयोग कुछ लोगों के लिए परेशानी का कारण बने रहे। कई लोग यह आरोप लगाते हैं कि जयप्रकाश कभी स्थिर नहीं रहे। वे बार-बार रास्ता बदलते रहते थे। किसी को उनकी समाजवादी निष्ठा, किसी को उनकी गांधीवादी निष्ठा और किसी को उनकी सर्वोदयी निष्ठा के प्रति शंका होती है। लेकिन ऐसा आरोप लगानेवाले यह भूल जाते हैं कि लोकनायक जयप्रकाश का जीवन प्रयोगमय

रहा है। किसी खूँटे से वे बँधे हुए नहीं थे। उनका आदर्श था—सत्य को जानना और अन्याय, असमानता एवं शोषण पर टिकी व्यवस्था को समाप्त कर समता पर आधारित शोषण-मुक्त समाज की स्थापना करना। अपने इस आदर्श की प्राप्ति के लिए वे मार्क्सवाद, समाजवाद, गांधीवाद और सर्वोदयवाद जैसी कई विचारधाराओं के प्रभाव में आए। गरीबों, उपेक्षितों और समाज के कमजोर वर्ग के लोगों को उनका सही हक दिलाने के लिए उन्हें उस समय इनमें से जो भी रास्ता सूझा, उसे वे अपनाते रहे।

यह ठीक है कि शुरुआती दौर में मार्क्सवादी दर्शन ने जयप्रकाश नारायण के व्यक्तित्व को काफी हद तक प्रभावित किया था, लेकिन वे मार्क्सवाद को ज्यों-का-त्यों भारत में लागू करने के पक्ष में नहीं थे। उनका कहना था कि कार्ल मार्क्स को चीन तथा भारत जैसे एशियाई देशों की सामाजिक संस्थाओं और परंपराओं का ज्ञान नहीं था। कार्ल मार्क्स ने दुनिया में दो ही वर्ग बतलाए हैं—एक सर्वहारा और दूसरा पूँजीपति वर्ग। लेकिन भारत की जाति व्यवस्था ने वर्ग-विभाजन की संभावना को ही निगल लिया है। इसलिए लोकनायक जयप्रकाश का मत था कि सिर्फ वर्गीय लड़ाई लड़कर दलितों-पिछड़ों को सामाजिक न्याय दिलाना संभव नहीं होगा; क्योंकि भारत जातीय शोषण पर आधारित समाज है और भारत में समाजवादी समाज के निर्माण के लिए जरूरी है कि पहले जाति-विहीन समाज की स्थापना की लड़ाई लड़ी जाए। आजादी मिलने के बाद उन्होंने महसूस किया कि ग्रामीण भारत के नवनिर्माण में गांधी दर्शन को आधार बनाकर आगे बढ़ा जा सकता है तो वे गांधीवाद के हिमायती बन गए। लेकिन जब समय की माँग को गांधी और विनोबा के विचार भी पूरे नहीं कर पाए तो वे संपूर्ण क्रांति की ओर बढ़ गए।

□

आचार्य नंदलाल बोस

"मेरा ऐसा विचार है कि 'पाथेर पांचाली' का सृजन करना मेरे लिए संभव ही न होता, यदि मैंने दो वर्ष शांतिनिकेतन में प्रशिक्षण न प्राप्त किया होता। यहाँ पर मास्टर-मोशाय के चरणों में बैठकर मैंने प्रकृति की तरफ देखना सीखा, उससे तादात्म्य स्थापित करना सीखा और प्रकृति की अंतरंग लयात्मकता की अनुभूति सीखी।"

—सत्यजित रे

आचार्य नंदलाल बोस, जिन्हें 'मास्टर-मोशाय' के नाम से कला जगत् में प्रसिद्धि मिली, एक महान् कलाकार थे। उनके आचार-विचार, सरल स्वभाव के साथ साधारण परिधान को देखकर लोग सोचने के लिए विवश हो जाते कि मनुष्य बाहरी आडंबर से नहीं, कर्म से महान् बनता है। नंदलाल बोस जितने महान् कलाकार थे, उतने ही बड़े कला अध्यापक भी थे। वे अकादमिक जटिलताओं में विश्वास नहीं करते थे और सांस्कृतिक परंपराओं पर अधिक बल देते थे। उनका दिमाग भी खुला हुआ था और कला के विभिन्न प्रारूपों एवं तकनीकों पर उनको महारत हासिल थी। कलाकार, मूर्तिकार, अलंकरण कर्ता या कारीगर नंदलाल सभी में दक्ष थे।

भारतीय कला के नक्षत्र आचार्य नंदलाल बोस का जन्म 3 दिसंबर, 1882 को बिहार राज्य के मुंगेर जिले के खड़गपुर में हुआ था। उनके पिता पूर्णचंद्र बोस दरभंगा के राजा के जंगलात के मैनेजर थे, जिन्होंने अपना जीवन ओवरसीयर के रूप में आरंभ किया। बाद में वे दरभंगा राज के मैनेजर नियुक्त हो गए थे। उनके

दादा कृष्णमोहन बोस अपने समय के संपन्न व्यक्ति थे। वे एक ठेकेदार थे और उनका फोर्ट विलियम कॉलेज, कलकत्ता में सामान मुहैया कराने का ठेका था। आचार्य नंदलाल बोस की माता क्षेत्रमणि देवी एक धार्मिक महिला थीं, जिनकी शिल्प में विशेष अभिरुचि थी। कला के प्रति उनकी अभिरुचि माता के माध्यम से उन्हें प्राप्त हुई थी। उनकी माता का खिलौने बनाने और कंथा पैटर्न बनाने में काफी मन लगता था। माता के बाद उन पर चाची का गहरा प्रभाव पड़ा, जो अपने दक्ष हाथों से मिट्टी को सुंदर आकार प्रदान करती थीं। इसके अतिरिक्त, अपने पैतृक गाँव खड़गपुर के कुम्हारों की बस्ती में वे घूमा करती थीं। किस प्रकार साधारण मिट्टी आकार ग्रहण करती है, उनके लिए एक कौतूहल था। आठ वर्ष की आयु में ही नंदलाल बोस को मातृ-सुख से वंचित होना पड़ा। वे हमेशा ही अपनी माता को स्नेह के साथ याद करते रहे। नंदलाल के मन पर उनकी माँ का गहरा आजीवन प्रभाव बना रहा।

नंदलाल बोस की प्रारंभिक शिक्षा अस्त-व्यस्त रही। हिंदी माध्यम से उन्होंने मिडिल स्कूल में भरती होकर अपनी शिक्षा प्रारंभ की थी। चार वर्षों तक शिक्षा ग्रहण करने के उपरांत सन् 1897 में वह कलकत्ता आ गए, जहाँ उन्होंने केंद्रीय कॉलेजिएट स्कूल में दाखिला लिया। सन् 1902 में उन्होंने एंट्रेंस की परीक्षा पास की। आगे की पढ़ाई में उनका मन न लगा और परीक्षा में उत्तीर्ण न होने के कारण वे जनरल असेंबली इंस्टीट्यूट में भरती हुए। बाद में मेट्रोपोलिटन कॉलेज में दाखिला लिया; लेकिन परीक्षा में उत्तीर्ण न हो सके। उन्हीं दिनों उनका विवाह सुधीरा देवी से हो गया, जिनके दादाजी खड़गपुर के एक छोटे जमींदार थे। उनका नाम प्रसन्न कुमार था।

कला विद्यालय में दाखिले की प्रेरणा उन्हें अपने चचेरे भाई अतुल मित्र से मिली, जो स्वयं कला के विद्यार्थी थे। लगभग तीस वर्ष की आयु में नंदलाल बोस ने कलकत्ता स्कूल ऑफ आर्ट में दाखिला लिया। दाखिले के लिए नंदलाल सिफारिशी पत्र के साथ अपनी चित्रकृति 'महाश्वेता' लाए थे। कलकत्ता स्कूल ऑफ आर्ट के प्राचार्य ई.बी. हैवेल ने उस चित्र को देखा और प्रभावित हुए। वहाँ पाँच वर्षों तक उन्होंने गुरु अवनींद्र नाथ के मार्गदर्शन में कला की शिक्षा ग्रहण की। अवनींद्र नाथ की एक विशेषता थी कि उनके विद्यालय में जो भी

प्रतिभा-संपन्न विद्यार्थी दाखिला लेता, वे उसे शुरू से ही प्रोत्साहन देना आरंभ कर देते। नंदलाल बोस के रचनात्मक कार्य को देखते हुए अवनींद्र नाथ काफी प्रभावित हुए। बाद के दिनों में नंदलाल बोस अवनींद्र नाथ के निकटतम शिष्यों में से एक थे। विद्यालय में दूसरे वर्ष से ही उन्हें छात्रवृत्ति मिलनी शुरू हो गई थी। नंदलाल की प्रतिभा ने शुरू से ही लोगों का ध्यान आकर्षित करना शुरू कर दिया। सन् 1908 में इंडियन सोसाइटी ऑफ ओरिएंटल आर्ट की प्रदर्शनी में उनकी कृति 'शिव-सती' ने हलचल मचा दी। वह कलाकृति 500 रुपए में बिकी। जापान की प्रसिद्ध कला-पत्रिका 'कोक्का' में इस चित्र को प्रकाशित किया गया था।

इसी दौरान नंदलाल बोस ने उत्तर व दक्षिण भारत के विभिन्न स्थलों का पर्यटन किया और देश की परंपरागत शैलियों से अपने को अवगत कराया। इस बीच हैवेल इंग्लैंड वापस चले गए और अवनींद्र नाथ कार्यवाहक प्राचार्य बने। बाद में हैवेल की जगह पर्सी ब्राउन सन् 1909 में प्राचार्य बने। वे कठोर अनुशासन पर जोर देने लगे। अवनींद्र नाथ को उस वातावरण में अरुचि होने लगी। सन् 1915 में अवनींद्र नाथ ने अपना त्याग-पत्र प्रस्तुत कर दिया।

पर्सी ब्राउन ने नंदलाल बोस के सामने शिक्षक पद के लिए प्रस्ताव रखा; लेकिन बदली हुई परिस्थिति में नंदलाल के लिए उसे स्वीकार करना संभव नहीं था। इसी बीच नंदलाल बोस को अवनींद्र नाथ ने अपने परंपरागत मकान जोरासंको में सृजन-कार्य करने की सुविधा प्रदान की। नंदलाल बोस के चित्रांकन सिखाने की शुरुआत जोरासंको के विचित्र क्लब में ठाकुरबाड़ी की लड़कियों से हुई, जहाँ टैगोर परिवार रहता था। वे वहाँ युवक कलाकार के रूप में मौजूद थे। गुरु की भूमि से उत्पन्न होनेवाले कला-दर्शन ने नंदलाल बोस में देशज परंपरा के बारे में चिंतन करने के लिए प्रोत्साहित किया। ज्ञातव्य हो कि अवनींद्र नाथ ने भारतीय कला एवं संस्कृति के उस पुनरुत्थानवाद को एक प्रवृत्ति तथा आत्मा प्रदान की थी।

कला की शिक्षा ग्रहण करने के उपरांत नंदलाल बोस चाहते थे कि वे इंडियन सोसाइटी ऑफ ओरिएंटल आर्ट में कार्य करें। वर्ष 1918-19 में नंदलाल बोस ने वहाँ प्रमुख कलाकार के रूप में पद ग्रहण भी किया; पर वे वहाँ अधिक

दिनों तक टिक नहीं सके, क्योंकि नंदलाल अवनींद्र नाथ के अध्यापन के तरीके से प्रभावित थे, पर कहीं-न-कहीं गगनेंद्र नाथ के अध्यापन के तरीके से सहमत नहीं थे। यही वह दौड़ थी, जब वे कविगुरु रवींद्रनाथ के करीब आए। कविगुरु नंदलाल के सृजन-कर्म से काफी प्रभावित थे। अवनींद्र नाथ के सुझाव पर रवींद्रनाथ ने नंदलाल बोस को शांतिनिकेतन के कला-भवन में आने का निमंत्रण दिया। फलत: नंदलाल ने कला-भवन में अध्यापक के दायित्व को स्वीकार कर लिया। अवनींद्र नाथ की इच्छा थी कि नंदलाल इंडिया सोसाइटी ऑफ ओरिएंटल आर्ट में कार्य करते रहें। उस सोसाइटी को लॉर्ड रोनाल्डो का प्रश्रय प्राप्त था, जहाँ नंदलाल को 200 रुपए प्रतिमाह वेतन दिया जाता था। नंदलाल जहाँ रवींद्रनाथ के विचारों से सहमत थे, वहीं उन्हें अपने गुरु अवनींद्र नाथ के प्रति बहुत श्रद्धा थी। अत: वे अधिकांश समय कलकत्ता में ही रहते और सप्ताह के अंतिम दो दिन शांतिनिकेतन में रहते थे। फरवरी 1920 में एक घटना घटी, जिसने उनको निर्णय लेने के लिए बाध्य कर दिया। लॉर्ड रोनाल्डो शांतिनिकेतन पधारे थे। रवींद्रनाथ ने नंदलाल बोस को 'अपना कलाकार' कहकर संबोधित किया, जबकि लॉर्ड रोनाल्डो को भलीभाँति ज्ञात था कि वे कलकत्ता में कार्य कर रहे हैं। इस कठिनाई को दूर करने के लिए नंदलाल मार्च 1920 में पूर्ण रूप से शांतिनिकेतन चले आए, जिसके कारण वे विश्व में विख्यात हुए।

सन् 1924 में नंदलाल ने रवींद्रनाथ के साथ चीन, श्रीलंका और जापान का भ्रमण किया। वे बर्मा और मलाया भी गए; लेकिन उनकी विशिष्टता यह रही कि उन्होंने प्राथमिकता अपने देश को ही दी। देश के विभिन्न स्थानों का भ्रमण उन्होंने किया। भारतवर्ष के सांस्कृतिक इतिहास का जितना गहरा ज्ञान नंदलाल ने स्वयं चीजों को देखकर किया है, देश के बहुत कम कलाकारों ने किया होगा। उन्होंने अधिकांश कला-सृजन कला-भवन में ही रहकर किया। यही नवजीवन नंदलाल बोस के उत्कर्ष का कारण बना। कला-भवन को जीवंत और रसमय कला परिसर बनाने के लिए कविगुरु 'विचना' नामक गोष्ठी का संचालन करते थे, जिसमें नंदलालजी की सक्रिय भागीदारी होती थी। वर्ष 1916-17 में उन्होंने कई भित्ति चित्र बनाए। इस दौरान उन्होंने पुरी और कोणार्क आदि अनेक स्थानों का भ्रमण किया।

नंदलाल बोस की गुरुभक्ति का सुंदर संस्मरण है—एक बार अवनींद्र बाबू ने नंदलाल बसु से कहा, "यदि तुम मुझे गुरुदक्षिणा देना चाहते हो तो कालीघाट में पटुआ लोगों के बीच उसी तरह रहो, जैसे वे लोग रहते हैं और उन्हीं की तरह चित्रांकन करो। क्या तुम ऐसा कर सकते हो?" नंदलालजी ने गुरु की इच्छा को जैसे आदेश मान लिया। वे कई दिनों तक दिखाई नहीं पड़े। कई महीने तक लोगों को पता नहीं चला कि वे कहाँ रह रहे हैं। एक दिन अचानक आए और अवनींद्र बाबू के पास कई पटचित्र तथा कुछ रुपए उनके चरणों में रख दिए। अवनींद्रजी ने पूछा, "तुम इतने दिन कहाँ थे?" नंदलाल बोस ने बताया, "कालीघाट में, पटुओं के मोहल्ले में। आपकी ही तो आज्ञा थी, गुरुदेव। उनके बीच उन्हीं की तरह रहकर मैंने उन्हीं की तरह कुछ चित्र बनाए हैं।" अवनींद्र बाबू का हृदय भर आया, आँखें छलक उठीं और उन्होंने आगे बढ़कर नंदलाल बोस को अपनी छाती से लगा लिया। जिस श्रद्धा से उन्होंने अपने गुरु को चुना था, उसके प्रति नंदलाल बोस की अंत तक वही श्रद्धा बनी रही। इस प्रकार की श्रद्धा का आज के आधुनिक युग में घोर अभाव है।

महान् कला मर्मज्ञ एवं देशभक्त नंदलाल बोस के बारे में दिलीप कुमार राय ने एक बार महात्मा गांधी से राय माँगी। गांधीजी ने कहा, "जब मेरे सामने प्रकृति की साक्षात् कला नदी, पहाड़ और समुद्र के रूप में विद्यमान है तो कलाकार की बनावटी कला मेरे लिए मायने नहीं रखती।" खैर, बात आई-गई हो गई। कुछ समय पश्चात् गांधीजी शांतिनिकेतन पधारे। सदैव की भाँति गांधीजी ने इस बार भी सावित्रीजी को संगीत सुनाने के लिए बुलाया। नंदलाल बाबू ने सावित्रीजी को रोक दिया और स्वयं गांधीजी के पास जाकर बोले, "जब आपके सामने लहरों का कल-कल स्वर, कोयल की कूक और सागर की दहाड़ मौजूद है तो आदमी के बनावटी संगीत का क्या महत्त्व है?" गांधीजी तुरंत समझ गए और अपनी भूल स्वीकार कर ली। नंदलाल बोस न केवल कलम व कूची के धनी थे, वरन् समय आने पर उन्होंने असहयोग आंदोलन और नमक आंदोलन में भी भाग लिया। स्वतंत्रता आंदोलन के प्रमुख नेताओं से उनके अच्छे संबंध थे।

कहा जाता है कि आचार्य नंदलाल की चित्रकला में तब एक नए मोड़ की शुरुआत हुई, जब वे गांधीजी के संपर्क में आए। राष्ट्रीयता और राष्ट्र भावना,

जो उनके संपर्क से कलाकार के मन में आवेगमय हुई थी, चित्र रूप में प्रकट होने लगी। आचार्य नंदलाल बोस को गांधीजी के विचारों ने काफी हद तक प्रभावित किया था। नंदलाल बोस ने एक स्थान पर लिखा है—"मानवमात्र की अपरिमित तृष्णा मानवता पर छाए हुए गहरे संकट का कारण है। यह उन सब कारणों की जड़ है, जिसने आज मानव को पंगु बना रखा है। आज हम व्यक्तिगत और सामाजिक जीवन के वास्तविक विकास की राह से कहीं दूर खड़े हुए हैं। हमें उनसे उबरना होगा।" नंदलाल बोस के सृजन में भी राष्ट्रीयता और संघर्ष की एक अनूठी प्रतिध्वनि सुनाई देती है। यद्यपि गांधीजी को नंदलाल बोस पहले से ही जानते थे, पर उनके निकट आने का सौभाग्य उन्हें सन् 1935 में प्राप्त हुआ। उन दिनों गांधीजी ने नंदलाल बोस को भारतीय राष्ट्रीय कांग्रेस अधिवेशन, लखनऊ के पंडाल को अलंकृत करने के लिए आमंत्रित किया था। उन्होंने इस कार्य को दक्षतापूर्वक संपन्न किया। दूसरे वर्ष महाराष्ट्र में फैजपुर ग्राम में भी पंडाल को दक्षता के साथ पूर्ण किया। इसके अगले वर्ष गुजरात में हरिपुरा में अधिवेशन होने वाला था। अस्वस्थता के कारण नंदलाल बोस ने महात्मा गांधी को सूचित किया कि वे उपलब्ध नहीं हो पाएँगे। लेकिन जब उनका स्वास्थ्य ठीक हुआ, वे वहाँ पहुँच गए। उन्होंने गांधीजी से कहा, "अब काम करने के संबंध में एक सही तसवीर मेरे सामने आई है।" लेकिन गांधीजी ने कहा, "तुम्हें कुछ दिन अभी और आराम करने की आवश्यकता है।" लेकिन वे गांधीजी के साथ निकल गए। एक दिन जब वे समुद्र-तट पर घूम रहे थे तो रेत पर उन्होंने अपने जूते छोड़ दिए। जब वे पुनः उस स्थान पर अपने जूते की तलाश में गए तो उन्होंने देखा कि गांधीजी वहीं उनके जूतों की निगरानी कर रहे थे। जब गांधीजी को लगा कि इस जगह नंदलाल बोस का मन नहीं लग रहा है तो उन्होंने उनसे कहा, "तुम इसलिए चित्रण नहीं कर रहे हो, क्योंकि अपने साथ रंग नहीं लाए हो। तुम मिट्टी का प्रयोग करो।" नंदलाल को गांधीजी का यह विचार अच्छा लगा। उन्होंने मिट्टी के विभिन्न रंगों से कई चित्र बनाए। 'हरिपुरा पोस्टर' के नाम से वह चित्र श्रृंखला काफी प्रसिद्ध हुई।

कला के मामले में गांधीजी का नंदलाल पर अटूट विश्वास था। उड़ीसा में कांग्रेस के पुरी अधिवेशन में पुरी तथा कोणार्क के मंदिरों की निर्वस्त्र मूर्तियों से

कुछ नेता उत्तेजित थे और कुछ उद्योगपतियों ने अपने खर्च से उन पर प्लास्टर चढ़ा देने की बात कही। गांधीजी की भी उन्हें सहमति मिल गई। जब गांधीजी ने नंदलाल का विचार जानना चाहा तो उन्होंने स्पष्ट शब्दों में कहा, "यह प्रस्ताव बिल्कुल गलत है। इसमें दृष्टिकोण का प्रश्न है। इन आकृतियों को विनष्ट करना कला की सर्वोच्च कृतियों को विनष्ट करना है।" गांधीजी ने नंदलाल बोस की ही बात मानी और प्रस्ताव नामंजूर कर दिया।

ज्ञातव्य है कि इंडियन सोसाइटी ऑफ ओरिएंटल आर्ट की एक प्रदर्शनी में उनका एक चित्र 'शिव-सती' 500 रुपए में बिका था। इस धन से उन्होंने उत्तरी भारत में बनारस, मथुरा, वृंदावन, गया आदि स्थानों का भ्रमण किया और वहाँ की स्थापत्य एवं मूर्तिकला का अध्ययन किया। सन् 1921 का वर्ष जहाँ विश्वभारती के लिए ऐतिहासिक महत्त्व का था, वहाँ कला-भवन में अध्यापकों और छात्रों की संख्या कुल मिलाकर 14 के करीब थी। इसी वर्ष पूजा अवकाश के दौरान नंदलाल अपने सहयोगी सुरेंद्र नाथ, कालीदास चटर्जी और कला-भवन के छात्रों के साथ बिहार के प्रमुख ऐतिहासिक स्थलों की यात्रा पर निकल पड़े। उन्होंने नालंदा, राजगीर, पटना, आरा, गया एवं बोध गया आदि स्थलों का परिभ्रमण किया। इस यात्रा का उद्देश्य जहाँ ऐतिहासिक स्मृति-स्थलों का परिदर्शन करना था, वहीं सांस्कृतिक बोध को समृद्ध करना भी था और बौद्ध निकायों, हिंदू आख्यानों, प्रतीकों एवं अभिप्रायों का गहराईपूर्वक अध्ययन भी करना था, जो आज भारतीय कला का विकासशील पदचिह्न बने हुए हैं। नंदलाल बोस के साथ पूरी छात्र मंडली ने बौद्ध गाथाओं और हिंदू विश्वासों से जुड़े बहुत से स्थलों के चित्र सृजित किए; साथ ही यहाँ के आसपास के ग्रामीण परिवेश तथा लोक-जीवन के कई लोकचित्रों का रेखांकन भी किया। नंदलाल बोस ने सारिपुत्र मौद्गलायन, विपुल गिरि, वैभव गिरि, सप्तधारा, सूर्यकुंड, दुर्ग-प्राचीर, जरासंधी बैठक, बलराम मंदिर, जेठियान की मल्ल भूमि, स्वर्ण-भडार, गृद्धकूट, जीवक आम्रवन, जरादेवी का पर्वत, बाण गंगा और मखदूम कुंड आदि पौराणिक स्थलों के चित्र सृजित किए। इन विशिष्ट रेखांकनों से उनके दृष्टि-विस्तार का पता चलता है। इसके साथ ही, ग्राम्य युवतियों द्वारा पनघट से जल भरकर लाना, ग्राम्य बंधुओं द्वारा घर-आँगन में अर्पण देना, लकड़हारे का पेड़ काटना तथा

विभिन्न प्रकार के जानवरों के रेखांकन एवं निसर्ग का चित्रण प्रमुख है। अपने स्वभाव से वे प्रयोगधर्मी थे। अपनी पारंपरिक पद्धतियों का गहरा अध्ययन उन्होंने किया। उनके अधिकांश चित्रों की विषय-वस्तु पौराणिक आख्यानों पर आधारित है। इसमें समाज, व्यक्ति का जीवन, भारतीय पर्व-त्योहार और जन-जीवन की नाना प्रविधियाँ स्पष्ट रूप से दृष्टिगोचर होती हैं। तकनीक के स्तर पर इन कृतियों में रंग संयोजन, रंग व्यवहार, रेखाओं की लयात्मकता तथा ऐंद्रिकता इतनी प्रखर है कि सहज ही प्रेक्षक आकर्षित होते चले जाते हैं। चूँकि वे भारतीय कला परंपराओं के गहरे जानकार थे, अतः उनके अभिकल्पन में सजावटी तत्त्वों को बहुधा स्थान प्राप्त हुआ है। उन्होंने जल रंग, तैल्य रंग, टेंपरा, बाश तकनीक, लीनो के साथ-साथ भित्ति चित्रण को एक ऊँचाई प्रदान की। जगदीश चंद्र बसु के निमंत्रण पर नंदलाल बोस ने विज्ञान मंदिर में महाभारत के चित्र सृजित किए। उन्हें डिजाइन की गहरी समझ थी। जिस प्रकार उन्होंने कला-भवन की दीवारों पर डिजाइन अलंकृत किए, वह विशिष्ट कला की गहरी समझ का उदाहरण है। रेखांकन एवं चित्र के साथ-साथ वे उड़ कट में भी सृजनशील रहे। बंगाल स्कूल के वाश कृतियों से इतर नंदलाल बोस की कृतियाँ दृष्टिगत होती हैं। उनके जलचित्रों या रेखांकन में कलाकार के चारों ओर के वातावरण को गहराईपूर्वक समेटा गया है। उनके बहुत से रेखांकनों, जिनमें गति को स्पष्ट तौर पर रेखांकित किया गया है, में भी सहजता और सरलता का प्रवाह एक कलाकार के लिए माध्यम की पकड़ दरशाता है।

एक सफल अध्यापक होने के कारण उन्होंने देश के कोने-कोने में भ्रमण किया और देश के विभिन्न स्थानों के कला-कौशल एवं शिल्प को समझने का प्रयत्न किया। यही कारण है कि वे जब तक जीवित रहे, इस दिशा में अधिकाधिक योगदान दिया। नंदलाल बोस बीसवीं शताब्दी में एक महान् कला अध्यापक के रूप में उभरकर आए। उनके अथक प्रयास से देश में अनेक ऐसे विद्यार्थी निकले, जिन्होंने देश के विभिन्न क्षेत्रों में कला के विकास की दिशा में अमूल्य योगदान दिया। उनके बहुत से विद्यार्थियों ने सारे देश के कला-शिक्षा के क्षेत्र में एक ऐसा ताना-बाना बुना कि उसकी वर्तमान शिक्षा-पद्धति में एक अमिट छाप है। उनकी शिक्षा-पद्धति इस बात पर आधारित थी कि आधुनिक होने

के साथ-साथ हर व्यक्ति को परंपराओं को समझना आवश्यक है। यद्यपि यह भी निर्विवाद है कि नंदलाल बोस को ख्याति विद्यार्थी जीवन, जब वे द्वितीय वर्ष के छात्र थे, के समय से ही मिलनी शुरू हो गई थी। लेकिन उससे अधिक ख्याति उन्होंने बाद में कला-शिक्षा के क्षेत्र में अर्जित की।

नंदलाल बोस के प्रशंसकों में रवींद्रनाथ ठाकुर, अवनींद्र नाथ, कुमार स्वामी, सिस्टर निवेदिता, श्रीअरविंद, महात्मा गांधी, जवाहरलाल नेहरू, इंदिरा गांधी, ई.डब्ल्यू. हैबेल, पर्सी ब्राउन, एलमिस्ट, एस. व्यूउलीव, सुनीति कुमार चटर्जी, ओकाकुरा-ताईकान इत्यादि विभूतियाँ रही हैं। राष्ट्रीय ललित कला अकादमी की स्थापना पर आचार्य नंदलाल बोस को प्रथम अध्यक्ष नियुक्त किया गया; किंतु उन्होंने उसे अस्वीकार कर दिया। वे पहले भारतीय कलाकार थे, जिसको भारत सरकार ने 'पद्म विभूषण' के सम्मान से विभूषित किया। वे पहले भारतीय कलाकार थे, जिनको बनारस हिंदू विश्वविद्यालय ने डी.लिट. की उपाधि से सम्मानित किया। वे एकमात्र ऐसे कलाकार थे, जिन पर डाक तार विभाग ने सर्वप्रथम डाक टिकट जारी किया। भारत के राष्ट्रपति डॉ. राजेंद्र प्रसाद ने स्वयं उनके घर जाकर उनको डी.लिट. की डिग्री भेंट कर एक अनूठा उदाहरण पेश किया। न जाने कितने अन्य सम्मान व पुरस्कार उनको मिले, किंतु वे सदा इन सबसे कतराते थे। एक बार कुछ लोगों ने उनसे पूछा कि आप सम्मानों को प्राप्त करने क्यों नहीं जाते? उनका जवाब था, "न जाने क्यों, इन सब चीजों से मुझे घबराहट होने लगती है। मुझे परेशानी होती है। लगता है कि मैं जिस साधना में लगा हूँ, उससे भटक जाऊँगा—मेरा काम अधूरा रह जाएगा। मुझे तो गुरुदेव रवींद्रनाथ ठाकुर ने जो सम्मान दे दिया, उससे बढ़कर मेरे लिए कोई भी सम्मान महत्त्वपूर्ण नहीं है। मैं आज जो कुछ भी हूँ, वह गुरुदेव रवींद्रनाथ और अवनींद्र नाथ की कृपा से हूँ।" नंदलाल बोस नारों या प्रचार माध्यमों से चित्रकला जगत् में छा जाने की प्रवृत्ति से हटकर निरंतर कला साधना में रत एक ऐसे चित्रकार थे, जिनकी चमक ने भारतीय चित्र जगत् को एक नया आयाम, नई गति और नई दिशा प्रदान की। नंदलाल बोस के शब्दों में, "जिस प्रकार आँखों का काम कानों के द्वारा पूरा नहीं हो सकता, उसी प्रकार चित्र, संगीत और नृत्य की शिक्षा केवल पढ़ने से संभव नहीं हो सकती।" इसका अर्थ यह हुआ कि अच्छे चित्रकार के

लिए कोई शॉर्टकट रास्ता नहीं है। कठिन परिश्रम, चिंतन-मनन और साधना के थकान भरे मार्ग पर यात्रा जारी रखने के लिए प्रत्येक कलाकार को तैयार होना चाहिए। हालाँकि, नंदलाल बोस के विचारों को आज के सतही और भाग-दौड़ भरे जीवन में स्वीकार करने में कठिनाई है; क्योंकि तुरंत फल प्राप्त कर लेने और प्रसिद्धि, सम्मान एवं सुविधाएँ जितनी जल्दी हो सके, पा लेने की एक आम प्रवृत्ति के शिकार हैं हर क्षेत्र के लोग। इसका तात्पर्य यह नहीं कि आज की दौड़ में नंदलाल की कसौटी पर खरे उतरनेवाले चित्रकार मौजूद नहीं हैं। वास्तव में, बोस के विचार चित्र जगत् को समर्पित लोगों के लिए एक संकेत है—ऐसा संकेत, जिसकी रोशनी में जीवन की सार्थकता का अहसास हो।

तभी तो स्वयं रवींद्रनाथ ठाकुर कह उठते हैं नंदलाल बोस के बारे में—"मैं उन लोगों को सौभाग्यशाली समझता हूँ, जिन्हें नंदलाल बोस के एक विद्यार्थी के रूप में निकट आने का अवसर प्राप्त हुआ और उनमें एक भी ऐसा नहीं है, जिसने इस बात की अनुभूति न की हो और इसको स्वीकार न किया हो। इस दिशा में प्रकृति ने उनको गुरु अवनींद्र नाथ से प्रेरणा प्रदान करने में सबसे अधिक मदद की। उन्होंने अपने विद्यार्थियों की प्रच्छन्न प्रतिभा को किसी परंपरागत ढाँचे में ढालने का प्रयास नहीं किया। दूसरे शब्दों में, उन्होंने प्रतिभा को स्वयं अपने रास्ते स्वीकार करने के लिए प्रेरित किया और इसमें उन्हें सफलता मिली, क्योंकि वे स्वयं इस स्वतंत्रता का आनंद लेते थे।"

6 अप्रैल, 1966 नंदलाल बोस के जीवन का अंतिम दिन था। ब्रह्मलीन होने तक वे कला के प्रति समर्पित रहे। नंदलाल बोस भारतीय कला के ऐसे नक्षत्र थे, जिनसे आनेवाली पीढ़ियाँ सतत प्रेरणा प्राप्त करती रहेंगी।

□

वीर कुँवर सिंह

कुछ नाम लोक-जीवन का अंग हो जाते हैं। उसी में एक चमकता हुआ नाम बाबू कुँवर सिंह का है, जो समय के पटल पर अमर एवं अमिट हो गया है। इसके कई पहलू हैं। सन् 1857 में अंग्रेजों के खिलाफ बगावत के दौरान 80 वर्ष के कुँवर सिंह ने जिस वीरता, रणक्षेत्र, चतुराई, युद्ध-कौशल, अपार साहस, गुरिल्ला युद्ध का परिचय और प्रमाण दिया, वह दुनिया और भारत के इतिहास में बेमिसाल है। नायकत्व के सारे गुणों से विभूषित असाधारणता के मौलिक गुणों का जो साक्ष्य इस तरह उन्होंने प्रस्तुत किया, उससे वे आज तक लोक-जीवन की स्मृति-गाथा में बने हुए हैं और भविष्य में भी बने रहेंगे। इतिहास में संभवत: वे पहले नायक हैं, जिन्होंने उम्र के चौथेपन में न केवल तलवार उठाई, बल्कि मजदूरों और किसानों को प्रताड़ना देनेवाले अंग्रेजी शासन के विरुद्ध उनको संगठित भी किया। उन्होंने देश भर के राजाओं, जमींदारों, विभिन्न जातियों और धर्मों के बिखरे हुए तत्त्वों को भी राष्ट्रीयता के एक-सूत्र में पिरोने का काम किया था। उन्होंने किसानों के लिए नहर, बाँध, वृक्षारोपण, विद्यालय संचालन, अस्पताल खोलने जैसे लोक-हितकारी कार्यों को भी खड़ा किया। ऐसे विलक्षण नायक को जन्म देने का श्रेय बिहार को है।

यह बताने के लिए केवल दो प्रमाण पर्याप्त हैं कि आम जन जीवन पर कुँवर सिंह का क्या प्रभाव था। दुनिया का अकेला शहर आरा है, जिस पर सन् 1857 की बगावत के समय मुकदमा चला था। आरा शहर की पूरी आबादी को अभियुक्त बनाया गया था। अंग्रेजों ने अनेक लोगों को पेड़ से लटकाकर फाँसी दे दी थी। जब इसका बदला लेने के लिए कुँवर सिंह की सेना द्वारा आरा

हाउस में कैद अंग्रेजों और सिख सैनिकों को फाँसी देने की बात आई तो रस्सी कम पड़ गई। इसकी जानकारी होते ही महादलित वर्ग के लोगों ने मूँज और नारियल की रस्सी रात-दिन बुनना शुरू किया, ताकि फाँसी देने के लिए रस्सी कम नहीं पड़े। महिलाओं की भागीदारी इस कदर थी कि युद्ध में धरमन बीबी एवं करमन बीबी सहित अनेक औरतें कुँवर सिंह के साथ लड़ीं और शहीद हुईं। जब जगदीशपुर पर अंग्रेजों का कब्जा हो गया तो राजपरिवार की महिलाओं ने स्वयं तोप में पलीता लगाकर अपने को उड़ा दिया। सन् 1857 के संग्राम में इस तरह शौर्य व बलिदान का परिचय देते हुए विभिन्न वर्गों और धर्मों के बीच चट्टानी एकता कुँवर सिंह के करिश्माई व्यक्तित्व के कारण थी।

प्रारंभिक जीवन-परिचय

आजादी की पहली लड़ाई के नायक वीर कुँवर सिंह का जन्म सन् 1782 में शाहाबाद (अब भोजपुर) के एक जमींदार परिवार में हुआ था। उनके पिता साहबजादा सिंह भारत के प्रसिद्ध राजा भोज के वंशजों में से थे और उनके पूर्वज उज्जैन से शाहाबाद आए थे। छापामार युद्ध और वीरता में भोज वंश का नाम था। महाराजा भोज के वंशज शांतनु शाह धार की राजधानी मुसलमानों के हाथों छिन जाने के बाद बिहार के इस आरा जिले में पहुँचे और स्थानीय महाराजा को पराजित कर दाँवा और अन्य जगहों पर अपनी राजधानी कायम की। इसके बाद उनके वंशजों द्वारा अलग-अलग जगहों पर मुख्यालय बनाए गए, जिनमें प्रमुख हैं—जगदीशपुर, मठिला और डुमराँव। इसी वंश के उदवंत सिंह जगदीशपुर के महत्त्वपूर्ण राजा थे। उन्होंने अत्याचारी नवाब फखरुद्दौला को पराजित कर पूरे शाहाबाद पर कब्जा कर लिया था। उनके शासन काल में जगदीशपुर का चौतरफा विकास हुआ। उदवंत सिंह के चार बेटे थे, जिनमें गजराज सिंह और उमराव सिंह को उत्तराधिकार की लड़ाई के बाद क्रमशः जगदीशपुर और दलीपपुर रियासत मिली। उमराव सिंह के पुत्र साहबजादा सिंह के चार पुत्र—कुँवर सिंह, दयाल सिंह, राजपति सिंह और अमर सिंह थे।

साहबजादा सिंह को उत्तराधिकार को लेकर काफी संघर्ष के बाद सन् 1804 में जगदीशपुर की गद्दी हासिल हुई थी। साहबजादा सिंह अपने द्वितीय पुत्र

दयाल सिंह के प्रति अधिक स्नेह रखते थे, जबकि कुँवर सिंह सबसे ज्येष्ठ पुत्र होने के कारण खुद को उत्तराधिकारी समझते थे। इसलिए कुँवर सिंह की अपने पिता साहबजादा सिंह से बनती नहीं थी। वे बचपन से ही वीर और साहसी थे। बाल्यावस्था से वे खेल-कूद और घुड़सवारी, शिकार में रहते थे। उनकी रुचि पढ़ने में कम थी। उर्दू-फारसी के लिए एक मौलवी रखे गए। उनसे अनबन के बाद एक पंडितजी संस्कृत पढ़ाने के लिए रखे गए। फिर भी उनकी उच्च शिक्षा विधिवत् नहीं हुई। पर उन्हें धार्मिक ग्रंथों का ज्ञान था। वे ज्यादा समय अपनी जमींदारी जितौरा के जंगलों में रहते थे। घुड़सवारी में वे माहिर थे। स्वतंत्र जीवन में पिता से खर्च के लिए पैसे नहीं मिलने पर वे विद्रोह भी कर बैठते थे। इस कारण साहबजादा सिंह उनसे काफी परेशान रहते थे। एक बार जब रियासत का सिपाही किसानों से वसूले गए रुपए खजाने में जमा कराने जा रहा था तो कुँवर सिंह ने उससे सारे रुपए छीन लिये। इस पर साहबजादा सिंह बहुत नाराज हो गए और कुँवर सिंह पर राज्य में उपद्रव एवं लूटपाट का आरोप मढ़कर उन्हें आरा हाजत में कैद कर लिया। अपने जीवन काल के अंतिम दिनों में उन्होंने कुँवर सिंह को माफ कर दिया और अपनी जमींदारी का बँटवारा चारों बेटों के बीच कर दिया। बड़ा पुत्र होने के कारण कुँवर सिंह गद्दी पर अपना अधिकार चाहते थे। भाइयों में विवाद के बाद सन् 1826 में कुँवर सिंह ने जगदीशपुर की रियासत सँभाली। डुमराँव राज के बाद यह सबसे बड़ी रियासत थी, जिसमें पीरो, ननौर, बिहियाँ, भोजपुर, सासाराम सहित कुल 1,787 मौजे थे। मुकदमे के कारण पिता का रियासत पर कर्ज था, जो उन्हें मिला। उस समय उनकी रियासत की वार्षिक आय तीन लाख रुपए थी, जबकि वे ईस्ट इंडिया कंपनी को एक लाख अड़तालीस हजार रुपए का वार्षिक कर देते थे।

कुँवर सिंह का विवाह गया जिले के सुप्रसिद्ध सूर्यवंशदेव मूँगा के प्रभावशाली जमींदार राजा फतेह नारायण सिंह की पुत्री से हुआ था। रिवाज के अनुसार, उनकी अनेक उप-पत्नियाँ थीं, जिनमें धरमन और करमन नामक नर्तकियाँ भी थीं। जगदीशपुर रियासत का राजा बनने के समय उनकी रियासत की माली हालत काफी खराब थी; लेकिन फिर भी, जनहितकारी कार्यों के लिए धन देने में उन्होंने कंजूसी नहीं की। जगदीशपुर नगर का काफी विकास

किया। नए बाजार बनवाए, मंदिर और कई तालाब भी। मुसलमानों के लिए मसजिद, करीने से जंगल लगवाने के अलावा सुंदर बाग भी लगवाए। किले की चहारदीवारी के अलावा शस्त्रागार भी बनाया।

कुँवर सिंह को संगीत से बेहद लगाव था। वे खुद हारमोनियम, ढोलक, तबला इत्यादि बजाते थे। दूर-दूर के कलाकार उनके पास आते और इनाम पाते। उसी क्रम में आरा की दो नर्तकी बहनों धरमन और करमन की नृत्य-कला पर वे मुग्ध हो गए। दोनों से उनका प्रेम हो गया। यह प्रेम बहुत प्रसिद्ध भी हुआ। उसी प्रेम का स्मारक आरा का धरमन चौक मसजिद और करमन टोला है। आरा में बाबू बाजार में काली मंदिर, महादेवा में शिव मंदिर उन्हीं की देन हैं। उनका शिक्षा और धर्म विकास के प्रति प्रेम अजीब था। उन्होंने जगदीशपुर और भोजपुर में कई स्कूल बनवाए। किसानों के लिए हाट-बाजार और पशु मेलों का गठन किया। बाँध और नहर बनवाकर सिंचाई की व्यवस्था की। उन्होंने राज व्यवस्था के लिए सुदृढ़ सैन्य बल, तोप, हाथी, घोड़ों, पालकी का गठन किया। इसमें राजकोष का बड़ा हिस्सा चला जाता था। उनके कर्ज में डूबने का एक यह भी कारण था।

कुँवर सिंह पढ़े-लिखे नहीं थे, इसलिए उनके नौकर-चाकर भी उनकी अनुभवहीनता का लाभ उठाते थे। साथ ही, वे उदार प्रवृत्ति के जमींदार थे, इसलिए उनका खर्च बढ़ गया था। हालाँकि, पटना के कमिश्नर विलियम टेलर के साथ कुँवर सिंह के अच्छे संबंध थे। लोगों की नजर में कुँवर सिंह एक उच्च कुल के उदार व लोकप्रिय जमींदार थे और उनकी रियासत उनसे बहुत स्नेह करती थी; लेकिन अशिक्षित होने के कारण वे बड़ी आसानी से स्वार्थी लोगों के शिकार हो जाते थे। कुँवर सिंह पर 13 लाख रुपए का कर्ज हो गया था। कुँवर सिंह को उबारने के लिए टेलर ने उन्हें सुझाव दिया कि जरूरी भुगतान के लिए छोटे कर्ज लिये जाएँ और शाहाबाद के डिप्टी कलेक्टर अजीमुद्दीन हुसैन खान को जायदाद की देखरेख के लिए नियुक्त किया जाए। लेकिन टेलर की कोशिशें भी कुँवर सिंह को बरबाद होने से नहीं बचा सकीं। कर्ज से मुक्ति के लिए उन्होंने अंग्रेजों से निवेदन किया; लेकिन बोर्ड ने उनके कर्ज के प्रस्ताव को ठुकरा दिया। तब उन्होंने बनारस के महाजनों से भी कर्ज लेकर अपनी माली हालत सुधारने

की कोशिश की। दुर्भाग्यवश, उनके सारे प्रयास निष्फल होते गए और सन् 1857 में उन्होंने अपने आप को दिवालिया अनुभव किया। फिर भी, टेलर को कतई विश्वास नहीं था कि कुँवर सिंह विद्रोह करेंगे। इसके बाद तो इतिहास ने नई अँगड़ाइयाँ लीं और एक नए कुँवर सिंह का जन्म हुआ।

भारत में अंग्रेज व्यापारी के रूप में आए थे। उनका मुख्य उद्देश्य यहाँ के घरेलू उद्योगों को चौपट करना था। सबसे पहले सन् 1757 में प्लासी के युद्ध में सिराजुद्दौला को हराकर अंग्रेजों की ईस्ट इंडिया कंपनी ने बंगाल पर अपना कब्जा जमा लिया। रही-सही कसर सन् 1764 में बक्सर के मैदान में मुगल सम्राट् शाह आलम को पराजित कर बंगाल, बिहार, उड़ीसा पर उन्होंने अधिकार कर लिया। इनके शासन में जमींदारी की स्थायी बंदोबस्ती कायम कर दी गई। जनता भुखमरी, गरीबी, बीमारी व अशिक्षा से कराहने लगी।

वर्ष 1841-42 में बिहार के पटना में अंग्रेजों के खिलाफ वातावरण तैयार हुआ। इसमें प्रत्यक्ष या अप्रत्यक्ष रूप से कुँवर सिंह शामिल थे। पटना को विद्रोही नगर के रूप में अंग्रेजों ने चिह्नित किया। 23 जनवरी, 1856 को शाहाबाद के तत्कालीन मजिस्ट्रेट एलिकिस्टन जैक्शन ने बंगाल सरकार को लिखे पत्र में कहा था—"मुझे इस तरह की स्पष्ट सूचनाएँ प्राप्त हैं, जिसमें पटना के षड्यंत्रकारियों के साथ कुँवर सिंह की साँठ-गाँठ होने का संदेह है। उनकी मुहर लगे कुछ पत्र मिले हैं, जिससे उनका अपराध सिद्ध होता है। लेकिन कुँवर सिंह आरा और शाहाबाद में काफी लोकप्रिय हैं, इसलिए उन्हें गिरफ्तार करने से विद्रोह फैलने की संभावना है। यह पूरी तरह प्रमाणित हो गया है कि कुँवर सिंह बिखरे हुए असंतोष को भड़कानेवाली जनता और सैनिक टुकड़ियों से मिले हुए हैं। उन्होंने दूर-पास के तमाम राजाओं को अंग्रेजों के खिलाफ पत्र लिखे हैं।" अंग्रेज जान गए थे कि जनतांत्रिक उभार और गठन के नायक कुँवर सिंह हैं। बस, क्या था—गोरखपुर से पटना तक अंग्रेजों ने सैनिक कानून लागू कर दिया। यही अंग्रेजों के साथ कुँवर सिंह की भिड़ंत का आधार था।

संयोगवश, उन्हीं दिनों अंग्रेजी हुकूमत की दमनकारी नीति के विरोध में देश के विभिन्न भागों में विद्रोह होने लगे। नील की खेती के लिए जबरदस्ती जमीन हड़पने की नीति, अंग्रेजों के साथ-साथ स्थानीय जमींदारों के जुल्म आदि के

कारण लोगों में असंतोष बढ़ता जा रहा था। भारत के विभिन्न क्षेत्रों में अंग्रेजों के खिलाफ विद्रोह होने लगे। जनता पर जोर-जुल्म शुरू हो गए। 'बाँटो और राज करो' की नीति ने धार्मिक भावनाओं को आहत करना शुरू कर दिया। भारत का पुराना आर्थिक ढाँचा चरमरा गया। लोग भूखों मरने लगे। अंग्रेजों के साथ मिलकर जमींदारों ने भी जनता को त्रस्त करना शुरू कर दिया। जब जुल्म असहनीय हो गया तो कुँवर सिंह पर उसका असर पड़ा। कुँवर सिंह के समक्ष दो विकल्प थे—या तो वे देश की आम भावनाओं के साथ जुड़ें या फिर अंग्रेजों का साथ दें। उन्होंने अंग्रेजों का साथ नहीं देकर जनता का साथ देने का विकल्प चुना। यहीं से उनका नया अवतार शुरू हुआ। अंग्रेजों के विरुद्ध युद्ध करने का उन्होंने संकल्प धारण कर लिया। जब इस बात की भनक अंग्रेजों को लगी तो उन्होंने कुँवर सिंह को बंदी बनाने के उद्देश्य से मेहमाननवाजी का न्योता दिया। कुँवर सिंह अंग्रेजों की इस चाल को समझ गए थे, इसलिए बीमारी का बहाना बनाकर इस न्योते को अस्वीकार कर दिया।

10 मई, 1857 को मेरठ में हुए सैनिक विद्रोह के बाद बिहार में भी विद्रोहाग्नि फूट पड़ी। अंग्रेजी सरकार का विश्वास देशी सिपाहियों से उठ गया। उन्हें नि:शस्त्र करने का निर्णय हुआ। इस खबर ने दानापुर के देशी सैनिकों के बीच उत्तेजना पैदा कर दी। 25 जुलाई, 1857 को दानापुर के जवानों ने खुला विद्रोह कर दिया और उन्होंने कुँवर सिंह को अपना नायक स्वीकार कर लिया। तब देशी सैनिकों की संख्या लगभग 2,400 थी। सातवीं, आठवीं और चालीसवीं पैदल सेना के प्राय: सभी सैनिकों ने विद्रोह का बिगुल बजाया था। एक तरह से, अधिकारियों को छोड़कर पूरी दानापुर रेजीमेंट 25 जुलाई के विद्रोह में शामिल हो गई थी। अंग्रेजों के साथ अपने पहले युद्ध में दानापुर के सिपाहियों और भोजपुर के अन्य जवानों के साथ मिलकर कुँवर सिंह ने आरा शहर पर कब्जा कर लिया। कप्तान डनबर मारा गया। अंग्रेजी फौज भाग खड़ी हुई। आरा बहुत समय तक स्वतंत्र रहा। आरा पर कब्जा करने की कोशिश में बीबीगंज और बिहिया के जंगलों में कुँवर सिंह से अंग्रेजों का घमासान युद्ध हुआ। कई दिनों तक युद्ध होता रहा। अंग्रेजों को जीत मिली। आरा के बाद जगदीशपुर पर भी उन्होंने अधिकार कर लिया। कुँवर सिंह को अपना इलाका छोड़ना पड़ा। तत्पश्चात् कुँवर सिंह ने 13 अगस्त, 1857 से

22 अप्रैल, 1858 तक लगभग नौ महीने का लॉन्ग मार्च करते हुए लगभग 2,300 किलोमीटर से अधिक की दूरी तय की। इस नौ महीने के लॉन्ग मार्च में कुँवर सिंह के पीछे अंग्रेजों की फौज लगातार लगी रही, लेकिन उन्हें गिरफ्तार नहीं कर पाई। अंग्रेजी फौज को लगातार छकाते हुए वे आगे बढ़ते रहे।

कुँवर सिंह जगदीशपुर को छोड़ नोखा पहुँचे। यह सासाराम से 10 मील उत्तर में है। स्थानीय लोग भी विद्रोहियों के साथ शामिल हो गए। कुँवर सिंह 20 अगस्त, 1857 तक रोहतास में रुके रहे। लगभग पूरे अगस्त तक बागियों का डेरा रोहतास में डटा रहा। अंग्रेजों पर हमला कर वे सरक जाते। अंग्रेजों का दल कई बार भागा। कुँवर सिंह कुछ दिनों अकबरपुर गाँव में रुके। जगदीशपुर से निकलने के बाद इस बूढ़े विद्रोही के लॉन्ग मार्च का कारवाँ रुका नहीं। विद्रोही फौज की संख्या अब 5,000 हो गई थी। उनके साथ छह से अधिक सैनिकों का दल था। 2 सितंबर को सरकारी अफसरों को बताया गया कि कुँवर सिंह रीवा की तरफ बढ़ चले हैं।

उन्होंने मिर्जापुर, रीवा, बाँदा, कानपुर होते हुए लखनऊ तक मार्च किया। कुँवर सिंह बागियों को साथ लेते हुए आगे बढ़े। उन्होंने घोरावल, बालन-रुसेढ़ा, नेवारी से होते हुए मिर्जापुर के फुलियारी एवं टोटवा में डेरा डाला। हरिया घाट, मैसोंध बरौंधा में डेरा डालते हुए आगे बढ़े। यह लगभग 25 दिनों का मार्च था। वे जहाँ भी जाते, अंग्रेज पलटन को सूचना मिलती; उनसे निबटते, छकाते आगे बढ़ते। 20 अक्तूबर को कालपी के लिए रवाना हुए और वहाँ लगभग एक माह तक रुककर ग्वालियर के विद्रोहियों के आने का इंतजार किया। कालपी के युद्ध में कुँवर सिंह की सेना में एक सैनिक बड़े ही समर्पित भाव से लड़ रहा था। उसकी वीरता, साहस और तेजी देखकर दुश्मन सेना खौफ में थी। तभी दुश्मन ने कुँवर सिंह पर जानलेवा आक्रमण कर दिया। लेकिन उस सैनिक ने अपना सीना आगे कर दिया और शहीद हो गया। युद्ध रुकने पर यह पता चला कि यह योद्धा कोई और नहीं, बल्कि कुँवर सिंह की प्रेमिका धरमन थी, जो वेश बदलकर लड़ रही थी। कालपी से कानपुर तक संयुक्त रणनीति बनी थी। यह योजना नाना साहब, तात्या टोपे और कुँवर सिंह के साथ बनी थी। ग्वालियर के विद्रोहियों, नाना साहब और कुँवर सिंह ने मिलकर संयुक्त रूप से कानपुर में अंग्रेजों के

साथ युद्ध किया; लेकिन कानपुर में विद्रोही सेनाओं को हार का सामना करना पड़ा। कानपुर की पराजय के बाद कुँवर सिंह लखनऊ गए। कुँवर सिंह का काफिला फैजाबाद से गुजरा, जहाँ 22 मार्च, 1858 को अंग्रेजों ने हमला कर दिया। यहाँ अंग्रेजों की हार हुई।

कुँवर सिंह उचित अवसर का इंतजार करते रहे। कुछ महीनों के बाद उन्हें सूचना मिली कि आजमगढ़ से अंग्रेज लखनऊ पर चढ़ाई करने के लिए जा रहे हैं। वे आजमगढ़ के लिए चल दिए। इसी बीच 18 मार्च, 1858 को अनेक विद्रोही सैनिक उनसे आ मिले। वे अतरौलिया के किले के पास विश्राम करने लगे। उसी समय अंग्रेजी सेना वहाँ पहुँच गई। कुँवर सिंह के समर्थक इधर-उधर छिप गए। अंग्रेज विजय के गर्व में निश्चिंत हो गए। तभी कुँवर के लोगों ने उन पर चारों तरफ से गोलियाँ बरसानी शुरू कर दीं। अंग्रेजों का कप्तान मिलमैन किसी तरह भागकर आजमगढ़ पहुँचा। कुँवर सिंह के सैनिक भी पीछा करते हुए वहाँ पहुँच गए। अंग्रेजों की सहायता के लिए वाराणसी और गाजीपुर से लगभग 350 सैनिक पहुँच गए; लेकिन उन्हें सफलता नहीं मिली। आजमगढ़ पर कुँवर सिंह का अधिकार हो गया। यह स्थिति कई सप्ताह तक बनी रही। आजमगढ़ पर दोबारा कब्जे के लिए कर्नल डेम्स को भेजा गया। उसने शहर पर हमला किया, लेकिन विद्रोहियों ने उसे खदेड़ दिया। उसे भी खाइयों में शरण लेनी पड़ी। इस शहर को कुछ साथियों को सौंपकर कुँवर सिंह बनारस की तरफ रवाना हो गए। उनकी योजना बनारस और इलाहाबाद पर कब्जा करने की थी। तभी लॉर्ड मार्क कीट कुँवर सिंह की सेना पर चढ़ाई करने आया। उसके पास 500 सैनिक और 60 तोपें थीं। 6 अप्रैल को आजमगढ़ से 8 मील दूर कुँवर सिंह से उसका मुकाबला हुआ। यहाँ कुँवर सिंह ने चतुराई से काम लिया। वे तोपों वाली इस बड़ी सेना से भिड़ नहीं सकते थे। उन्होंने गुरिल्ला युद्ध से चकमा देना शुरू किया। घमासान युद्ध हुआ और अंग्रेज पराजित हुए। अंग्रेज आजमगढ़ की तरफ भागे। इसके बाद कुँवर सिंह इलाहाबाद पर कब्जे का इरादा छोड़कर जगदीशपुर को मुक्त कराने के लिए चल पड़े।

वह आजमगढ़ से गाजीपुर होते हुए गंगा पार कर जगदीशपुर को पुनः अपने अधिकार में करना चाहते थे। तभी अंग्रेज सेनापति डगलस ने बहुत बड़ी

सेना के साथ कुँवर सिंह पर आक्रमण कर दिया। कुँवर सिंह की सेना योजनाबद्ध तरीके से उस समय तीन अलग-अलग टुकड़ियों में बँट गई थी। एक टुकड़ी ने डगलस से मुकाबला किया, दूसरा दल आगे बढ़ा। डगलस के लिए अलग-अलग दलों का पीछा करना असंभव हो गया। इस तरह, डगलस के आक्रमण को नाकाम करते हुए कुँवर सिंह ने अपनी यात्रा जारी रखी और 20 अप्रैल को उनकी सारी टुकड़ियाँ गाजीपुर के मनोहरपुर गाँव पहुँच गईं। वहाँ से वे लोग शिवपुर घाट पहुँचे, जहाँ से उन्हें नाव से गंगा पार करना था।

21 अप्रैल की रात में कुँवर सिंह की सेना शिवपुर घाट से नावों में गंगा पार कर रही थी। उनकी सारी सेना गंगा पार कर चुकी थी। केवल एक अंतिम नाव रह गई थी। कुँवर सिंह उसी नाव में थे। तभी डगलस पीछा करता हुआ वहाँ पहुँचा। उसने जो गोली चलाई, वह कुँवर सिंह की भुजा में जा लगी। उन्होंने उस भुजा को तलवार से काटकर गंगा को समर्पित कर दिया। घायलावस्था में ही वे 22 अप्रैल को जगदीशपुर पहुँच गए। जगदीशपुर तब अंग्रेजों के कब्जे में था। कुँवर सिंह ने जगदीशपुर पर आक्रमण कर दिया। यह बहुत आकस्मिक था। जगदीशपुर पर उनका कब्जा हो गया। लेकिन कैप्टन लीग्रैंड ने एक बार फिर अपनी पूरी ताकत के साथ जगदीशपुर पर धावा बोल दिया। लीग्रैंड और कुँवर सिंह की सेना में भीषण संग्राम हुआ। अंग्रेजी सेना बुरी तरह पराजित हुई। लीग्रैंड मारा गया। उस दिन की पराजय का बयान करते हुए एक अंग्रेज अफसर, जो युद्ध में शामिल था, ने लिखा है—

"वास्तव में, इसके बाद जो कुछ हुआ, उसे लिखते हुए मुझे अत्यंत लज्जा आती है। लड़ाई का मैदान छोड़कर हमने जंगल में भागना शुरू कर दिया। शत्रु हमें बराबर पीछे से पीटता रहा। हमारे सिपाही प्यास से मर रहे थे। एक छोटे से गँदले पोखर को देखकर वे घबराकर उसकी तरफ लपके। इतने में कुँवर सिंह के सवारों ने हमें पीछे से आ दबोचा। इसके बाद हमारी जिल्लत की कोई हद न रही। हमारी विपत्ति चरम सीमा को पहुँच गई। हम में से किसी में शर्म नहीं रही। जहाँ जिसको कुशलता दिखाई दी, वह उसी ओर भागा। अफसरों की आवाजों की किसी ने परवाह न की। व्यवस्था और कवायद का अंत हो गया। चारों ओर आहों और रोने के सिवा कुछ सुनाई न देता था। मार्ग में अंग्रेजों के

गिरोह-के-गिरोह मरे। किसी को दवा मिल सकना भी असंभव था, क्योंकि अस्पताल पर कुँवर सिंह ने पहले ही कब्जा कर लिया था। कुछ वहीं गिरकर मर गए, बाकी को शत्रु ने काट डाला। हमारे कहार डोलियाँ रख-रखकर भाग गए। सब घबराए हुए थे, सब डरे हुए थे। सोलह हाथियों पर केवल हमारे घायल साथी लदे हुए थे। स्वयं जनरल लीग्रैंड की छाती में एक गोली लगी और वह मारा गया। हमारे सिपाही 5 मील तक अपनी जानें लेकर भाग चुके थे। उनमें अब अपनी बंदूक उठाने की शक्ति न रह गई थी। सिखों ने हमसे हाथी छीन लिये और हमसे आगे भाग गए। गोरों का किसी ने साथ न दिया। इस भयंकर संहार से 199 गोरों में से केवल 80 जिंदा बच सके! हमारा उस जंगल में जाना ऐसा ही हुआ, जैसे पशुओं का कसाईखाने में जाना। हम वहाँ केवल वध के लिए गए थे।"

भुजा में घाव के कारण ही कुँवर सिंह 26 अप्रैल, 1858 को वीरगति को प्राप्त हो गए; लेकिन उस समय उनके किले पर उनकी स्वतंत्र पताका फहरा रही थी। इतिहासकारों का कहना है कि सन् 1857 के प्रथम स्वतंत्रता संग्राम के कई नायक या सेनापति थे, लेकिन उनमें कुँवर सिंह का व्यक्तित्व सबसे विरल था। कुँवर सिंह ही वे दूरदर्शी नायक थे, जिन्होंने भाँप लिया था कि अंग्रेजों से पार पाने के लिए छापामार युद्ध के अलावा कोई दूसरा विकल्प नहीं है। उन्होंने शिवाजी की शैली में छापामार युद्ध किया और अंग्रेजों को नाकों चने चबाने पर मजबूर कर दिया। हालाँकि, कुँवर सिंह के नेतृत्व में लड़ा गया आजादी का यह पहला संग्राम असफल रहा, लेकिन फिर भी, इसकी कई उपलब्धियाँ रहीं। देश में स्वतंत्रता का बीज इसी संग्राम ने बोया और पूरी दुनिया के लिए प्रेरणा का स्रोत भी बना।

□

कर्पूरी ठाकुर

इतिहास के पन्नों में बिहार के पूर्व मुख्यमंत्री और समाजवादी नेता कर्पूरी ठाकुर का नाम अमर है। वे गरीब के घर में पैदा हुए, गरीबों को ऊपर उठाने के लिए आखिरी साँस तक लड़ते रहे और गरीबी में ही चल बसे। संत कबीर की तरह जीवन की चादर को ज्यों-का-त्यों रख दिया; उसे पैसों या धन से गंदा नहीं किया। इसीलिए बिहार की जनता ने उन्हें अपना सच्चा नेता माना। आज भी कर्पूरी ठाकुर कपूर की गंध की तरह बिहार के लोगों के दिल-दिमाग में रचे-बसे हैं।

बिहार के समस्तीपुर जिले के पितौंझिया (अब कर्पूरी ग्राम) में 24 जनवरी, 1924 को जनमे कर्पूरी ठाकुर का सारा जीवन अभावों में बीता। फिर भी वे जीवनपर्यंत समाज को बदलने का काम करते रहे। भविष्य की पीढ़ी शायद ही इस बात पर विश्वास कर पाएगी कि कोई व्यक्ति दो-दो बार बिहार जैसे प्रदेश का मुख्यमंत्री, विधानसभा का कार्यवाहक अध्यक्ष, विरोधी दल का नेता, उप-मुख्यमंत्री एवं लोकसभा सदस्य रहने के बावजूद अपने बाल-बच्चों के लिए एक छोटे से घर का जुगाड़ नहीं कर सका।

सामाजिक, प्रशासनिक एवं राजनीतिक विसंगतियों के विरुद्ध जीवनपर्यंत लड़ाई लड़नेवाले कर्पूरी ठाकुर को समझने के लिए उनके जीवन-काल की कुछ प्रमुख घटनाओं पर एक नजर डालना जरूरी है। प्राथमिक विद्यालय, ताजपुर और तिरहुत अकादमी, समस्तीपुर में शिक्षा के दौरान ही कर्पूरी ठाकुर ने गाँव और गरीबी को समझना शुरू कर दिया था। आर्थिक तंगी के चलते वे प्रतिदिन नंगे पैर घर से 4 मील पैदल चलकर स्कूल जाते और देर शाम को घर लौटते।

शायद ही किसी दिन उन्हें भरपेट भोजन नसीब हो पाता। सन् 1940 में मैट्रिक की परीक्षा उत्तीर्ण करने के बाद वे दरभंगा के चंद्रधारी मिथिला कॉलेज में इंटरमीडिएट की पढ़ाई के लिए दाखिल हो गए। आई.ए. के बाद जब वे स्नातक की पढ़ाई कर रहे थे, तभी गांधीजी ने 'भारत छोड़ो आंदोलन' का नारा दिया।

स्वतंत्रता-आंदोलन तीव्रतर होता जा रहा था। पूरा देश राजनीतिक दृष्टि से जाग उठा था। कर्पूरी ठाकुर भी उसमें अपना सर्वस्व न्योछावर करने को बेचैन थे। पारिवारिक जिम्मेदारी भी आड़े आ रही थी। विद्याध्ययन और देश-सेवा दोनों एक साथ संभव नहीं था। परिवार की सारी आशाएँ उन्हीं पर लगी हुई थीं। उनके माता-पिता, पत्नी तथा अन्य संबंधियों को उम्मीद थी कि कर्पूरी ठाकुर विद्याध्ययन समाप्त कर अर्थोपार्जन कर सभी की आकांक्षाओं की पूर्ति करेंगे। एक ओर पारिवारिक जिम्मेदारियाँ और दूसरी ओर देश-सेवा का दुष्कर व्रत। इस मानसिक संघर्ष की स्थिति में कर्पूरी ठाकुर कई दिनों तक फँसे रहे। उनके घर के लोग, पूरा परिवार तथा सभी हित-चिंतक चाहते थे कि कर्पूरी ठाकुर पढ़ाई जारी रखें; लेकिन कर्पूरी ठाकुर ने अपने हित-चिंतकों को निराश करते हुए आजादी की लड़ाई में खुद को झोंक डालने का निर्णय लिया।

कर्पूरी ठाकुर के इस निर्णय की जानकारी सी.एम. कॉलेज, दरभंगा के इतिहास विभाग के शिक्षक डॉ. एच.आर. घोषाल को जब मिली तो वे विचलित हो उठे। उन्होंने कर्पूरी ठाकुर को बुलाकर बड़े प्यार से आंदोलन में शामिल होने का विचार छोड़ पढ़ाई जारी रखने की सलाह दी। उन्होंने कहा, "मेरी सलाह है कि घर की आर्थिक स्थिति को ध्यान में रखते हुए पढ़-लिखकर कोई अच्छी सी नौकरी प्राप्त करें। गरीबी में छटपटाते हुए अपने स्वजन-परिजन का सहारा बनें।"

इसके जवाब में कर्पूरी ठाकुर ने उस शिक्षक से जो शब्द कहे, वे उल्लेखनीय हैं। उन्होंने कहा, "हो सकता है कि विद्याध्ययन के पश्चात् मुझे कोई पद प्राप्त हो जाए। मैं बहुत आराम और ऐश-इशरत में दिन बिताऊँ। बड़ी कोठी, घोड़ागाड़ी, नौकर इत्यादि दिखावट के सभी साधन मुझे मयस्सर हों। यह भी सही है कि मेरे परिवार के सदस्यों को मुझसे बड़ी आशाएँ हैं। साफ-सुथरे कपड़े और भरपेट भोजन के लिए मेरे परिजन मुझ पर बहुत दिनों से आस लगाए

हैं। आंदोलन में मेरे शामिल होने के निर्णय से उनका दुःखी होना स्वाभाविक है; पर देश का भी मुझ पर दावा कुछ कम नहीं है। अभी भारत माता परतंत्रता की बेड़ियों से कराह रही हैं और मैं विद्याध्ययन के लिए अपनी पढ़ाई जारी रखूँ, यह मुमकिन नहीं है, सर। जब तक देश के प्रत्येक निवासी को सम्मानजनक और सुविधा-संपन्न स्वाधीन जीवन-यापन करने का अवसर नहीं मिलेगा, तब तक मेरे परिवार-जनों को भी प्रतीक्षा करनी पड़ेगी।"

कर्पूरी ठाकुर के इस निर्णय का परिवार के सभी सदस्यों पर वज्रपात जैसा असर हुआ। पिता के पैरों तले जमीन खिसक गई और माँ को तो जैसे लकवा मार गया। पत्नी सुन्न हो गई। सगे-संबंधियों ने कर्पूरी को खूब कोसा; उन्हें डाँट भी पिलाई। दो-तीन दिनों तक घर में चूल्हा नहीं जला। फिर घरवाले जब सामान्य हुए तो सभी ने अपनी-अपनी तरह से उन्हें मनाने की कोशिश की। लेकिन दृढ़-निश्चयी कर्पूरी ठाकुर ने किसी की नहीं सुनी और 19 वर्ष की तरुणावस्था में ही स्नातक की पढ़ाई छोड़कर आंदोलन में कूद पड़े।

15 अगस्त, 1947 को आजादी तो मिल गई, पर कर्पूरी ठाकुर का जुझारू तेवर कायम रहा। शोषितों, पीड़ितों और समाज के दूसरे कमजोर वर्गों की लड़ाई उन्होंने स्वतंत्र भारत में लड़नी शुरू कर दी। गांधीजी की निर्मम हत्या के उपरांत सोशलिस्ट पार्टी आचार्य नरेंद्र देव, जयप्रकाश नारायण और राम मनोहर लोहिया के नेतृत्व में कांग्रेस से अलग हो गई। लोहिया और जयप्रकाश के समाजवादी विचारों से प्रभावित कर्पूरी ठाकुर सोशलिस्ट पार्टी में ही रहे।

सोशलिस्ट पार्टी के उम्मीदवार के रूप में सन् 1952 में पहली बार वे ताजपुर विधानसभा क्षेत्र से निर्वाचित हुए। 1965 के कांग्रेस-विरोधी छात्र-युवा आंदोलन के वे अगुवा थे। वर्ष 1967 के चुनाव में बिहार में पहली बार गैर-कांग्रेसी सरकार बनी। इस चुनाव में कर्पूरी ठाकुर के नेतृत्व वाली संयुक्त समाजवादी पार्टी ने सबसे ज्यादा 69 सीटें जीती थीं। इस लिहाज से मुख्यमंत्री पर हक सबसे ज्यादा कर्पूरी ठाकुर का ही बनता था; लेकिन मजबूत सरकार प्रदान करने के उद्देश्य से उन्होंने सहयोगी दल के महामाया प्रसाद सिन्हा को मुख्यमंत्री बनाना पसंद किया और स्वयं उप-मुख्यमंत्री बने। वित्त और शिक्षा विभाग की जिम्मेदारी उन्हें मिली। तब अंग्रेजी भाषा में उत्तीर्ण होने की

अनिवार्यता कस्बाई-देहाती लड़कों के शिक्षा के मार्ग में सबसे बड़ी बाधा थी। इसलिए शिक्षा मंत्री के रूप में उन्होंने मैट्रिक के पाठ्यक्रम से अंग्रेजी की अनिवार्यता की समाप्ति का ऐतिहासिक निर्णय लिया। उनकी कोशिशों के चलते ही मिशनरी स्कूलों ने भी हिंदी में पढ़ाना शुरू कर दिया। आठवीं तक की शिक्षा उन्होंने मुफ्त कर दी। इस तरह, उन्होंने शिक्षा को आम लोगों तक पहुँचाया। यह कर्पूरी ठाकुर के राजनीतिक कौशल का ही परिणाम था कि महामाया मंत्रिमंडल में जनसंघी और कम्युनिस्ट एक साथ सरकार में रहे।

वर्ष 1967 से 1971 तक का दौर मिली-जुली सरकारों का था। पहली गैर-कांग्रेसी सरकार के पतन के बाद वर्ष 1969 में मध्यावधि चुनाव हुआ। 22 दिसंबर, 1970 को कर्पूरी ठाकुर को मुख्यमंत्री बनने का अवसर मिला। इस दौरान उन्होंने किसानों को बड़ी राहत देते हुए 5 एकड़ तक की जमीन पर मालगुजारी टैक्स को बंद कर दिया। साथ ही, उन्होंने राज्य में उर्दू को दूसरी राजकीय भाषा का दर्जा भी दिया। लेकिन उस शासन का अंत 1 जून, 1971 को हो गया। 1972 में विधानसभा चुनाव के बाद वे बिहार विधानसभा के प्रतिपक्ष के नेता बने। 1974 में जब जयप्रकाश ने छात्र आंदोलन के दौरान बिहार विधानसभा के सदस्यों से इस्तीफा देने की अपील की तो कर्पूरी ठाकुर ने 7 मई, 1974 को विधानसभा की सदस्यता से इस्तीफा दे दिया।

25 जून, 1975 को पूरे देश में आपातकाल लागू कर जयप्रकाश नारायण समेत सभी विपक्षी नेताओं को गिरफ्तार कर लिया गया; लेकिन कर्पूरी ठाकुर भूमिगत हो गए। आपातकाल की समाप्ति के बाद वर्ष 1977 के लोकसभा चुनावों में जयप्रकाश नारायण के प्रयास से बनी जनता पार्टी के टिकट पर कर्पूरी ठाकुर समस्तीपुर लोकसभा क्षेत्र से निर्वाचित हुए। लेकिन थोड़े दिनों के बाद ही वे दूसरी बार बिहार के मुख्यमंत्री बने। इस अवधि में कर्पूरी ठाकुर ने मुंगेरी लाल आयोग की रपट के आलोक में राज्य सरकार की नौकरियों में 26 प्रतिशत आरक्षण देने का ऐतिहासिक निर्णय लिया। इनमें 20 प्रतिशत पिछड़ों, 3 प्रतिशत गरीब सवर्णों और 3 प्रतिशत महिलाओं को आरक्षण मिला। मुख्यमंत्री रहते हुए उन्होंने राज्य के सभी विभागों में हिंदी में काम करने को अनिवार्य बनाने का ऐतिहासिक निर्णय भी लिया।

जनता पार्टी सिर्फ नाम के लिए एक पार्टी थी, पर भीतर-भीतर उसमें घटकवाद जारी था। जन संघ एवं संगठन कांग्रेस इत्यादि घटकों के आपसी विवादों के चलते कर्पूरी ठाकुर की सरकार गिर गई। वर्ष 1980 के विधानसभा चुनावों के बाद कर्पूरी ठाकुर बिहार विधानसभा में प्रतिपक्ष के नेता बने। इस पद पर 11 अगस्त, 1987 तक वे बने रहे।

कर्पूरी ठाकुर किशोरावस्था में कांग्रेस के सदस्य बने थे। उसके बाद सोशलिस्ट पार्टी, किसान मजदूर पार्टी, प्रजा सोशलिस्ट पार्टी, संयुक्त सोशलिस्ट पार्टी, भारतीय क्रांति दल, भारतीय लोक दल, जनता पार्टी, लोक दल (क), दलित मजदूर किसान पार्टी और लोक दल (बहुगुणा) तक की यात्रा की। इस क्रम में उन पर राजनीतिक जोड़-तोड़ और सरकार से साँठ-गाँठ के आरोप भी लगे। लेकिन ऐसा आरोप लगाने वाले यह भूल जाते हैं कि उठा-पटक की राजनीति में भी कर्पूरी ठाकुर अपने सिद्धांतों और जनाधार की कीमत पर कोई समझौता करने को तैयार नहीं होते थे। इसके चलते उन्हें कई बार नए रास्ते भी चुनने पड़े; लेकिन जन समाज की धड़कनों से उनका नाता नहीं टूटा। अपने जनाधार से जुड़े रहना और उसके लिए सतत संघर्ष कर्पूरी ठाकुर की सबसे बड़ी राजनीतिक ताकत थी, जो उन्हें अपने विरोधियों पर भारी बनाए रखती थी।

मुख्यमंत्री जैसे सर्वशक्तिमान पद पर रहने के दौरान उन्होंने अपने विरोधियों के प्रति आदर एवं सम्मान का जैसा भाव रखा, उसकी मिसाल मिलनी मुश्किल है। एक सच्चे संत की तरह क्रोध को पी जाने की क्षमता रखनेवाले कर्पूरी ठाकुर के धैर्य, सद्व्यवहार और सहनशीलता के अनगिनत उदाहरणों में एक उदाहरण का जिक्र यहाँ प्रासंगिक जान पड़ता है। एक घटना का जिक्र कभी कर्पूरी ठाकुर के राजनीतिक सहयोगी रहे हवलदार त्रिपाठी 'सहृदय' ने अपने एक लेख में इस प्रकार किया है—"कर्पूरी ठाकुर के धैर्य और सहनशीलता के कई उदाहरणों में से एक उदाहरण दे रहा हूँ, जो सन् 1970 में मेरे समक्ष का है, जब वे बिहार के मुख्यमंत्री थे। कुछ लोगों को उन्होंने पटना के सर्किट हाउस में मिलने के लिए समय दिया था, जिसमें मैं भी एक था। वहाँ पहले से ही पुलिस की एक टुकड़ी अपनी ड्यूटी में उपस्थित थी और करीब 25-30 नवयुवक एक गिरोह के रूप में एकत्रित थे। थोड़ी देर बाद मुख्यमंत्री कर्पूरी ठाकुर जब आए तो उनके उतरते

ही उन युवकों ने घेर लिया और धक्कम-धुक्की करने लगे, जिससे मुख्यमंत्री महोदय इधर से उधर धक्का खाने लगे। उनमें से कुछ सिरफिरे ऐसे भी थे, जो पीछे से अपने साथियों को धकिया रहे थे और कर्पूरी ठाकुर के प्रति अपशब्दों का भी प्रयोग कर रहे थे, तुरंत पुलिसवाले बल-प्रयोग के लिए दौड़े। उन्होंने मुख्यमंत्री को घेरकर अपने बीच में कर लिया और उन युवकों को लाठी से ठेलते हुए दूर हटा दिया। ऐसी अवस्था में वे युवक और अधिक सामूहिक बल लगाकर पुलिस से उलझ पड़े। उनकी मंशा साफ थी कि पुलिस लाठी-चार्ज करे और हंगामा अधिक बढ़े। हम लोग भी उनकी उद्दंडता देखकर स्तब्ध थे और इस पक्ष में थे कि तुरंत पुलिस को लाठी-चार्ज करना चाहिए। किंतु कर्पूरी ठाकुर ने उलटे पुलिस को ही हट जाने का आदेश दिया और डाँटते हुए कहा, 'आप हमारे बीच कैसे पिल पड़े? तुरंत आप लोग यहाँ से हट जाएँ। ये लोग हमें धक्का दे रहे हैं। गाली हमें दे रहे हैं। गाली सुनना मेरे जैसे छोटी कौम के लोगों को बचपन से आदत है। ये लोग वंश-परंपरागत गाली देना सीखते आए हैं, जिससे गाली देने की आदत इन्हें है। आप लोग ऐसी साधारण बात के लिए क्यों बौखला गए? तुरंत हटिए और अभी हट जाइए।'

"बेचारे पुलिसवालों को तो जैसे काठ मार गया और हम लोग भी स्तब्ध एवं आश्चर्यचकित हो गए कि ऐसे बेहूदेपन भरे आचरण को भी मुख्यमंत्री साधारण बात कहते हैं! पुलिस निरीह की भाँति दूर हटकर खड़ी हो गई। किंतु मुख्यमंत्री की ऐसी बातें सुनकर और पुलिस के हट जाने से वे युवक भी तुरंत शांत हो गए। श्री ठाकुर ने कहा, 'अब आप बोलिए कि क्या चाहते हैं? मगर शांत होकर सिर्फ दो आदमी ही बात करें।' कर्पूरी ठाकुर उनके अगुओं को बुलाकर बातें करने लगे और बड़े धैर्य व शांत भाव से उनकी बातें सुनते रहे। ठाकुर ने अपनी मधुर वाणी और मीठे आश्वासनों से उन्हें ऐसा पाटा कि वे कर्पूरी ठाकुर की जय-जयकार करते वहाँ से चले गए।"

कठिन-से-कठिन परिस्थितियों में भी कर्पूरी ठाकुर ने न केवल सार्वजनिक जीवन में, वरन् व्यक्तिगत एवं पारिवारिक जीवन में भी कभी अपने सिद्धांतों से समझौता नहीं किया, कभी भी अपने परिवार या अपनी सुख-सुविधाओं की परवाह नहीं की। इस संदर्भ में, उनके मुख्यमंत्रित्व काल की एक घटना

का जिक्र यहाँ प्रासंगिक जान पड़ रहा है। कर्पूरी ठाकुर के निकटतम सहयोगी रहे अमीरीलाल राय ने एक संस्मरणात्मक लेख में लिखा है—"जहाँ तक मुझे स्मरण है, बात सन् 1971 की है, जब वे मुख्यमंत्री थे और हम लोग 6, वीरचंद पटेल पथ में रहते थे। उनकी धर्मपत्नी बीमार पड़ीं। उन्हें डॉक्टर से दिखाने ले जाना था। जब मैं उनकी धर्मपत्नी को उनकी सरकारी गाड़ी में बैठाकर डॉक्टर के यहाँ ले जाने लगा तो उन्होंने प्रश्न किया कि गाड़ी कहाँ ले जा रहे हैं? मैंने कहा कि डॉक्टर के यहाँ इन्हें दिखाने ले जा रहा हूँ। इस पर उन्होंने कहा, 'अमीरी लालजी, यह गाड़ी मुख्यमंत्री की है, मेरी नहीं। आप इन्हें रिक्शा से ले जाएँ।' और मैं मुख्यमंत्री की धर्मपत्नी श्रीमती ठाकुर को रिक्शा से डॉक्टर के यहाँ ले गया।"

कर्पूरी ठाकुर वंशवाद के भी प्रबल विरोधी थे। वे इसे गैर-लोकतांत्रिक और सामंती प्रवृत्ति का मानते थे। कर्पूरी ठाकुर के आशीर्वाद से सैकड़ों व्यक्ति एम.एल.ए., एम.पी. और मंत्री बने; लेकिन उन्होंने अपने बेटों को राजनीति में उतारने से सख्त परहेज रखा। वे कहते थे कि क्या बात है कि कोई नेता मर जाता है तो उसकी विधवा को टिकट मिलता है, जिस विधवा को राजनीति में कभी दिलचस्पी नहीं रही। जिसके बेटे ने राजनीति में कभी कोई काम नहीं किया, उसे टिकट मिल जाता है। यह तो जमींदारी या राज-व्यवस्था हुई, जहाँ राजा या जमींदार की मृत्यु के बाद उसके बेटे को उत्तराधिकारी बनाया जाता है।

सन् 1985 की बात है। उन दिनों कर्पूरीजी लोक दल में थे। लोकतांत्रिक पद्धति के अंतर्गत लोक दल में पार्टी के संसदीय बोर्ड को चुनाव में उम्मीदवारों को टिकट बँटवारे की खुली छूट थी। जागेश्वर मंडल संसदीय बोर्ड के अध्यक्ष थे। केंद्रीय नेतृत्व ने राज नारायण को प्रभारी बनाकर पटना भेजा था। संसदीय बोर्ड ने कर्पूरी ठाकुर को समस्तीपुर से और उनके सुपुत्र रामनाथ ठाकुर को कल्याणपुर क्षेत्र से उम्मीदवार बनाया था। इसकी भनक जब तक कर्पूरीजी को लगी, तब तक राज नारायण दिल्ली जाने के लिए हवाई जहाज में बैठ चुके थे। कर्पूरीजी किसी तरह हवाई जहाज तक पहुँचे और राज नारायण से उम्मीदवारों की सूची दिखाने का अनुरोध किया। राज नारायण ने पहले तो असमर्थता जताई, फिर कर्पूरीजी के विशेष अनुरोध पर उन्होंने सिर्फ समस्तीपुर जिले की सूची

दिखा दी। उन्होंने सूची से तत्काल अपना नाम काटकर वहाँ लिख दिया कि 'मैं चुनाव लड़ने के लिए इच्छुक नहीं हूँ।' इस घटना के बाद पार्टी में हड़कंप मच गया। सभी लोग दौड़े-दौड़े कर्पूरीजी के पास पहुँचे और उनसे चुनाव लड़ने का अनुरोध किया। इस पर कर्पूरीजी ने कहा, "रामनाथ वर्षों से राजनीति में है और पार्टी की सेवा कर रहा है। मैं उसकी जायज उम्मीदवारी का कैसे विरोध कर सकता हूँ! लेकिन देश और राज्य में इससे वंशवाद को बढ़ावा देने का संदेश जाएगा।" आखिरकार, पार्टी के वरीय नेताओं को रामनाथ ठाकुर की कल्याणपुर से उम्मीदवारी खत्म करनी पड़ी, तब जाकर कर्पूरीजी चुनाव लड़ने को तैयार हुए। ऐसा था वंशवाद के विरोध में कर्पूरी का त्यागपूर्ण राजनीतिक चरित्र।

कर्पूरी ठाकुर स्पष्टवादी वक्ता थे। जो महसूस करते थे, उसे बिना किसी लाग-लपेट के कह देने का साहस रखते थे। आजकल की राजनीति में लल्लो-चप्पो की जिस तरह से प्रधानता होती जा रही है, उसमें वे निर्भीकता के ज्वलंत उदाहरण थे। आपको उनकी बात भली लगे या बुरी, वे अपनी स्पष्ट बात बिना कहे नहीं रहते थे। जब कभी भी उन्हें महसूस हुआ कि उनका नेता गलत दिशा में जा रहा है तो उनकी अपने नेता से बिगड़ जाती। उस वक्त वे निर्भीक होकर अपना पक्ष रखते थे। तात्पर्य यह कि चाहे वे जयप्रकाश नारायण हों या बाबू जगजीवन राम, डॉ. राम मनोहर लोहिया हों या संत विनोबा भावे—उनके विरुद्ध प्रतिक्रिया देने में कभी नहीं हिचके। उनकी यह स्पष्टवादिता कई बार लोगों को मर्माहत भी कर देती थी। लेकिन सच्चाई के साथ दो-टूक कहना उनके स्वभाव का अंग था। इस संबंध में कुछ उदाहरण देना अनुपयुक्त न होगा।

एक समय की घटना है। केदार पांडेय बिहार सरकार में मुख्यमंत्री थे। पटना में अखिल भारतीय भोजपुरी सम्मेलन उन्हीं के संयोजकत्व में आयोजित था। आचार्य हजारीप्रसाद द्विवेदी ने सम्मेलन की अध्यक्षता की थी और बाबू जगजीवन राम ने उसका उद्घाटन किया था। बाबू जगजीवन राम ने अपने उद्घाटन भाषण में भोजपुरी की सांस्कृतिक परंपरा को रेखांकित करते हुए कहा था कि हिंदी को समृद्ध करने में भोजपुरी का महत्त्वपूर्ण योगदान है। भोजपुरी मर्दानगी भाषा है, क्योंकि इसमें स्त्रीलिंग का व्यवहार नहीं होता। भोजपुरी जनपद में तो नदी भी पुल्लिंग है। कर्पूरीजी को उनकी भाषा संभवतः पसंद नहीं आई थी

और उन्होंने उसी महती सभा में दुःख के साथ कहा था, "मर्दानगी की निशानी जगजीवन बाबू अगर दिल्ली में दिखलाते, तब इन्हें मैं मर्द समझता। वहाँ तो सभी अंग्रेजी में ही अपनी शेखी झाड़ते हैं।" इस पर जगजीवन बाबू झेंप-से गए थे।

प्रसिद्ध गांधीवादी आचार्य विनोबा भावे ने आपातकालीन कहर के उस काले दौर को न जाने किस विवशतावश 'अनुशासन पर्व' कहा था। कर्पूरी ठाकुर को यह नहीं सुहाया था। उन्होंने भूमिगत रहते हुए संत विनोबा भावे को पत्र लिखकर यह आरोप लगाया था—"आपका सारा सम्मेलन और आयोजन राज-आश्रित था। भले आप शासन-मुक्ति की बात करते हों, लेकिन आपके सम्मेलन ने यह सिद्ध कर दिया कि आपका सारा कामकाज और आयोजन-नियोजन शासन-आश्रित था। यदि शासनाधिकारियों ने सम्मेलन का लगभग सारा जिम्मा अपने ऊपर नहीं लिया होता और शेष व्यवस्थाएँ नहीं की होतीं तो शायद आपका सम्मेलन हो नहीं पाता। यही कारण है, यही रहस्य है कि आपात स्थिति के संबंध में आप जुबान नहीं खोल सके। आप जैसे व्यक्ति को महात्मा गांधी का उत्तराधिकारी कहलाने का अब कोई अधिकार नहीं रहा।" इसी तरह, कई मौकों पर वे राम मनोहर लोहिया और जयप्रकाश नारायण की भी कड़ी आलोचना करने से बाज नहीं आते थे।

मानवता के लिए अपना पूरा जीवन समर्पित कर देनेवाले कर्पूरी ठाकुर को 17 फरवरी, 1988 को नियति ने हमसे छीन लिया। हमारे समय का एक दिपदिपाता समुज्ज्वल नक्षत्र बुझ गया और हम हतप्रभ-विह्वल मन-प्राण देखते रह गए। उस महान् क्रांतिकारी योद्धा को अश्रु-विगलित श्रद्धांजलि—नमित नयन, मूक बयन।

□

जगदेव प्रसाद का जीवन-संग्राम

कुछ लोग ऐसे होते हैं, जो अपने जीवन काल में ही व्यक्ति से विचारधारा बन जाते हैं। उनकी महानता इसी तथ्य में निहित रहती है कि वे रहें या न रहें, किंतु उनकी जीवन-यात्रा इतिहास का शाश्वत प्रकाश बनकर अनंत काल तक सृष्टि को प्रकाशित करती रहती है। ऐसी ही महान् विभूतियों में जगदेव प्रसाद भी एक थे, जिनका संपूर्ण जीवन शोषण, उत्पीड़न, अन्याय, अत्याचार, विभेद एवं विषमता के खिलाफ संघर्षरत रहा। अपने इन्हीं गुणों और विशेषताओं के चलते वे 'बिहार लेनिन' भी कहलाए।

सामाजिक, राजनीतिक, सांस्कृतिक तथा प्रशासनिक विसंगतियों के खिलाफ जीवनपर्यंत लड़ाई लड़नेवाले शहीद जगदेव प्रसाद का जन्म 2 फरवरी, 1922 को बिहार के गया जिलांतर्गत (अब अरवल) कुर्था प्रखंड के कुरहारी ग्राम में एक अत्यंत ही निर्धन परिवार में हुआ था। उनके पिता प्रयाग नारायण के पास बमुश्किल तीन बीघा जमीन थी। प्रयाग नारायण ने मिडिल तक की शिक्षा प्राप्त की थी और स्थानीय प्राथमिक विद्यालय में शिक्षक थे। माँ रासकली देवी अनपढ़ थीं। निम्न-मध्यम वर्गीय परिवार में पैदा होने के कारण जगदेव प्रसाद की प्रवृत्ति शुरू में ही संघर्षशील और जुझारू रही। पिता जगदेव प्रसाद को शिक्षक बनाना चाहते थे, ताकि वे घर के खर्च में हाथ बँटा सकें; जबकि जगदेव प्रसाद की इच्छा उच्च शिक्षा ग्रहण करने की थी। अत: उन्होंने हाई स्कूल में नामांकन के लिए जिद पकड़ ली। पढ़ाई के प्रति जगदेव की विशेष रुचि को देखकर उनके पिता ने अपने मित्र यदु महतो के सहयोग से जगदेव प्रसाद का नामांकन बी.टी. हाई स्कूल, जहानाबाद में करा दिया। वे नित्य गाँव से पैदल

ही स्कूल जाया करते थे। बरसात के दिनों में उन्हें नदी तैरकर स्कूल पहुँचना पड़ता था; लेकिन अनगिनत कठिनाइयों के बीच उन्होंने अपनी पढ़ाई जारी रखी। विद्यार्थी जीवन में ही उनका विवाह भीमचक की सत्यरंजना देवी से हुआ। सत्यरंजना देवी गृह-कुशल नारी तो थीं, लेकिन शिक्षा से वंचित थीं।

जगदेव प्रसाद बचपन से ही विद्रोही स्वभाव के थे; अन्याय बरदाश्त नहीं करते थे। उनके विद्रोही स्वभाव को समझने के लिए उनके बचपन में घटी दो-तीन घटनाओं की चर्चा यहाँ प्रासंगिक होगी। जगदेव प्रसाद हाई स्कूल जाने के क्रम में वे जब अच्छे कपड़े पहनकर गाँव की गलियों से गुजरते तो अगड़ी जाति के लोग उन पर छींटाकशी करते हुए उनका उपहास उड़ाया करते थे। एक दिन गुस्से में जगदेव प्रसाद ने उन पर धूल झोंक दिया। इसके चलते उनके पिता को पाँच रुपए जुरमाना भरना पड़ा और माफी माँगनी पड़ी।

उन दिनों बिहार में पँचकठिया प्रथा का प्रचलन था, जिसके चलते जमींदार का हाथी प्रत्येक काश्तकार के खेत में जबरन पाँच कट्ठा धान चराता था। इसी प्रथा के तहत एक दिन क्षेत्रीय जमींदार का हाथी जगदेव प्रसाद के खेत में धान चरने गया तो जगदेव ने अपने कुछ साथियों को लेकर हाथी एवं महावत पर हमला बोल दिया। बाध्य होकर महावत को हाथी लेकर वापस लौटना पड़ा।

जहानाबाद हाई स्कूल में अगड़ी जाति के एक शिक्षक जगदेव प्रसाद को हमेशा अकारण प्रताड़ित किया करते थे। एक दिन बिना किसी गलती के उस शिक्षक ने जगदेव प्रसाद को एक तमाचा जड़ दिया। एक दिन वही शिक्षक पढ़ाते-पढ़ाते कक्षा में खर्राटे भरने लगे। जगदेव प्रसाद ने उन्हें एक तमाचा जड़ दिया। शिक्षक हड़बड़ाकर उठे और जाकर प्रधानाचार्य से जगदेव प्रसाद की शिकायत की। स्कूल के प्रधानाध्यापक द्वारा दंड देने की धमकी देने पर जगदेव प्रसाद ने कहा कि गलती के लिए सबको सजा मिलनी चाहिए, चाहे वह छात्र हो या शिक्षक। इस पर प्रधानाध्यापक को चुप होना पड़ा।

बचपन में घटी इन घटनाओं ने जगदेव प्रसाद को सामंती अन्याय के खिलाफ बगावत करने के लिए प्रेरित किया। इसी तरह गरीबी और उपहास के बीच जगदेव प्रसाद ने सन् 1946 में मैट्रिक की परीक्षा उत्तीर्ण की।

तभी जगदेव प्रसाद के पिता गंभीर रूप से बीमार पड़ गए। उन्हें डॉक्टरों के अलावा ओझा-मुनियों को भी दिखाया गया। उनकी माँ ने देवी-देवताओं की भी मिन्नतें कीं और 'भाड़ा' गच्छा। लेकिन सब व्यर्थ गया और एक दिन प्रयाग नारायण सबको रोते-बिलखते छोड़कर दुनिया से चले गए। इस घटना ने जगदेव प्रसाद के मन में हिंदू देवी-देवताओं के प्रति विरक्ति पैदा कर दी। उन्होंने गुस्से में आकर घर में रखी देवी-देवताओं की मूर्तियों, तसवीरों को उठाकर पिता की अरथी पर डाल दिया।

यह वह समय था, जब पूरे देश में अंग्रेजों के खिलाफ आंदोलन जोरों पर था। महात्मा गांधी, जवाहरलाल नेहरू और जयप्रकाश नारायण जनता की आवाज बन चुके थे। जगदेव प्रसाद की जन्मजात बेचैनी और उत्साह ऐसा था कि कैशोर्य में ही वे जंगे-आजादी की लड़ाई में कूद पड़े। हालाँकि, उस जन-आंदोलन के पूरे महत्त्व को समझना तब उनसे अपेक्षित नहीं था। फिर भी, वे अपने साथियों के साथ रेल पटरी उखाड़ने, सरकारी दफ्तरों पर हमला बोलने तथा सरकारी डाक बँगला जलाने के काम में पूरे मनोयोग से लगे रहे।

पिता की असामयिक मृत्यु के कारण जगदेव प्रसाद के कोमल कंधे पर ही माँ, पत्नी एवं दो बहनों का भरण-पोषण तथा भाई वीरेंद्र की पढ़ाई-लिखाई की जिम्मेदारी आ पड़ी। जगदेव प्रसाद खुद भी ऊँची शिक्षा ग्रहण करने के इच्छुक थे। जगदेव प्रसाद की इच्छा को देखते हुए उनकी माँ व पत्नी ने घर की जिम्मेदारी अपने ऊपर ले ली और मात्र ग्यारह रुपए देकर जगदेव प्रसाद को पटना भेज दिया। पटना पहुँचने के बाद जगदेव प्रसाद गांधी मैदान में चिंतित बैठे थे, तभी बी.एन. कॉलेज के एक परिचित माली से उनकी मुलाकात हुई। उस माली की सहायता से उनका नामांकन बी.एन. कॉलेज में हो गया। उसी माली ने उनका कॉलेज शुल्क भी माफ करा दिया। पटना में उनके रहने में भी आर्थिक समस्या आ रही थी; लेकिन आर्थिक अभाव के बाद भी उन्होंने पढ़ने का हौसला जारी रखा। चंदा तथा ट्यूशन के सहारे ये अंटाघाट स्थित एक रूम वाले चपरासी क्वार्टर के बरामदे में रहकर पढ़ाई करने लगे। इसी दौरान जगदेव प्रसाद का परिचय बी.एन. कॉलेज के छात्रावास में रहे चंद्रदेव प्रसाद वर्मा से हुआ। वर्मा ने उनकी आर्थिक तंगी को देखकर उन्हें अपने कमरे में रखा। जगदेव बाबू को इसी

अवधि में विभिन्न विचारकों को पढ़ने एवं जानने-सुनने का मौका मिला तथा भाषण देने की ओर झुकाव हुआ और यह झुकाव दिनोदिन विकसित होता गया। छात्रों की सभा में वे अपने ओजस्वी भाषण से धाक जमाए रहते थे। उन्होंने पटना विश्वविद्यालय से सन् 1950 में स्नातक और 1952 में एम.ए. (अर्थशास्त्र) की परीक्षा उत्तीर्ण की।

एम.ए. करने के तुरंत बाद जगदेव प्रसाद को सचिवालय में नौकरी भी मिल गई। परंतु एक दिन किसी बात पर अफसर से झड़प हो गई और उन्होंने वह नौकरी छोड़ दी। वहाँ का कार्यकाल केवल तीन माह का रहा। तदुपरांत गया जिले के परैया हाई स्कूल में कुछ दिन तक अध्यापन कार्य किया; लेकिन अध्यापन कार्य में उनका मन नहीं लगा। अध्यापक जगदेव प्रसाद अपने आसपास के गाँवों में शोषित-पीड़ितों की दुर्दशा को देखकर काफी चिंतित रहा करते थे।

उन दिनों बिहार, विशेषकर मध्य बिहार, में गरीबी और मजदूरी अधिनियम जैसे कार्यक्रमों को लागू करने में सरकारी शिथिलता, विकास कार्यक्रम में सरकारी तंत्र के भ्रष्टाचार और उच्च जाति के जमींदारों के जुल्म से दलितों व पिछड़ों के बीच आक्रोश पल रहा था। अगड़ी जातियों ने गाँव में दलितों-पिछड़ों को अपने आतंक के बल पर दबाकर रखा था। उन्हें इतना गरीब बनाकर रखा गया था कि उनका सारा संघर्ष दो जून की रोटी तक ही सिमटकर रह गया था। इस अत्याचार के खिलाफ आवाज उठानेवालों पर भयानक-से-भयानक अत्याचार किए जा रहे थे। उन्हें झूठे मुकदमों में फँसाया जा रहा था। दलित व पिछड़ी जाति की महिलाओं के साथ बदसलूकी तो आम बात थी। गया जिले से सटे हजारीबाग जिले के कुछ इलाकों में 'डोला प्रथा' का प्रचलन था, जिसके तहत पिछड़ी व दलित जाति की नवविवाहिता को अपनी पहली रात इलाके के जमींदार के साथ गुजारनी पड़ती थी।

पिछड़ों व दलितों की इस दुर्दशा को देखकर अध्यापक जगदेव हमेशा गुमसुम और परेशान रहा करते थे। पढ़-लिखकर समझदार बन जाने से उनका दु:ख-दर्द और बढ़ गया था। सदियों से सताए जा रहे गरीबों को इज्जत की जिंदगी कैसे मिलेगी? इस समुदाय की बहू-बेटियों की आबरू की रक्षा कौन

करेगा? देश आजाद है, पर देश की 90 प्रतिशत दलित व पिछड़ी जनता को आजादी कैसे मिलेगी? जगदेव प्रसाद का ज्यादा समय पढ़ाने की जगह इन्हीं सवालों का जवाब खोजने में बीतता था। ऐसे में ही जगदेव प्रसाद आसपास के देहाती इलाकों में उत्पीड़ित और दलित समुदाय की विद्रोही भावना को आवाज देने लगे। उनकी राजनीतिक सोच व समझ भी विकसित होने लगी।

जगदेव प्रसाद को लगा कि सोशलिस्ट पार्टी ही शोषितों-पीड़ितों के हितों की रक्षा कर सकती है। अत: वे अध्यापन कार्य को त्यागकर पटना चले आए और सोशलिस्ट पार्टी में शामिल हो गए। देश के शोषितों-पीड़ितों की सामाजिक व आर्थिक स्थिति की दयनीयता को देख उन्हें जगाने की सोच ने जगदेव प्रसाद को पत्र-पत्रिकाओं का सहारा लेने की प्रेरणा दी। इसी सोच के तहत सन् 1953 में जगदेव प्रसाद सोशलिस्ट पार्टी की पत्रिका 'जनता' के संपादक बन गए। जगदेव प्रसाद 'जनता' के माध्यम से जन-जागरण पैदा कर सामंतों के चक्रव्यूह में बुरी तरह फँसे शोषितों-पीड़ितों को निकालना चाहते थे। लेकिन दुर्भाग्य से, उसी वर्ष सोशलिस्ट पार्टी दो भागों में बँट गई। जगदेव प्रसाद ने लोहिया का साथ दिया। नतीजतन, उन्हें 'जनता' के संपादक पद से हटना पड़ा।

सन् 1955 में जगदेव प्रसाद हैदराबाद जाकर वहाँ से प्रकाशित होनेवाले अंग्रेजी साप्ताहिक 'उदय' का संपादन करने लगे। उन दोनों पत्रों के माध्यम से उन्होंने शोषितों-पीड़ितों की समस्याओं को उठाना शुरू किया। पत्रिकाओं में छपे उनके निर्भीक, स्वतंत्र एवं ओजस्वी विचारों के चलते उन्हें कई तरह की धमकियों का भी सामना करना पड़ा; किंतु वे अपने सिद्धांतों से लेशमात्र भी पीछे नहीं हटे। उनके संपादन काल में दोनों साप्ताहिकों की प्रसारण संख्या बढ़कर लाखों में पहुँच गई। बाद में कतिपय मुद्दों को लेकर पत्रों के मालिकों से उनकी अनबन हो गई और वे वहाँ से त्याग-पत्र देकर पटना चले आए। तब तक देश में दूसरे आम चुनाव (1957) की सरगर्मी शुरू हो चुकी थी। बिहार में जयप्रकाश नारायण और कर्पूरी ठाकुर जैसे नेता लोहिया का साथ छोड़कर प्रजा सोशलिस्ट पार्टी में चले गए थे। लोहिया के नेतृत्व वाली सोशलिस्ट पार्टी का असर कम हो रहा था। ऐसे ही समय में लोहिया ने जगदेव प्रसाद को बिहार

के सासाराम लोकसभा संसदीय क्षेत्र से सोशलिस्ट पार्टी के प्रत्याशी के रूप में उनका नामांकन दाखिल कर दिया। पैसे की कमी के चलते टमटम और साइकिल से अपना चुनाव-प्रचार शुरू कर दिया; किंतु चुनावी दाँव-पेंच और आर्थिक विपन्नता के चलते चुनाव हार गए।

तत्पश्चात् वे सोशलिस्ट पार्टी के संगठन में जुट गए। जगदेव प्रसाद ने इसी समय अपनी योग्यता व कर्मठता का पूरा परिचय दिया तथा बिहार एवं बिहार के बाहर दौरा करके उन्होंने संगठन को गतिशील बनाया और गाँव-गाँव में समाजवाद के सिद्धांत को पहुँचाया। बिहार के समाचार-पत्रों में भी उनकी गतिविधियों की चर्चा होने लगी। सन् 1962 में आम चुनाव हुआ और जगदेव प्रसाद ने कुर्था विधानसभा क्षेत्र से इस बार चुनाव लड़ा; लेकिन इन्हें इस बार भी कामयाबी नहीं मिली।

उस समय विनोबा भावे का ऐतिहासिक भूदान आंदोलन शुरू हो गया था। प्रजा सोशलिस्ट पार्टी छोड़कर जयप्रकाश नारायण भूदान, संपत्ति दान और जीवन-दान के काम में जुट गए। प्रजा सोशलिस्ट पार्टी बिखरने लगी। सन् 1966 में प्रजा सोशलिस्ट पार्टी और सोशलिस्ट पार्टी का एकीकरण सारनाथ के अधिवेशन में हुआ। नई पार्टी का नाम 'संयुक्त सोशलिस्ट पार्टी' (संसोपा) पड़ा। संसोपा के प्रमुख नेताओं में जगदेव प्रसाद की भी गिनती होने लगी।

सन् 1967 में बिहार में भयंकर अकाल पड़ा। जगदेव प्रसाद अकाल राहत कार्य में जुट गए। घर-परिवार की परवाह किए बिना अपने कुछ साथियों के साथ मिलकर चंदा से एकत्रित की गई राहत-सामग्री को गाँव-गाँव तक पहुँचाया। उनके इस कार्य की अखबारों में खूब प्रशंसा हुई।

सन् 1967 में बिहार विधानसभा का चौथा आम चुनाव हुआ। जगदेव प्रसाद ने कुर्था को ही अपना चुनाव-क्षेत्र बनाया। इस बार भी प्रतिद्वंद्वी से उनका कड़ा मुकाबला था। लेकिन संसोपा प्रत्याशी की हैसियत से उन्होंने अपने प्रतिद्वंद्वी को भारी मतों से हराया। इस आम चुनाव में संसोपा 69 सीटें जीतकर बिहार विधानसभा में सबसे बड़ी पार्टी के रूप में उभरी, जबकि कांग्रेस बहुमत खो बैठी। बिहार के इतिहास में पहली बार 5 मार्च, 1967 को महामाया प्रसाद सिन्हा के नेतृत्व में गैर-कांग्रेसी दलों की सरकार बनी।

लेकिन महामाया प्रसाद सिन्हा के मंत्रिमंडल में कतिपय अपवादों को छोड़कर शोषितों-पीड़ितों और अल्पसंख्यकों को सम्मानजनक स्थान नहीं मिला। संसोपा का यह नारा—

'संसोपा ने बाँधी गाँठ,
पिछड़े पावें सौ में साठ।'

मखौल बनकर रह गया। जगदेव प्रसाद ने संसोपा दिग्गज लोहिया से इसकी शिकायत की। लोहिया से जगदेव प्रसाद का मतभेद मुखर होता गया। संसोपा में 'कमाए धोतीवाला और खाए टोपीवाला' की स्थिति देखकर जगदेव प्रसाद ने पार्टी छोड़ दी और 25 अगस्त, 1967 को पटना के अंजुमन इसलामिया हॉल में पिछड़ों-दलितों की मौजूदगी में 'शोषित दल' नामक नई पार्टी के गठन की घोषणा कर दी। महामाया मंत्रिमंडल से स्वास्थ्य मंत्री के पद से इस्तीफा देकर आए बिंदेश्वरी प्रसाद मंडल शोषित दल के अध्यक्ष और जगदेव प्रसाद महासचिव बने। जगदेव प्रसाद के इस कदम से संसोपा में भगदड़ मच गई और उसके 18 विधायक जगदेव प्रसाद के साथ शोषित दल में शामिल हो गए। उस दिन अंजुमन इसलामिया हॉल में जगदेव प्रसाद का ऐतिहासिक भाषण हुआ था। उन्होंने कहा था, "जिस लड़ाई की बुनियाद आज मैं डाल रहा हूँ, वह लंबी और कठिन होगी। चूँकि मैं एक क्रांतिकारी पार्टी का निर्माण कर रहा हूँ, इसलिए इसमें आने और जानेवालों की कमी नहीं रहेगी; परंतु इसकी धारा रुकेगी नहीं। इसमें पहली पीढ़ी के लोग मारे जाएँगे, दूसरी पीढ़ी के लोग जेल जाएँगे और तीसरी पीढ़ी के लोग राज करेंगे। जीत अंततोगत्वा हमारी ही होगी।" सन् 1967 में कही गई जगदेव प्रसाद की बात आज अक्षरशः सही साबित हुई है।

1 फरवरी, 1966 को बिंदेश्वरी प्रसाद मंडल ने बिहार के मुख्यमंत्री के रूप में शपथ ली। शोषित दल की इस सरकार में जगदेव प्रसाद दूसरे स्थान पर सिंचाई और बिजली मंत्री बने। जगदेव प्रसाद ने मानववादी रामस्वरूप वर्मा जैसे सामाजिक चिंतकों से विचार-विमर्श कर समाज में सामाजिक एवं सांस्कृतिक क्रांति के लिए 2 फरवरी, 1968 को 'अर्जक संघ' की स्थापना की। इस अवसर पर अपने ऐतिहासिक भाषण में उन्होंने कहा कि 'अर्जक संघ' द्वारा ही ब्राह्मणवाद

को खत्म किया जा सकता है और सांस्कृतिक परिवर्तन कर मानववाद लाया जा सकता है। उन्होंने लोगों से तीज-त्योहार, कर्मकांड, ब्राह्मणवाद, वर्ण-व्यवस्था का त्याग करते हुए विवाह-संस्कार और त्योहार अर्जक विधि के माध्यम से मनाने की अपील की। उन्होंने यह नारा भी दिया—

"मानवता की क्या पहचान,
ब्राह्मण-भंगी एक समान।
पुनर्जन्म और भाग्यवाद,
इनसे जनमा ब्राह्मणवाद।"

सिंचाई और बिजली के क्षेत्र में जगदेव प्रसाद ने क्रांतिकारी काम किया। साथ ही, राजनीति में फैल रहे भ्रष्टाचार के विरुद्ध युद्ध छेड़ दिया। 4 मार्च, 1968 को पूर्व मुख्यमंत्री महामाया प्रसाद सिन्हा और उनकी संविद सरकार के मंत्रियों के भ्रष्टाचार के कारनामों की जाँच के लिए माधोलकर जाँच आयोग बनाने की घोषणा कर उन्होंने सनसनी फैला दी। दुर्भाग्यवश, यह सरकार सिर्फ दो महीने ही चली। कांग्रेस के 16 विधायकों के विद्रोह के चलते 18 मार्च, 1968 को सदन में अविश्वास प्रस्ताव के दौरान मंडल सरकार 17 मतों से गिर गई। कांग्रेस के 16 विद्रोही विधायकों के सहयोग से 22 मार्च, 1968 को भोला पासवान शास्त्री मुख्यमंत्री बने; लेकिन उनकी सरकार भी मात्र तीन महीने ही चली।

9 फरवरी, 1969 को बिहार विधानसभा की 318 सीटों में से 317 के लिए मध्यावधि चुनाव हुआ। उसमें शोषित दल को सिर्फ 6 सीटें मिलीं। जगदेव प्रसाद कुर्था विधानसभा क्षेत्र से अपने प्रतिद्वंद्वी को 27,991 मतों से पराजित कर विजयी रहे। चूँकि इस बार विधानसभा में किसी भी दल को स्पष्ट बहुमत नहीं मिला था, इसलिए पुनः मिली-जुली सरकार बनाने के लिए सभी दल लगे हुए थे। एक तरफ संसोपा, प्रसोपा और लोकतांत्रिक कांग्रेस गठबंधन ने सरकार बनाने का दावा पेश कर दिया तो दूसरी तरफ कांग्रेस ने भारतीय क्रांति दल, शोषित दल, जनता पार्टी और स्वतंत्र सदस्यों के सहयोग से सरकार बनाने का दावा ठोंका। राज्यपाल ने कांग्रेस-शोषित दल गठबंधन के नेता सरदार हरिहर सिंह को 26 फरवरी, 1969 को मुख्यमंत्री पद की शपथ दिलाई। उसी दिन सरदार हरिहर सिंह

के मंत्रिमंडल में 12 लोगों के साथ जगदेव प्रसाद ने भी मंत्री पद की शपथ ली। जगदेव प्रसाद को नदी-घाटी योजना विभाग मिला। वे मुख्यमंत्री सरदार हरिहर सिंह की कार्य-शैली से अप्रसन्न थे। नतीजतन, यह सरकार भी मात्र साढ़े तीन माह ही चली। 20 जून, 1969 को पशुपालन बजट मतदान के दौरान 21 मतों से सरदार हरिहर सिंह की सरकार पराजित हो गई। जगदेव प्रसाद समेत दो मंत्रियों ने सदन में ही पाला बदल लिया। वे सरकारी बेंच से उठकर विपक्षी बेंचों पर जाकर बैठ गए।

22 जून, 1969 को गैर-कांग्रेसी संविद सरकार के मुख्यमंत्री के रूप में भोला पासवान शास्त्री ने शपथ ली। शास्त्री सरकार में शोषित दल घटक से किसे मंत्री बनाया जाए, इस पर विवाद हो गया। आंतरिक विवाद इस कदर गहरा गया कि जगदेव प्रसाद और महावीर प्रसाद दोनों ने खुद को शोषित विधायक दल का नेता घोषित कर दिया। इसी विवाद में नौवें दिन ही 1 जुलाई, 1969 को शास्त्री सरकार चल बसी।

2 मार्च, 1970 को लोकतांत्रिक कांग्रेस, प्रसोपा, भारतीय कम्युनिस्ट पार्टी, भारतीय क्रांति दल और शोषित दल के समर्थन से दारोगा प्रसाद राय मुख्यमंत्री बने।

दारोगा प्रसाद राय ने जगदेव प्रसाद को अपने मंत्रिमंडल में सिंचाई, बिजली और योजना मंत्री के रूप में शपथ दिलाई। जगदेव प्रसाद एवं दारोगा प्रसाद राय पिछड़ों को सामाजिक न्याय दिलाने के मुद्दे पर एकमत थे। अत: राजनीति, सत्ता एवं सरकार में उचित भागीदारी की नींव जगदेव प्रसाद ने सत्ता में आते ही डालनी शुरू कर दी। भूमि हड़पों की तरह पद हड़पों का नारा देकर वे चर्चा का विषय बन गए। जगदेव प्रसाद ने मुख्यमंत्री दारोगा प्रसाद राय के सहयोग से चुन-चुनकर पिछड़ों-दलितों को उच्च पदों पर बिठाना शुरू किया। जगदेव प्रसाद के प्रयास से बिहार के इतिहास में पहली बार पिछड़ी जाति के आर.एस. मंडल को मुख्य सचिव का पद मिला। सामंती ताकतें इससे बौखलाकर सरकार गिराने के कुप्रयास में जुट गईं। 18 दिसंबर, 1970 को विधानसभा में अविश्वास प्रस्ताव के दौरान हारने के बाद दारोगा प्रसाद राय की सरकार ने इस्तीफा दे दिया।

सन् 1972 में जब बिहार विधानसभा के चुनाव हुए तो अपने उसी कुर्था विधानसभा क्षेत्र से जगदेव प्रसाद चुनाव लड़े; लेकिन हार गए। 7 अगस्त, 1972 को जगदेव प्रसाद के नेतृत्व वाले शोषित दल और उत्तर प्रदेश के रामस्वरूप वर्मा की पार्टी समाज दल का एकीकरण हुआ और नया नाम पड़ा—'शोषित समाज दल'। शोषित समाज दल का पहला राष्ट्रीय सम्मेलन बिहार के डालमिया नगर में हुआ, जिसमें जगदेव प्रसाद को राष्ट्रीय महामंत्री बनाया गया।

वर्ष 1974 के प्रारंभ में बिहार की राजनीति में फैले भ्रष्टाचार और कांग्रेसी कुशासन के खिलाफ जयप्रकाश नारायण ने बिहार के छात्रों के आंदोलन की अगुवाई प्रारंभ की। जगदेव प्रसाद की मान्यता थी कि छात्र आंदोलन सही है; पर यह आंदोलन कुछ मुट्ठी भर शहरी लोगों के हाथों तक सिमटकर रह गया है, इसलिए सही मायने में जन-आंदोलन के रूप में परिणत करने के लिए इसे गाँव-गाँव तक ले जाना होगा। इसी सोच के तहत जगदेव प्रसाद ने 16 एवं 17 अप्रैल, 1974 को बनारस में शोषित समाज दल की राष्ट्रीय कार्य समिति की बैठक बुलाई, जिसमें सर्वसम्मति से छह सूत्री माँगों को लेकर देश व्यापी आंदोलन चलाने का निर्णय लिया गया। इसी निर्णय के तहत जगदेव प्रसाद के नेतृत्व में शोषित समाज दल ने 1 से 15 मई, 1974 तक बिहार के प्रखंड कार्यालयों पर प्रदर्शन कर छह सूत्री माँग-पत्र समर्पित किया। जुलाई-अगस्त में भी प्रखंड कार्यालयों के सामने जनसभाएँ आयोजित कर सरकार से माँगों को मानने के लिए अनुरोध किया जाता रहा। इन सभी जनसभाओं में जगदेव प्रसाद बेखौफ अपनी राय उगलते रहे; लेकिन सरकार बहरी बनी रही। लिहाजा, शोषित समाज दल का 5 सितंबर से पूर्व घोषित प्रदेश व्यापी सत्याग्रह प्रारंभ हुआ।

कहते हैं कि सत्ता एवं प्रशासन की ओर से अगड़ी जातियों के लिए चुनौती और आतंक बने जगदेव प्रसाद को 5 सितंबर को सत्याग्रह के दौरान ही हमेशा के लिए मौन कर देने की योजना बन चुकी थी। इसी षड्यंत्र के तहत एक विशेष जाति के पुलिस के जवान, डी.एस.पी. और मजिस्ट्रेट की कुर्था में तैनाती भी की गई थी। जगदेव प्रसाद के कुछ शुभचिंतकों ने उन्हें षड्यंत्र की पूर्व जानकारी भी दी, लेकिन अक्खड़ और विद्रोही स्वभाव के जगदेव प्रसाद ने किसी की न सुनी और पूर्व निर्धारित योजना के तहत वे 5 सितंबर, 1974 को 9 बजे करपी

से चलकर 10 बजे कुर्था पहुँचे। वहाँ हजारों की संख्या में छात्र-नौजवान, खेत-मजदूर, औरत और बच्चे पहले से ही जमा थे। जगदेव प्रसाद शोषित समाज दल का काला झंडा हाथ में लिये आगे बढ़ने लगे। हजारों की भीड़ उनके पीछे यह नारा लगाते हुए चल रही थी—

बिहार लेनिन जिंदाबाद।
भ्रष्टाचार मिटाना है, नया बिहार बनाना है।
इंदिरा तेरे राज में, बच्चे भूखे मरते हैं।
दस का शासन नब्बे पर, नहीं चलेगा, नहीं चलेगा!
जो जमीन को जोते-बोए, वही जमीन का मालिक होए।

वहाँ तैनात डी.एस.पी. ने कुर्था प्रखंड परिसर में सत्याग्रहियों को घुसने से रोका। जगदेव प्रसाद ने इसका प्रतिवाद करते हुए कहा कि वे सत्याग्रह करने आए हैं। या तो उन्हें गिरफ्तार करो या सरकारी कामकाज बंद करो। अभी डी.एस.पी. और जगदेव प्रसाद के बीच यह कहा-सुनी चल ही रही थी कि पुलिस ने अचानक भीड़ पर हमला बोल दिया। 15-20 लाठीधारी पुलिस ने लाठियाँ बरसानी शुरू कर दीं; लेकिन पुलिस की लाठी उन्हें विचलित नहीं कर सकी और जगदेव प्रसाद का धारा-प्रवाह भाषण चलता रहा। इसी बीच प्रशासन ने जहानाबाद से सी.आर.पी.एफ. के जवानों को बुला लिया। दिन के लगभग 2.30 बज चुके थे। सी.आर.पी.एफ. के जवानों ने आते ही लाठियाँ भाँजनी शुरू कर दीं। सत्याग्रही तितर-बितर होने लगे; मगर जगदेव प्रसाद अपने सैकड़ों समर्थकों के साथ डटे रहे। तभी एक जवान ने जगदेव प्रसाद को लक्ष्य कर गोली चला दी। उसकी पहली गोली जगदेव प्रसाद के पैर के बगल से निकल गई; लेकिन दूसरी गोली सीधे गरदन में जा फँसी। गोली लगते ही जगदेव प्रसाद गिर पड़े। सत्याग्रहियों ने इलाज के लिए उन्हें उठाकर जीप तक ले जाना चाहा, लेकिन पुलिसवालों ने जगदेव प्रसाद को जीवित देखकर उन्हें सत्याग्रहियों से छीन लिया और घायलावस्था में ही घसीटते हुए थाने ले गए। जगदेव प्रसाद घायलावस्था में 'पानी-पानी' चिल्लाते रहे, लेकिन मौत से जूझते जगदेव प्रसाद के सूखते कंठ को किसी ने दो बूँद पानी तक नहीं दिया। थाना परिसर में ही

जगदेव प्रसाद ने अंतिम साँस ली। पुलिसवाले जगदेव प्रसाद के निर्जीव शरीर को भी गायब कर देना चाहते थे; लेकिन बिंदेश्वरी प्रसाद मंडल और भोला प्रसाद सिंह के अथक प्रयास से जगदेव प्रसाद की लाश पटना पहुँच सकी।

जगदेव प्रसाद की हत्या की खबर सुनकर देश के दलित-पिछड़े रो पड़े। 6 सितंबर को उनके शव को आम जनता के दर्शनार्थ पटना के विधायक क्लब में रखा गया। 7 सितंबर को उनकी शव-यात्रा में शामिल होने के लिए उत्तर प्रदेश, बिहार, मध्य प्रदेश समेत देश के कोने-कोने से लाखों लोग पटना में उमड़ पड़े। पटना से प्रकाशित समाचार-पत्रों ने अपने 8 सितंबर के अंक में लिखा था कि 'देश के प्रथम राष्ट्रपति डॉ. राजेंद्र प्रसाद की शव-यात्रा के बाद पहली बार किसी नेता की शव-यात्रा में इतने लोग शामिल हुए हैं।'

□

मौलाना मजहरुल हक

कुछ व्यक्ति ऐसे होते हैं, जिनके नाम के उच्चारण मात्र से ही हमारे सामने एक सकारात्मक दुनिया सजीव हो उठती है। वे व्यक्ति हमारे बीच रहें या न रहें, लेकिन उनके दिखाए हुए रास्ते पथ-प्रदर्शक बनकर हमारा मार्ग प्रशस्त करते रहते हैं। वैसे लोगों में एक प्रमुख नाम मौलाना मजहरुल हक का है, जिनका प्रारंभिक जीवन काफी शान-शौकत में व्यतीत हुआ था; लेकिन बाद के वर्षों में वे पूर्णतः फकीर हो गए थे। पटना स्थित अपनी सैकड़ों बीघा जमीन उन्होंने बिहार विद्यापीठ एवं सदाकत आश्रम के लिए दान में दे दी थी और पटना का अपना आलीशान सिकंदर मंजिल छोड़कर इन्हीं संस्थाओं की गोद में एक झोंपड़ी बनाकर रहने लगे थे। लुंगी, लंबी दाढ़ी, हाथ में छड़ी और पैरों में खड़ाऊँ। उनकी यही छवि उस समय के लोगों के मन में अंकित रहती थी।

सन् 1857 में भारत का पहला स्वतंत्रता आंदोलन हुआ था। इस आंदोलन में हिंदू, मुसलमान, सिख और अन्य समुदायों के लोग साथ-साथ लड़े थे। इससे समूचे देश में राष्ट्रीय एकता का माहौल था। शिक्षा के प्रचार-प्रसार से राष्ट्रीय चेतना को बल मिल रहा था। राजा राममोहन राय ने सामाजिक सुधार का आंदोलन छेड़ रखा था। बिहार के विद्यालयों व महाविद्यालयों में राष्ट्रीय चेतना का प्रसार होने लगा था। सुरेंद्र नाथ बनर्जी ने स्वतंत्रता की मशाल जला दी थी। सब जगह राष्ट्रीय यूनियन बनने लगी थी। ऐसे ही वातावरण में मजहरुल हक का जन्म 22 दिसंबर, 1866 को हुआ था।

मजहरुल हक के खानदान के लोग फारूकी वंश के कहे जाते हैं। इसका कारण है कि वे मदीना के दूसरे खलीफा उमर फारूखी के बताए मार्ग पर चल

रहे थे। उनके पितामह काजी नवाजिस अली अपने परिवार के साथ वैशाली के लालगंज के दाऊदपुर गाँव में उत्तर प्रदेश से आकर बस गए थे। उनके पुत्र थे— अहमदुल्लाह। उनकी शादी उनकी मौसी की लड़की सकीना बेगम से हुई थी। वे घरजमाई के रूप में लालगंज से बिहटा (पटना) के बहपुरा गाँव में आकर बस गए। जमींदारी खरीदी और एक आलीशान मकान बनवाया। उसी घर में मजहरुल हक का जन्म हुआ। बचपन की शिक्षा उन्हें घर पर ही अरबी-फारसी में दी गई।

जमींदार परिवार का सदस्य होने के चलते बालक मजहरुल हक के पठन-पाठन पर विशेष ध्यान रखा जाता था। वे बचपन से ही बेखौफ और स्वाभिमानी थे और अपने स्वाभिमान की कीमत पर कोई समझौता उन्हें गँवारा नहीं था। इस संदर्भ में, उनकी बाल्यावस्था की एक घटना उल्लेखनीय है। एक बार घर पर मौलवी से पढ़ रहे थे। पढ़ाने के क्रम में गलत शब्द का उच्चारण करने के कारण मौलवी ने उन्हें एक तमाचा जड़ दिया। मौलवी का यह व्यवहार मजहरुल हक को अच्छा नहीं लगा; लेकिन पिता के वहाँ उपस्थित रहने के कारण वे चुप रहे। एक दिन पढ़ाते-पढ़ाते मौलवी साहब ऊँघने लगे। मजहरुल हक ने मौलवी साहब को भी एक तमाचा जड़ दिया। मौलवी साहब ने इस बात की शिकायत उनके पिता से कर दी। पिता के पूछने पर उन्होंने कहा, “गलती के लिए सभी को बराबर सजा मिलनी चाहिए, चाहे वह छात्र हो या शिक्षक।”

मजहरुल हक की बुद्धि बहुत तीव्र थी। अल्पावस्था में ही उन्होंने अरबी-फारसी की पूरी जानकारी प्राप्त कर ली थी और कई धार्मिक ग्रंथों का भी अध्ययन कर लिया था। प्रारंभिक शिक्षा के बाद सन् 1876 में उनका दाखिला पटना कॉलेजिएट स्कूल में कराया गया। पटना कॉलेजिएट स्कूल से सन् 1886 में उन्होंने मैट्रिक पास किया, फिर पटना कॉलेज में दाखिला लिया। बाद में एक अंग्रेज अध्यापक से अनबन के कारण वहाँ से नाम कटाकर लखनऊ के केनिंग। कॉलेज में चले गए। परंतु वहां भी उनका मन नहीं लगा। उन्होंने ठान लिया कि बैरिस्टर बनेंगे। अंग्रेजी काल में यह एक अहम हौसला था। लखनऊ से ही वह मात्र 70 रुपए के साथ बंबई चले गए और वहाँ से हज करनेवालों के साथ पोर्ट अदन पहुँच गए। पैसा कम था। वहाँ से पिता को पत्र

लिखा। पिता को यह नागवार गुजरा। लेकिन अंततः जमींदारी का एक हिस्सा बेचकर पुत्र को पैसा भेजा। उसी पैसे से वे कानून पढ़ने विलायत चले गए। इंग्लैंड में उनके सहपाठी थे—महात्मा गांधी, हसन इमाम, अली इमाम और डॉ. सच्चिदानंद सिन्हा। इंग्लैंड में ही हक साहब की मित्रता महात्मा गांधी से हुई और उनकी यह मित्रता आजीवन कायम रही। गांधीजी उनसे तीन साल बड़े थे, पर पढ़ने में उनके साथ थे, साथ ही रहते थे। कानून की शिक्षा के साथ-साथ वे वहाँ की सामाजिक व राजनीतिक गतिविधियों में भी हिस्सा लेने लगे। इंग्लैंड में रह रहे मुसलमानों की समस्याओं के समाधान के लिए उन्होंने 'अंजुमन-ए-इसलामिया' नामक एक संस्था का गठन किया। यह संस्था इंग्लैंड में हिंदू व मुसलमानों दोनों का खयाल रखती थी। सच्चिदानंद सिन्हा भी इस संस्था के सदस्य थे।

स्वदेश लौटने के बाद मजहरुल हक कलकत्ता उच्च न्यायालय के वकीलों की सूची में अपना नाम दर्ज कराकर पटना में वकालत करने लगे। प्रारंभ में उनकी वकालत अच्छी नहीं चली। सन् 1892 में अपने एक मित्र सर विलियम वारकेट की सलाह पर उन्होंने उत्तर प्रदेश न्यायिक सेवा में मुंसिफ मजिस्ट्रेट का पद स्वीकार कर लिया। हक साहब को गुलाब का फूल और कुत्तों से बड़ा प्रेम था। यू.पी. के ज्यूडिशियल कमिश्नर ने एक दिन उनके कुत्तों को देख लिया और उनसे उनकी माँग कर दी। इस संबंध में संत कुमार वर्मा ने लिखा है—"वहाँ का ज्यूडिशियल कमिश्नर अंग्रेज था और वह हक साहब को जानता था। हक साहब के पास कुत्तों की एक बहुत अच्छी जोड़ी थी। कमिश्नर ने एक दिन उनके कुत्तों को देख लिया था और उन्हें उनके कुत्ते पसंद आ गए थे। कमिश्नर ने अपनी इच्छा से हक साहब को अवगत कराया। हक साहब ने जवाब दिया कि मैं कुत्तों को इसलिए नहीं पालता कि दूसरों को भेंट दिया करूँ। यदि कुत्ते आपको पसंद हैं तो दूसरी जगह से मोल ले लीजिए। हक साहब का यह उत्तर कमिश्नर को अपमानजनक लगा। उसने जिला जज से हक साहब की शिकायत कर दी। जिला जज भी रोब में आ गए और हक साहब को कहा कि तुमने कुत्ता कमिश्नर को न देकर उनका अपमान किया है। तुम्हें समझ होनी चाहिए कि उन्हीं के हाथ में तुम्हारी नौकरी

है। यह सुनते ही हक साहब को गुस्सा आ गया और उन्होंने अपना त्याग-पत्र जिला जज को सौंप दिया।"

सन् 1896 में मजहरुल हक छपरा आ गए और वहाँ वकालत शुरू की। एक साल में ही वकील के रूप में उनकी ख्याति काफी बढ़ गई। सभी जजों से उनकी जान-पहचान हो गई। सन् 1897 में छपरा में बहुत बड़ा अकाल पड़ा। हक ने रिलीफ कमेटी बनाकर अकाल-पीड़ितों की जमकर सेवा की। उन्होंने एक रिलीफ कमेटी बनाई, जिसके वे प्रधानमंत्री थे। उनके राहत कार्यों की सर्वत्र सराहना हुई। सन् 1903 में वे सर्वसम्मति से छपरा नगरपालिका के उपाध्यक्ष चुने गए। 3 साल तक इस पद पर रहे। कर्मचारियों से वे काम भी लेते और उन्हें प्यार भी देते। यही इनकी जनसेवा का सूत्र बन गया। नगरपालिका का कोष काफी बढ़ गया। बाद में वे छपरा जिला परिषद् के अध्यक्ष भी बने। इस दौरान जिले में ढेर सारे अधूरे कार्यों को पूरा किया और प्राइमरी स्तर तक की पढ़ाई निःशुल्क कर दी। यह पूरे भारत में पहली नई घटना थी।

सन् 1906 में मुसलमानों की एक अलग संस्था बनाने के उद्देश्य से हिंदुस्तान के मुसलमानों की एक बैठक ढाका में बुलाई गई थी। बैठक का मुख्य उद्देश्य कांग्रेस का प्रबल विरोध एवं अंग्रेजी शासन का समर्थन था। मजहरुल हक अंग्रेजों की इस साजिश को समझ गए थे और विरोध की नीयत से सैयद हसन इमाम को लेकर ढाका पहुँच गए। इन दोनों नेताओं ने अपने भाषणों से वहाँ उपस्थित मुसलमानों को इतना प्रभावित किया कि बैठक का उद्देश्य धरा-का-धरा रह गया और अखिल भारतीय मुसलिम लीग का जन्म हुआ। उसका कार्य एवं उद्देश्य भिन्न था। मजहरुल हक मुसलिम लीग के सचिव बनाए गए। मजहरुल हक की पहल पर छपरा और पटना में मुसलिम लीग की शाखा खोली गई। सन् 1908 में वे पुनः पटना आ गए और यहाँ वकालत शुरू कर दी। बड़ा क्षेत्र मिला। वह सिकंदर मंजिल में रहने लगे। तब तक उनकी समझ में यह बात आ चुकी थी कि हिंदू-मुसलिम को अलग-अलग बाँटकर अंग्रेज भारत में राज कर रहे हैं।

उन दिनों सच्चिदानंद सिन्हा बिहार को बंगाल से अलग कर एक नया प्रांत बनाने का आंदोलन चला रहे थे। मजहरुल हक उस आंदोलन से जुड़

गए। आंदोलन के कर्णधारों द्वारा संचालित पत्र 'बिहार टाइम्स' का नाम बदलकर 'बिहारी' नाम रखने की पहल हक साहब ने ही की थी। यह पत्र उनके विचारों का मंच बना। तभी बिहारियों के सामाजिक, आर्थिक, शैक्षणिक तथा राजनीतिक जागरण के लिए बिहार प्रादेशिक सम्मेलन की स्थापना की गई। मजहरुल हक इस संस्था से जुड़ गए। उस समय बिहार प्रादेशिक सम्मेलन ही एकमात्र ऐसी संस्था थी, जो नवयुवकों में राष्ट्रीयता की भावना पैदा कर रही थी। इस बिहार प्रादेशिक सम्मेलन का पहला अधिवेशन अली इमाम की अध्यक्षता में 12 और 13 अप्रैल, 1908 को पटना में संपन्न हुआ, जिसमें मुहम्मद फखरुद्दीन ने एक प्रस्ताव लाकर बिहार को बंगाल से अलग कर एक नया प्रांत बनाने की माँग की। यह प्रस्ताव सर्वसम्मति से पारित हुआ। सम्मेलन का तीसरा अधिवेशन सन् 1911 में मजहरुल हक की अध्यक्षता में गया में हुआ, जिसमें उन्होंने बिहार को बंगाल से अलग कर एक नया प्रांत बनाने की माँग को जोरदार ढंग से रखा। दिसंबर 1911 में दिल्ली के शाही दरबार में बिहार को एक नया प्रांत बनाने की माँग स्वीकार कर ली गई। मजहरुल हक की लोकप्रियता का ग्राफ बढ़ता गया।

बिहार में बिहार प्रदेश कांग्रेस कमेटी का गठन अक्तूबर 1908 में सोनपुर मेले में किया गया। सच्चिदानंद सिन्हा ने सोनपुर मेले में मजहरुल हक, हसन इमाम तथा दीप नारायण सिंह के सहयोग से बिहार के कांग्रेसी नेताओं की एक सभा नवाब सरफराज हुसैन खान की अध्यक्षता में बुलाई। सैयद हसन इमाम बिहार प्रदेश कांग्रेस कमेटी के अध्यक्ष बनाए गए। उपाध्यक्ष बने मजहरुल हक, खान बहादुर, सरफराज हुसैन खान, राय परमेश्वर नारायण मेहता बहादुर और कृष्णा सहाय, खजांची सच्चिदानंद सिन्हा, सचिव बने सैयद नाजमुल हुदा, दीप नारायण सिंह और परमेश्वर लाल। बिहार प्रदेश कांग्रेस कमेटी की विशेषता यह थी कि प्रदेश के हिंदू व मुसलमानों ने एकजुट होकर कांग्रेस की प्रादेशिक समस्याओं को उजागर किया। संविधान के अनुसार कांग्रेस का अगला अधिवेशन दिसंबर 1908 में मद्रास में बुलाया गया, जिसमें पहली बार अखिल भारतीय कांग्रेस कमेटी के लिए बिहार से ये सदस्य चुने गए—मजहरुल हक (पटना), हसन इमाम (पटना), परमेश्वर लाल (गया), सैयद नजमुल

हुदा (बाँकीपुर) तथा दीप नारायण सिंह (भागलपुर)। इसके अलावा, बिहार से पाँच सदस्य विषयनामिका समिति के लिए भी चुने गए—सैयद हसन इस्माइल, परमेश्वर लाल, दीप नारायण सिंह, जनमुल हुदा और बसंती चरण सिन्हा। सच्चिदानंद सिन्हा, हसन इमाम तथा दीप नारायण सिंह ने सभा की कारवाई में भी सक्रिय योगदान किया।

अखिल भारतीय कांग्रेस का पच्चीसवाँ वार्षिक सम्मेलन 25-29 दिसंबर, 1910 को इलाहाबाद में संपन्न हुआ, जिसमें मजहरुल हक पहली बार बिहार के दर्जनों प्रतिनिधियों के साथ शरीक हुए। सभा की कारवाई में मुहम्मद अली जिन्ना बंबई के एक प्रतिनिधि के रूप में शरीक हुए। मॉर्ले-मिंटो फ्रार्म में प्रस्तावित मुसलमानों के लिए पृथक् प्रतिनिधित्व के विरोध में उन्होंने एक प्रस्ताव पेश किया, जिसका समर्थन मजहरुल हक एवं हसन इमाम ने किया।

प्रस्ताव पेश करते हुए मुहम्मद अली जिन्ना ने कहा, "मैं इस सम्मेलन में मुसलिम समुदाय का प्रतिनिधित्व नहीं कर रहा हूँ, न ही मुसलिम समुदाय ने मुझे कोई अधिकार इस संबंध में दिया है। मैं जो कुछ कह रहा हूँ, वह मेरा व्यक्तिगत विचार है और मेरे विचार अधिकांश लोगों को मालूम हैं। जिसे इस प्रस्ताव में कहा गया है कि यह कांग्रेस पृथक् सांप्रदायिक प्रतिनिधित्व के सिद्धांत का मजबूती से विरोध करती है और जिसे नगरपालिकाओं, जिला परिषदों या अन्य स्थानीय निकायों में लागू किया गया है।"

मजहरुल हक ने कहा कि मैं कांग्रेस और मुसलिम लीग दोनों का सदस्य हूँ। मैं विश्वास करता हूँ कि प्रत्येक मुसलमान का यह कर्तव्य है कि वह मुसलिम लीग तथा कांग्रेस दोनों का सदस्य बने। मुझे यह कहने में कोई हिचकिचाहट नहीं है कि मैं व्यक्तिगत रूप से पृथक् प्रतिनिधिकरण का विरोधी हूँ और इस सिद्धांत को एक अपरिपक्व सिद्धांत मानता हूँ। देश की सबसे बड़ी समस्या है—हिंदू और मुसलमान समुदायों के लोगों को साथ-साथ रखना, जिससे कि मातृभूमि के उत्थान के लिए दोनों कंधे-से-कंधा मिलाकर काम कर सकें।

उनका ठोस व सक्रिय राजनीतिक जीवन यहीं से शुरू हुआ। अखिल भारतीय कांग्रेस कमेटी का सत्ताईसवाँ अधिवेशन बाँकीपुर (पटना) में 26-28 दिसंबर, 1912 को हुआ, जिसका स्वागताध्यक्ष मजहरुल हक को बनाया गया।

सन् 1915 में मजहरुल हक मुसलिम लीग के अध्यक्ष चुने गए। हक साहब के प्रयास से कांग्रेस और मुसलिम लीग का एक संयुक्त अधिवेशन बंबई में आयोजित हुआ। कांग्रेस की ओर से सर एस.पी. सिन्हा और मुसलिम लीग की ओर से मजहरुल हक थे। अपने अध्यक्षीय भाषण में मजहरुल हक ने मुसलमानों से आपसी भेदभाव भुलाकर देश-हित में एकजुट होने का ऐतिहासिक भाषण दिया। उन्होंने कहा, "इस समय जब नई शक्तियाँ उभर रही हैं और नई विचारधारा जन्म ले रही है, तब मुसलिम समाज को सावधानीपूर्वक अपने को विकसित करना चाहिए और बेबुनियाद मतभेदों से दूर रहना चाहिए। सही संगठन ही किसी समाज में शक्ति का राज है, इसलिए हमें अपने को इस तरह से संगठित करना है कि हमारी आवाज लोगों को हमें आदर की दृष्टि से देखने को मजबूर करे और सरकार हमारे विचार को पूरे मुसलिम समुदाय का सर्वसम्मत विचार समझे और आसानी से उसकी उपेक्षा नहीं कर सके। हमें अपनी ताकत को यूँ ही निष्फल और हानिकारक प्रयासों से बरबाद नहीं करना चाहिए, जो हमारी तरक्की को अवरुद्ध करती हो। हमारे नेताओं ने बहुत लाभप्रद कार्य किए हैं। मुसलिम लीग एक प्रगतिशील संस्था है और समय के साथ हमारे हितों को समाहित करने की इसमें क्षमता है।"

बिहार के चंपारण में नील कृषकों पर अंग्रेजों के अत्याचार के विरुद्ध आंदोलन के लिए महात्मा गांधी का 10 अप्रैल, 1917 को पहली बार पटना आगमन हुआ था। वे पटना के प्रसिद्ध वकील डॉ. राजेंद्र प्रसाद के निवास पर पहुँचे; लेकिन वे पुरी गए हुए थे। मोटी सी धोती और कुरता पहने गांधीजी नंगे पाँव थे। उनके सिर पर एक टोपी थी। डॉ. राजेंद्र प्रसाद के सेवकों ने उन्हें अंदर के मेहमानखाने में ठहराने की बात तो छोड़ दें, अंदर का शौचालय इस्तेमाल करने की भी अनुमति नहीं दी। तभी गांधीजी को अपने लंदन के एक मित्र मि. मजहरुल हक की याद आई। राजकुमार शुक्ल के मारफत गांधीजी ने उन्हें अपने पटना आने की सूचना दी। उस दिन का दिलचस्प विवरण डॉ. सुजाता चौधरी ने अपनी पुस्तक 'सौ साल पहले : चंपारण का गांधी' में इस प्रकार किया है—

"गांधीजी आए हैं? मि. हक ने राजकुमार शुक्ल के हाथ से पुरजा लेते हुए पूछा।

"राजकुमार शुक्ल जब तक 'हाँ' बोलते, तब तक तो मजहरुल हक अपनी हवा गाड़ी पर बैठ गए। लपकते हुए वे भी उनके संग बैठ गए…। गाड़ी हवा में बातें कर रही थी। उसके साथ ही राजकुमार शुक्ल का मन भी हवा में उड़ रहा था। एक बार तो इतनी तेजी से उड़ा हुआ मन काँप गया। यदि हक साहब ने महात्माजी को चंपारण जाने से मना कर दिया, तब क्या होगा? तब तक तो मोटर गाड़ी राजेंद्र बाबू के गेट पर जा खड़ी हुई।

"ऐसे मिले दोनों गले, जैसे एक भाई अपने भाई से मिलता है, जैसे दो जिस्म एक जान हों दोनों…। अपने हाथों ही महात्मा गांधी का सामान उठा लिया, अब एक पल भी यहाँ ठहरने की आवश्यकता नहीं!

"लंबे-चौड़े बड़े से हॉल में, जहाँ मोटी सी लाल कालीन बिछी थी और जिस पर नक्काशीदार सोफा रखा हुआ था, महात्मा गांधी को बिठाते हुए हक ने कहा, 'तशरीफ रखिए, तुरंत आता हूँ।' कहकर वे आगे बढ़ गए। लेकिन अगले ही क्षण ठिठककर पलटते हुए कहा, 'ओफ्फो शुक्लजी, आपको तो भूल ही गया था। आप भी बरामदे में रखी कुरसियों पर आराम फरमाएँ।'

"एक इच्छा तो हुई कि बरामदे की कुरसियों पर जाकर बैठ जाएँ, पर पैर ही नहीं उठे। सामने बैठे भगवान् को छोड़कर पैर उठे भी तो कैसे? वहीं फर्श पर ही बैठ गए।

"पर भगवान् चुपचाप बैठने वाला तो था नहीं…अजीब सा था। जान-बूझकर फक्कड़ बनना चाह रहा था, फकीरी के आनंद को लेने के लिए छटपटा रहा था। सोफे से उठकर खड़ा हो गया…। था तो अतिथि, किंतु कालीन को समेटते वक्त गृह स्वामी से कम नहीं लग रहा था। वह भी फर्श पर ही आराम से बैठ गया।

"भक्त की बात समझ में नहीं आई। अभी तक बेचारा मरा जा रहा था कि वह भगवान् के लायक सुविधाजनक व्यवस्था नहीं कर पाया था…और अब, जब ईश्वर ने ही व्यवस्था कर दी तो स्वयं ही सुविधा का त्याग कर जमीन पर आनंद की मुद्रा में बैठ गया था।

"ऊपरी मंजिल से जब मजहरुल हक सिगार का कश लेते हुए लौटे तो चौंकना वाजिब था। कुछ मिनटों में सारी व्यवस्था ही उलट-पुलट हो गई थी, 'यह क्या, आप फर्श पर क्यों बैठे हैं''' ? यदि जमीन पर ही आराम फरमाना था तो कालीन क्यों हटा दिया ?'

'कालीन में गरमी लग रही थी। अब बिल्कुल आराम से हूँ। लेकिन एक सवाल आपसे करने का मन कर रहा है, यदि आप इजाजत दें तो।'

'इजाजत माँगने की क्या जरूरत है ? कहिए तो''''

'क्या आप सिगार के बगैर नहीं रह सकते ?' महात्मा गांधी ने हक की आँखों में गहरे उतरकर झाँकते हुए पूछा।

'क्यों नहीं ? '''यह लीजिए, अभी आपके सामने ही इसे फेंक देता हूँ।' सिगार को फेंकते हुए हक ने कहा।

"गांधीजी ने उठकर गले लगा लिया, 'हक साहब, आपने हमारी दोस्ती का इतना मान रखकर अपना मुरीद बना लिया।'

"'मुरीद तो मैं बन गया हूँ। मैं प्रतिज्ञा करता हूँ कि जीवन में कभी सिगार नहीं पीऊँगा और कोशिश करूँगा, समेटे हुए कालीन को बिछाने की पुनः मेरी मनोवृत्ति ही न हो। और हाँ, एक कोशिश और करूँगा कि पतलून और कोट की जगह खद्दरधारी बन जाऊँ, ताकि अपने मित्र की मित्रता की योग्यता प्राप्त कर सकूँ।' कहते-कहते हक भावुक हो गए।"

गांधी से इस मुलाकात ने मजहरुल हक को बदलकर रख दिया और वे ठाट-बाट की जिंदगी छोड़कर पूरी तरह से गांधीवादी बन गए। गांधीजी ने इस बाबत अपनी आत्मकथा में लिखा है—"ऐशो-आराम की जिंदगी छोड़कर वे अभी साधारण जिंदगी जी रहे हैं। जिस ढंग से वे हम लोगों को सहयोग कर रहे हैं, उससे लगता है कि वे हम लोगों में से ही एक हैं—भले ही उनकी ऐशो-आराम की जिंदगी देखकर अन्य लोग दूसरी तरह से सोचें।" मौलाना मजहरुल हक के व्यक्तित्व में आए बदलाव का वर्णन बिहार में अभियानी पत्रकारिता के जन्मदाता पीर मुहम्मद मूनिस ने इस प्रकार किया है—"तारीख 16 सितंबर को प्रातःकाल करीब 7 बजे मि. मजहरुल हक के सिकंदर मंजिल में पहुँचा। भीतर दाखिल होने पर मैं अवाक् रह गया। क्योंकि इस संस्थान को

कुछ दिन पहले मैंने देखा था। अब यह स्थान उस शानो-शौकत का नहीं रहा। जिन जगहों पर विलायती कुरसियाँ बिछी हुई रहती थीं, वहाँ पर कालीन बिछे हुए थे। आरामकुरसी का काम मसनद से लिया जा रहा था। संपूर्ण हॉल दरी और कालीन से सजा हुआ था। अलमारियों में अरस्तू, शेक्सपीयर, कालिदास, सादी नजर आ रहे थे। 'अलहेहाल', 'इंडिपेंडेंट' आदि पत्रिकाओं की पुरानी प्रतियाँ भी सामने रखी हुई थीं। एकदम रंग बदला हुआ था। विलायती चीजों की जगह स्वदेशी चीजें दिखाई पड़ रही थीं। मि. मजहरुल हक साहिब स्वदेशी पोशाक पहने बैठे थे—मारकीन का कुरता और पायजामा। महात्मा गांधी की टोपी सामने कालीन पर रखी हुई थी। बिहार के इस नेता को इस वेश में देखकर देश का भविष्य नेत्रों के सामने दिखाई पड़ने लगा। मन में अनेक प्रकार की उमंगें उठने लगीं।"

पटना से मौलाना मजहरुल हक, डॉ. राजेंद्र प्रसाद, ब्रजकिशोर प्रसाद और अनुग्रह नारायण सिंह को लेकर महात्मा गांधी मोतिहारी पहुँच गए। उनके आगमन की जानकारी मिलते ही सरकार की ओर से मोतिहारी में धारा-144 लागू कर दी गई थी। तब यह निर्णय लिया गया कि यदि गांधीजी को जेल जाना पड़ा, तब मजहरुल हक एवं ब्रजकिशोर प्रसाद आंदोलन का नेतृत्व करेंगे।

वर्ष 1920 में मजहरुल हक ने पटना दानापुर रोड पर सदाकत आश्रम की स्थापना की। वह जमीन कानपुर के एक रंगसाज को मुकदमे में जीत दिलाने के एवज में हक साहब को मिली थी। आज सदाकत आश्रम में कांग्रेस पार्टी का कार्यालय चल रहा है, जो हक साहब का जीता-जागता स्मारक है। उसके पश्चिमी छोर पर उनकी प्रतिमा लगी है। यहीं पर डॉ. राजेंद्र प्रसाद द्वारा स्थापित 'मजहरुल हक पुस्तकालय' भी है, जिसमें करीब 20,000 पुस्तकें हैं। कुछ दिनों बाद हक साहब सदाकत आश्रम में ही एक झोंपड़ी बनाकर रहने लगे। सदाकत आश्रम अब एक औलिया फकीर का जीवन-केंद्र बन गया। यहीं पर उन्होंने बिहार विद्यापीठ की स्थापना भी की। इसके पहले चांसलर वे खुद थे। इसकी शाखाएँ बाँकीपुर, पटना सिटी, खगौल, दानापुर, बिहार शरीफ, लई और अमहारा में भी खुलीं। तब बिहार विद्यापीठ सदाकत आश्रम में लगभग 21,000 छात्र-छात्राएँ शिक्षा प्राप्त करते थे। जयप्रकाश नारायण ने

भी विद्यापीठ में अध्ययन किया था। हक साहब ने सदाकत आश्रम में एक प्रेस भी स्थापित किया था। यहीं से उन्होंने 'मदरलैंड' अखबार का प्रकाशन शुरू किया, जिसका उद्‌देश्य राष्ट्रीय भावना का प्रसार था। 'मदरलैंड' असहयोग आंदोलन का मुख्य पत्र था और उसका वितरण विदेशों में भी होता था। 'मदरलैंड' के 26 जून, 1922 वाले अंक में बक्सर जेल के राजनीतिक कैदियों के साथ जेल प्रशासन के दुर्व्यवहार को काफी प्रमुखता से उजागर किया गया था। जेल प्रशासन बौखला गया और उसने मजहरुल हक पर मानहानि का मुकदमा चलाया। मुकदमा महीनों तक चलता रहा; लेकिन हक ने मुकदमा लड़ने से इनकार कर दिया, क्योंकि उस समय कांग्रेस की घोषणा के अनुसार किसी भी सरकारी तथा गैर-सरकारी मुकदमे में न तो सबूत दिया जाता था और न सफाई। परिणामस्वरूप पटना के जिला मजिस्ट्रेट ने मजहरुल हक पर 1 हजार रुपए का जुरमाना या जुरमाने की रकम नहीं चुकाने पर तीन माह की कैद की सजा सुनाई। हक साहब ने जुरमाना की राशि देने के बदले जेल जाना बेहतर समझा। जेल जाने के बाद मजहरुल हक को 'देशबंधु' के नाम से पुकारा जाने लगा।

वर्ष 1923 के अक्तूबर माह में समूचे बिहार में जिला बोर्ड तथा म्यूनिसिपैलिटी का चुनाव हुआ, जिसमें मजहरुल हक सारण जिला बोर्ड के अध्यक्ष निर्वाचित हुए। हक साहब से पहले जिला बोर्ड अध्यक्ष जिलाधीश ही होते थे। अध्यक्ष के तौर पर हक ने प्राथमिक विद्यालय की पढ़ाई को नि:शुल्क कर दिया। देश के तत्कालीन इतिहास में एकमात्र सारण जिला ही ऐसा था, जहाँ बच्चों को प्रारंभिक शिक्षा नि:शुल्क दी जाती थी। हक ने जिले में लाइट रेलवे चलाने की योजना तैयार की; परंतु उनका कार्यकाल पूरा हो जाने के कारण उनकी यह महत्त्वाकांक्षी योजना अधूरी रह गई।

वर्ष 1926 के नवंबर माह में प्रांतीय काउंसिल के लिए हुए चुनाव में कांग्रेस उम्मीदवार के रूप में मजहरुल हक खड़े हुए। अधिकांश स्थानों पर कांग्रेस की जीत हुई। परंतु मजहरुल हक हिंदू-मुसलिम दंगे और कांग्रेसी कार्यकर्ताओं के आपसी मन-मुटाव के कारण चुनाव हार गए। इस हार के बाद उन्होंने सक्रिय राजनीति से संन्यास ले लिया। सन् 1926 में अखिल भारतीय

कांग्रेस कमेटी के गुवाहाटी अधिवेशन की अध्यक्षता के लिए मजहरुल हक का नाम प्रस्तावित हुआ। महात्मा गांधी ने भी संपर्क कर उनसे राजनीति में सक्रिय भूमिका निभाने का अनुरोध किया। लेकिन मजहरुल हक ने विनम्रता के साथ सक्रिय राजनीति में आने से इनकार कर दिया और सारण जिला के फरीदपुर गाँव में स्थायी रूप से बस गए। इसी बीच उनके बड़े पुत्र हसन मजहर की असमय मृत्यु हो गई। इससे हक साहब को बड़ा आघात पहुँचा। 27 दिसंबर, 1929 को उन्हें लकवा मार गया और 2 जनवरी, 1930 को उनका इंतकाल हो गया। लेकिन इंतकाल हक साहब की देह का था, उनके विचारों व आंदोलनों का नहीं। सांप्रदायिक सद्भाव के अग्रदूत के रूप में वे हमारी स्मृतियों में सदैव बने रहेंगे।

□

बलिदानी नायक पीर अली खान

सन् 1947 तक भारत में अंग्रेजों का शासन था। वर्ष 1757 से लेकर 1947 में आजादी मिलने तक बिहार में इस अवधि के बीच अंग्रेजों के विरुद्ध अनेक क्रांतियाँ हुईं। इन क्रांतियों में स्थानीय जमींदार, क्षेत्रीय शासक, युवक, किसान, जनजातियों और हर धर्म के लोगों की भागीदारी हुई थी। बहावी आंदोलन, नोनिया विद्रोह, छोटानागपुर विद्रोह, कोल विद्रोह, भूमिज-चेर-संथाल, पहाड़िया-खरवार-सरदारी मुंडा विद्रोह, सफा होड़-टाना भगत आंदोलन जैसे आंदोलन और संगठित व असंगठित विद्रोह प्रमुख हैं। सन् 1857 की पहली बड़ी क्रांति ऐसे ही विद्रोहों की परिणति थी। इस विद्रोह के फलस्वरूप भारत में ईस्ट इंडिया कंपनी का अस्तित्व समाप्त हो गया और सीधा ब्रिटिश शासन आरंभ हुआ। बिहार की बात करें तो जुलाई 1857 में दानापुर की सातवीं, आठवीं एवं दसवीं सैनिक पलटनों का विद्रोह, शाहाबाद के इलाके में बाबू कुँवर सिंह का विद्रोह और पटना (तत्कालीन अजीमाबाद) में पीर अली का विद्रोह कुछ ऐसी घटनाएँ हैं, जिन्होंने देशभक्ति के इतिहास में सुनहरे अध्याय जोड़े। इस क्रांति में बिहार के प्रमुख मुसलिम क्रांतिकारी पीर अली का नाम सबसे ऊपर आता है। वे सिर्फ मुसलमानों के ही नेता नहीं थे। उन्हें अपने समय में सारे क्रांतिकारियों का विश्वास और समर्थन प्राप्त था। जिस तरह बहावी आंदोलन के प्रमुख अजीमुल्लाह खान के नाम और कारनामों का जिक्र किए बिना सन् 1857 की क्रांति का इतिहास अधूरा है, ठीक उसी तरह पीर अली खान के कारनामों का जिक्र किए बिना बिहार में हुई 1857 की क्रांति-कथा अधूरी है।

एक मान्यता के अनुसार, पीर अली का जन्म भोजपुर के तरारी थाने के लकवा गाँव में हुआ था, जहाँ से वे पटना शहर मुख्यालय में आए। यहीं से उनकी क्रांतिकारी गतिविधियाँ शुरू हुईं और फैलीं; जबकि दूसरी मान्यता के अनुसार पीर अली का जन्म आजमगढ़ (उत्तर प्रदेश) के मुहम्मदपुर में हुआ था। बचपन में ही, यानी सन् 1820 में ही वे पटना चले आए। जबकि पटना के तत्कालीन कमिश्नर विलियम टेलर का मानना है कि पीर अली उत्तर प्रदेश के लखनऊ का रहनेवाला था। लेकिन वह कई वर्षों से पटना में रह रहा था। टेलर के शब्दों में—"मुझे गहरा संदेह है कि उसने मूल रूप से खुद को पटना का इसलिए स्थापित किया होगा, ताकि षड्यंत्र रच सके। उसके घर से मिले पत्र दिखाते हैं कि पिछले कई वर्षों से उसकी बहुत से लोगों के साथ चिट्ठी-पत्री चल रही थी। उनमें मुली-उल-जमा के साथ खतो-किताबत खास है, जो लखनऊ का रहनेवाला था और उसका हमपेशा था।"

इसमें से सच्चाई जो भी हो, लेकिन यह सत्य है कि पटना के जमींदार नवाब पीर अब्दुल्लाह ने उन्हें अपने बेटे लुफ्त अली के साथ पाला-पोसा था। पटना में ही उनकी पढ़ाई-लिखाई हुई थी। उन्होंने अच्छी तरह उर्दू, फारसी और अरबी भाषा में ज्ञान की प्राप्ति की थी। आजीविका के लिए उन्होंने नवाब की सहायता से किताब बिक्री का काम शुरू किया। उनकी दुकान पटना शहर में सदर गली के मोड़ पर थी। उसी दुकान में वे जिल्दसाजी का काम किया करते थे।

उस दुकान के संचालन के पीछे उनका एक दूसरा राज भी छिपा हुआ था। उनका मुख्य उद्देश्य लोगों में क्रांति संबंधी पुस्तकों का प्रचार करना था। वे पहले स्वयं पुस्तक पढ़ते और इसके बाद दूसरों को पढ़ने के लिए देते थे। इसी तरह अपने परिचितों को उन्होंने आंदोलित करने का प्रारंभिक क्रांतिकारी कार्य शुरू किया। उनका मूल उद्देश्य हिंदुस्तान को गुलामी की बेड़ियों से आजाद करवाना था। पीर अली का मानना था कि गुलामी मौत से भी अधिक बदतर होती है।

इसी दौर में उनका दिल्ली तथा अन्य स्थानों के क्रांतिकारी विचारों, क्रांतिकारियों से भी संपर्क हुआ। वे उस समय के दिल्ली के प्रमुख क्रांतिकारी

अजीमुल्लाह खान से भी समय-समय पर निर्देश प्राप्त करते थे। वे देश भर से क्रांतिकारी साहित्य मँगाने लगे। वे एक साधारण पुस्तक विक्रेता थे, पर उनका संपर्क कद्दावर लोगों से था। उन्हें वे क्रांतिकारी साहित्य पढ़ाने लगे। अपने समय के क्रांतिकारी परिषद् का भी उन पर अत्यधिक प्रभाव था। उन्होंने इसी रूप में धनी वर्ग के सहयोग से अनेक व्यक्तियों को पहले संगठित किया और उनमें क्रांतिकारी भावनाओं एवं विचारों को भरने का काम किया। लोगों से वे कहा करते थे कि ब्रिटिश सत्ता को जड़-मूल से नष्ट कर देंगे। उनके नेतृत्व में उनके साथियों ने यह कसम ली थी कि जब तक शरीर में खून का एक कतरा भी रहेगा, वे फिरंगियों का लगातार विरोध करेंगे। क्रांति को दूसरों तक पहुँचाने के लिए जिल्दसाजी की किताबों में देश की उस समय की खिदमत का परचा तैयार कर डाल देते थे। इस तरह, वे लोगों को अपने कर्तव्य का भान कराते थे। परचों में उस समय के पूरे हालात का चित्रण रहता था। उनकी शोहरत पूरे पटना में फैल गई। ब्रिटिश सरकार के जासूसों को इसकी भनक मिल गई।

सन् 1772 से ही ब्रिटिश सरकार के विरुद्ध ज्वाला प्रज्वलित होने लगी थी। 1857 में पूरे भारत में उसका प्रसार हो गया। अंग्रेजों द्वारा किए जा रहे जुल्म और शोषण के खिलाफ पहला संगठित देश व्यापी विद्रोह शुरू हो गया। इसका पहला अभियान नाना साहब, अजीमुल्लाह खान और वीर कुँवर सिंह ने चलाया। इससे पेशावर से लेकर बैरकपुर तक के सैनिक संगठित हो गए। आम जनता भी संगठित हो गई। कमल के फूल के माध्यम से इसकी स्वीकृति सैनिकों से ली जाती थी। वहीं रोटी (चपाती) के माध्यम से गाँव-गाँव के लोगों से संग्राम की स्वीकृति ली जाने लगी। पूरे भारत में 31 मार्च, 1857 के दिन बगावत कर आजादी पा लेने की योजना बनी। सेना में इस्तेमाल होनेवाले बंदूक के कारतूसों में गाय और सुअर दोनों की चरबी का प्रयोग करने की बात ने सैनिकों के दिल में आग लगा दी। इसके चलते 29 मार्च, 1857 को बैरकपुर छावनी के सिपाही मंगल पांडेय ने सर्जेंट मेजर हडसन को गोली मारकर मौत की नींद सुला दिया। इसी के साथ समय से पहले शुरू हो गया सन् 1857 का महासंग्राम। पूरे देश में बगावत की लहर फैल गई।

बिहार में क्रांति की शुरुआत 12 जून, 1857 को देवघर के रोहिणी से हुई। यहाँ 32वीं इन्फैंट्री रेजीमेंट का मुख्यालय था। इस विद्रोह में लेन नार्सल लेस्ली और सहायक ग्रांट लेस्ली मारे गए थे। यहाँ के तीन सैनिक असाकत अली, सलामत अली और शेख हारो 5वीं घुड़सवार फौज के सिपाही की हैसियत से तैनात थे। 12 जून, 1857 को अजीमुल्लाह खान के मुखबिरों के जरिए मेरठ में हुए सिपाहियों के विद्रोह की खबर जैसे ही हुई, उन्होंने चाय पीते हुए मैकडोनॉल्ड, नार्सल लेस्ली और डॉ. ग्रांट को घेर लिया। लेस्ली मारा गया, पर अन्य दो भागने में सफल हुए। भागलपुर से आकर फौज ने रोहिणी के विद्रोह को कुचल दिया। 16 जून, 1857 को कोर्ट मार्शल के बाद उन तीन सैनिकों को आम के पेड़ से लटकाकर फाँसी दे दी गई। इसी घटना के बाद पटना की हालत बिगड़ने लगी। पटना, छपरा, मोतिहारी, भागलपुर और दानापुर में क्रांति की योजनाएँ बनने लगीं। जगदीशपुर के शासक कुँवर सिंह नाना साहब के संपर्क में थे। हरकिसन सिंह और उनके समर्थक सिपाहियों में क्रांति का संचार कर रहे थे। ब्रितानियों ने तत्क्षण दानापुर में एक छावनी की स्थापना की, ताकि बिहार पर नियंत्रण स्थापित किया जा सके। उसका प्रधान सेनापति जनरल लॉयड था। उस समय पटना का कमिश्नर था—विलियम टेलर।

तब तक यह सारा मामला सैनिक और शासकों के बीच का था। इसमें जनता कहीं नहीं थी। जन-प्रतिनिधि के रूप में बिहार से क्रांति में जो प्रवेश हुआ, उसके अगुआ पीर अली बने। इसी के आधार पर मार्क्स ने भी लिखा कि 1857 की क्रांति सैनिक विद्रोह नहीं था—वह सीधे जन-क्रांति था। इस जन-क्रांति के नायक एक पुस्तक विक्रेता पीर अली थे। यही इतिहास का नया पन्ना है। सारे इतिहासकारों और अंग्रेजों ने इस क्रांति को 'सिपाही म्यूटिनी' का नाम दिया था; लेकिन पीर अली के चलते ही भारत की सन् 1857 की क्रांति जन-क्रांति बनी और कहलाई। पीर अली की शहादत दुनिया में उभरनेवाली जन-क्रांतियों के इतिहास की इसी रूप में मुकुट मणि है। उनकी शहादत इतिहास में अत्याचार के विरुद्ध सबसे बड़ी जन-पहल के रूप में दर्ज है। पीर अली का प्रवेश क्रांति के पहले भारतीय अगुआ के रूप में अमर है।

विलियम टेलर बहुत दूरदर्शी था। अपनी प्रशासनिक क्षमता के लिए उसका नाम था। उसका मानना था कि पटना के मुसलमान भी इस क्रांति में हिंदुओं के साथ भाग लेंगे। उसकी आशंका निर्मूल नहीं थी।

सन् 1857 में पटना में अंग्रेजी साम्राज्य के विरुद्ध हुआ विद्रोह कई दृष्टिकोण से महत्त्वपूर्ण है। राजनीतिक और आर्थिक केंद्र था पटना—कलकत्ता के बाद ब्रिटिश शासन का मुख्यालय था। पटना कलकत्ता के नजदीक था, इसलिए उसका तत्कालीन राजनीतिक गतिविधियों का केंद्र बनना स्वाभाविक था।

पटना में 1857 के विद्रोह के प्रमुख नेता पीर अली थे। उनके नेतृत्व में 3 जुलाई, 1857 को अंग्रेजी शासन के विरुद्ध एक सुनियोजित विद्रोह का विस्फोटक रूप सामने आया। इतिहासकार इमामुद्दीन अहमद ने अपनी पुस्तक 'वहाबी मूवमेंट' में लिखा है—"जब आंदोलन शुरू हुआ तो पीर अली ने स्थानीय बहावी नेता फरहत हुसैन से संपर्क किया। पीर अली को अली करीम से संपर्क करने का निर्देश दिया गया था। पटना में बहावियों के अतिरिक्त दो दल काम कर रहे थे—एक लखनऊ का दल, जिसमें पीर अली, यूसुफ अली और इमामुद्दीन काम कर रहे थे; दूसरा दल अली करीम, वारिस अली तथा अन्य लोगों का था। दोनों दलों के बीच मिलकर काम करने का प्रयास शुरू हो गया था। पीर अली को निर्देश दिया गया था कि वह अली करीम और अन्य लोगों से संपर्क कायम करें।" पटना के तत्कालीन कमिश्नर विलियम टेलर को इस विद्रोह का आभास पहले से था। उसने यथाशक्ति यूरोपियन नागरिकों की सुरक्षा के लिए समुचित व्यवस्था पहले ही कर ली थी। उसने नगर में होनेवाली शासन-विरोधी गतिविधियों के संदेह के आधार पर कई प्रमुख नेताओं को गिरफ्तार कर उनके अस्त्र-शस्त्र भी जब्त कर लिये। उसने सतर्कता के लिए 9 बजे रात के बाद शहरवासियों के घर से निकलने पर प्रतिबंध लगा दिया। उसका लक्ष्य था—विद्रोहियों की रात्रि बैठकों को रोकना।

अपनी काररवाई से टेलर काफी संतुष्ट था। उसे लगा कि शासन के विरुद्ध किसी षड्यंत्र या विद्रोह की कोई संभावना नहीं है। इसी बीच 23 जून को वारिस अली नामक एक सिपाही की तिरहुत में हुई गिरफ्तारी और

उसके पास से बरामद पत्रों को देखकर वह हतप्रभ रह गया। उन बरामद पत्रों से स्पष्ट था कि अली करीम और कई अन्य लोग ऐसे थे, जो गुप्त रूप से ब्रिटिश शासन के विरुद्ध षड्यंत्र में संलग्न थे। टेलर ने अली करीम को गिरफ्तार करने का भरपूर प्रयास किया। उसका फरार होना वस्तुतः अंग्रेजी शासन के लिए एक चुनौती थी। इसका अर्थ था कि सारी काररवाइयों के बावजूद विद्रोह की आग ठंडी नहीं हो पाई थी।

3 जुलाई, 1857 को पादरी की हवेली से गिरफ्तार इमामुद्दीन ने टेलर को अपने बयान में बताया कि वह पीर अली के द्वारा नियुक्त किया गया था। उसे कहा गया था कि उसे दीन (धर्म) और बादशाह के लिए लड़ना है। इस काम के लिए उसे पिछले तीन महीनों से एक निश्चित रकम दी जाती थी। इस तरह के कई लोग रकम नियमित पाते थे। यह रकम नगर के रईस लुत्फ अली खान और अन्य सक्षम लोगों से दी जाती थी। घटनाक्रम से घसीटा खलीफा गिरफ्तार हुआ और उसे फाँसी पर लटका दिया गया। वह लुत्फ अली खान का दरोगा था। पीर अली से उसकी काफी नजदीकी थी।

क्रांति के लिए अजीमाबाद (पटना) में गुप्त बैठकों का सिलसिला चल रहा था। तयशुदा कार्यक्रम के तहत फौजियों में भी बगावत करने के लिए इनकलाब का पैगाम साधुओं और फकीरों द्वारा भेजा जाने लगा। अंग्रेजों को पता चला कि पटना पुलिस में मुलाजिम वारिस अली इसमें सक्रिय भूमिका निभा रहा है। अंग्रेजों ने उसे तत्क्षण गिरफ्तार कर लिया। तलाशी के दरम्यान उनके पास से तहरीरी दस्तावेज भी बरामद हो गए। कैदखाने में क्रांतिकारी गतिविधियों की जानकारी लेने के उद्देश्य से वारिस अली को जमकर यातना दी गई; मगर उनकी जुबान नहीं खुली। तब अंग्रेजों ने उन्हें मौत की सजा सुना दी। इस तरह वारिस अली ने बिहार में गदर का प्रथम शहीद होने का खिताब हासिल कर लिया।

वारिस अली की कुरबानी की खबर जैसे ही अन्य क्रांतिकारियों को मिली, उनके अंदर नया जोश, नई शक्ति का संचार हो गया। 3 जुलाई, 1857 को पटना सिटी में पीर अली के नेतृत्व में मातृभूमि के विप्लवी सपूत लगभग 150 की संख्या में निकले। अंग्रेजों के खिलाफ निकलनेवाला वह पहला जुलूस

था। जुलूस में शामिल हथियारबंद लोगों ने शहर के गुलजारबाग स्थित रोमन कैथोलिक चर्च पर हमला बोल दिया। वहाँ उपस्थित एक अंग्रेज पदाधिकारी डॉ. लॉयल उन विप्लवियों से मुकाबला करने के लिए आगे बढ़ा तो वह पीर अली के हाथों मारा गया। डॉ. लॉयल पटना ओपियम एजेंसी का डिप्टी ओपियम था। यह एक प्रभावशाली पद था, क्योंकि पटना ईस्ट इंडिया कंपनी के अफीम के कारोबार का बिहार का मुख्यालय था। डॉ. लॉयल का मारा जाना ईस्ट इंडिया कंपनी के लिए बहुत बड़ा धक्का था। चर्च से निकलकर जुलूस चौक की तरफ बढ़ा। तब तक पुलिस का एक बड़ा दस्ता वहाँ पहुँच गया। उसने पहुँचते ही गोलियाँ बरसानी शुरू कर दीं। एक विप्लवी मारा गया और कई अन्य बुरी तरह से घायल हो गए। घायलावस्था में ही उन्हें गिरफ्तार कर लिया गया। अंग्रेजों ने सैकड़ों बहावी मुसलमानों के घर पर छापे मारे। उनके मदरसों और बस्ती पर बुलडोजर चला दिया गया। फिरंगियों को शक था कि सारे बहावी मुसलमान दिल्ली के बहावी नेता अजीमुल्लाह से जुड़े हैं। कई लोगों को गिरफ्तार किया गया। शक की बुनियाद पर कई लोगों का कत्ल भी कर दिया गया। बेगुनाह लोगों पर जुल्म होते देख पीर अली ने खुद को फिरंगियों के हवाले करने का निश्चय किया। 6 जुलाई को ढेर सारे विप्लवियों के साथ पीर अली भी बंदी बना लिये गए। 7 जुलाई को विलियम टेलर ने मामले की सुनवाई की। उनमें से पीर अली समेत 21 लोगों को फाँसी की सजा और 23 को दस साल की सजा दी गई।

कमिश्नर विलियम टेलर ने अपनी पुस्तक 'आवर क्राइसिस ऑर थ्री मंथ्स एट पटना ड्यूरिंग द इंसरक्शन ऑफ 1857' में न चाहते हुए भी पीर अली की बहादुरी एवं साहस की प्रशंसा की है—"पीर अली गिरफ्तार किया गया और उसे फाँसी की सजा हुई।" जब पीर अली को यह सजा सुनाई गई, उसके बाद षड्यंत्र में शामिल और लोगों की जानकारी के लिए विलियम टेलर ने पीर अली को अपने कमरे में बुलाया। उस समय और अफसर भी मौजूद थे। अपनी पुस्तक में उसने लिखा है—"वह हथकड़ी-बेड़ियों से पूरी तरह जकड़ा हुआ था। उसके पूरे बदन से खून रिस रहा था। उसके कपड़े चीथड़े-चीथड़े होकर उसके जख्मों से चिपक गए थे। इसके बाद भी उसके

चेहरे पर चमक थी। एक क्षण के लिए उसने उत्तेजना, निराशा या डर की किसी भावना का प्रदर्शन नहीं किया। इसे देखकर हम सब आश्चर्यचकित रह गए। पीर अली की निडरता और इत्मीनानी से हम प्रभावित थे। इसके पहले हमने इतने निडर और बेखौफ बागी को नहीं देखा था।"

टेलर ने कहा, "बागियों की साजिशों के बारे में तुम बताओ तो तुम्हारी जान बख्श देने के बारे में सोचा जा सकता है।" यह सुनकर पीर अली ने कुछ अजीब तेवर से सबको देखा। फिर बताने से इनकार करते हुए बेबाकी से कहा, "जिंदगी में चंद मौके ऐसे आते हैं, जब जान बचाना अक्लमंदी का काम होता है। मगर बाकी मौके ऐसे भी आते हैं, जब जान की परवाह न करना और 'उसूल-ओ-दयानत' की खातिर अपने आप को कुरबान कर देना इनसानियत की मीराज (उदाहरण) होती है।"

इसके बाद पीर अली ने सबको बड़ी घृणा से देखा। कड़ाई से तेज लहजे में कहा, "तुम लोग मुझे और मेरे साथियों को फाँसी की सजा तो दे सकते हो, मगर याद रखो कि हमारे खून के छींटों से हजारों मुजाहिदीन (विद्रोही) के दिलों में नया खून और आजादी का नया जोश ऐसा पैदा होगा कि तुम्हारी हुकूमत तबाहो-बरबाद हो जाएगी।" इस अवज्ञा प्रदर्शन के बाद उन्होंने हथकड़ियों में बँधे अपने दोनों हाथ जोड़े और अधिकतम विनम्रता के साथ कहा, जैसे मेरे साथ उसका रिश्ता बेहतरीन हो, "मुझे कुछ पूछना है ?"

"कहो, क्या है ? बोलो।"

"मेरा घर जमींदोज कर दिया जाएगा। मेरी जायदाद जब्त कर ली जाएगी। मेरे बच्चे···" इसी पर आकर पहली बार उनकी आवाज काँपी और स्वर भावुक-सा हो गया।

इसके बाद उन्होंने सलाम किया। आदेश मिलने पर सम्मान के साथ उठ खड़े हुए और बिना विचलित हुए और जैसे बिल्कुल चिंता-मुक्त, बाहर चले गए।

7 जुलाई, 1857 के दिन पीर अली के साथ उनके 21 साथियों को पटना के बाँकीपुर लॉन (गांधी मैदान) के पश्चिमी-उत्तरी कोने की सड़क पर फाँसी पर लटका दिया गया। आज उस स्थल पर उनके नाम से एक

पार्क है। पटना हवाई अड्डे के निकट एक पथ का नामकरण भी 'पीर अली खान' के नाम से कर दिया गया है। पीर अली आज भी हमारे दिलों में जिंदा हैं। उनका जीवन सच्चाई और महाबलिदान की प्रेरणा है, जो इतिहास में सदा अमिट रहेगी। पीर अली उसी अमरता के प्रतीक हैं।

□

'बिहार केसरी' डॉ. श्रीकृष्ण सिन्हा

बिहार में संसदीय प्रणाली को सुचारु रूप से चलाने और आधारभूत संरचना विकास की नींव रखने में अतुलनीय, अद्वितीय और अविस्मरणीय योगदान के कारण डॉ. श्रीकृष्ण सिन्हा को 'आधुनिक बिहार का निर्माता' कहा जाता है। अधिकांश लोग सम्मान व श्रद्धा से उन्हें 'बिहार केसरी' और 'श्री बाबू' के नाम से भी संबोधित करते हैं। भारतीय राष्ट्रीय आंदोलन के दौरान बिहार में क्रांतिकारी नेता की भूमिका उन्होंने निभाई थी। इससे वे जनता की जुबान पर अपने नाम तथा गुण से चढ़ गए थे। सन् 1935 में भारत सरकार अधिनियम के अंतर्गत प्रांतों को मिली स्वायत्तता के आधार पर हुए चुनाव में जीतकर सन् 1937 में बिहार राज्य के प्रधानमंत्री और 1947 में आजादी के बाद से 1961 में देहावसान के दिन तक बिहार के प्रथम मुख्यमंत्री का जो गौरव उन्होंने पाया, वह उनके व्यक्तित्व के सर्वथा अनुरूप था। बिहार को आधुनिक बिहार बनाने के लिए उद्योग, कृषि, शिक्षा, सिंचाई, स्वास्थ्य, कला और सामाजिक क्षेत्र में जो क्रांतिकारी काम उन्होंने किया, वैसा काम भारत के अन्य किसी राज्य में नहीं हुआ। उन्होंने आजाद भारत की पहली रिफाइनरी बरौनी में, प्रथम खाद कारखाना सिंदरी एवं बरौनी में, एशिया का सबसे बड़ा इंजीनियरिंग कारखाना भारी उद्योग निगम के नाम से हटिया (राँची) में, स्टील प्लांट बोकारो में, डेयरी बरौनी में, एशिया का सबसे बड़ा रेल एव सड़क पुल राजेंद्र पुल मोकामा में, कोशी प्रोजेक्ट, पुसा-सबौर में कृषि कॉलेज; तीन विश्वविद्यालयों—बिहार, भागलपुर और राँची की स्थापना कर जो अतुलनीय कार्य किया, उसी से आधुनिक बिहार का जन्म हुआ। इसके पूर्व प्राचीन बिहार मात्र कृषि आधारित था। संसद् के

द्वारा नियुक्त फोर्ड फाउंडेशन के प्रसिद्ध अर्थशास्त्री एपेल्लवी ने अपनी रिपोर्ट में तब के बिहार को देश का सबसे बेहतर शासित राज्य माना था और इसकी अर्थव्यवस्था को देश की दूसरी सबसे बेहतर अर्थव्यवस्था बताया था। लंदन विश्वविद्यालय में लोक प्रशासन के एक प्रोफेसर ने लिखा था कि भारत में श्रीकृष्ण सिन्हा के नेतृत्व में बिहार, बी.जी. खेर के नेतृत्व में बंबई और टी. प्रकाशम के नेतृत्व में मद्रास का प्रशासन सबसे कुशल है।

मन और तन दोनों से श्रीकृष्ण सिन्हा केसरी की तरह हमेशा रहे। उनका जन्म उस क्षेत्र में हुआ, जो क्रांति, संघर्ष, ज्ञान और नई तलाश की धरती रही है। 21 अक्तूबर, 1887 को उनका जन्म अपने ननिहाल नवादा जिले के खनवा गाँव में हुआ। उनका पैतृक गाँव माउर आज के शेखपुरा जिले में है। इस गाँव में उनकी स्मृति का एक प्रवेश द्वार खड़ा है। मूल रूप में यह क्षेत्र अंग और मगध का सीमावर्ती क्षेत्र है। इसी धरती पर महावीर, वराह मिहिर, आर्यभट्ट जैसे ऋषियों, वैज्ञानिकों, गणितज्ञों का जन्म हुआ था।

श्रीकृष्ण सिन्हा के पिता हरिहर सिंह एक छोटे जमींदार थे। उनकी सज्जनता, न्यायप्रियता, धर्मपरायणता और मानवता दूर-दूर तक प्रसिद्ध थी। उनका गहरा प्रभाव बालक श्रीकृष्ण सिन्हा पर पड़ा, जो आगे चलकर उनके कृतित्व एवं व्यक्तित्व में परिलक्षित हुआ। श्रीकृष्ण सिन्हा की प्रारंभिक शिक्षा घर पर ही संपन्न हुई। शुरुआत में उन्हें उर्दू भाषा की शिक्षा मिली। तदुपरांत हिंदी की शिक्षा दी गई। उन्हें अक्षर-ज्ञान करानेवाले गुरु लक्ष्मीदास थे। माउर गाँव में ही उनके पिता द्वारा स्थापित एक प्राथमिक विद्यालय था, जिसमें श्रीकृष्ण सिन्हा की स्कूली पढ़ाई हुई। उसी दौरान उनकी प्रतिभा की चमक देखने को मिली। घंटों पाठ्य-पुस्तकों से जुड़े रहना उनका शगल था। उन्होंने कक्षा दो से सातवीं तक की परीक्षा प्रथम श्रेणी में उत्तीर्ण की। अपनी विशिष्ट प्रतिभा के चलते उन्हें छात्रवृत्ति भी मिली। आगे की पढ़ाई के लिए वे मुंगेर जिला स्कूल में भरती कराए गए। मुंगेर से मैट्रिक की परीक्षा प्रथम श्रेणी में उत्तीर्ण करने के बाद उच्च शिक्षा के लिए उन्होंने पटना कॉलेज में दाखिला लिया। पटना कॉलेज में पढ़ाई के दौरान उन्होंने रूसो के ग्रंथ, अमेरिकी स्वातंत्र्य युद्ध का इतिहास और फ्रांसीसी राज्य क्रांति साहित्य का भरपूर अध्ययन किया। इस अध्ययन ने श्रीकृष्ण सिन्हा के विचारों को विस्तृत आयाम प्रदान किया।

कलकत्ता विश्वविद्यालय से उन्होंने एम.ए. और कानून की पढ़ाई की। श्रीकृष्ण सिन्हा को व्याख्याता बनने का बड़ा शौक था; लेकिन अपने बड़े भाई की प्रेरणा से उन्होंने मुंगेर में वकालत शुरू की। मुंगेर में ही वे राजनीतिक विचारों और गतिविधियों के संपर्क में आए। 19वीं शताब्दी के उत्तरार्ध और 20वीं शताब्दी के पूर्वार्ध का यह समय भारतीय स्वातंत्र्य चेतना के लिए बहुत महत्त्वपूर्ण था। भारतीय जनता में स्वतंत्रता की आग जल चुकी थी। वर्ष 1915 में दक्षिण अफ्रीका से गांधीजी का आगमन हुआ। इस समय तक वे तिलक और अरविंद घोष के क्रांतिकारी विचारों से लैस हो चुके थे। सन् 1916 में वाराणसी में गांधीजी की एक सभा थी। गांधीजी को देखने और सुनने की ललक में वे वाराणसी पहुँच गए। गांधीजी को सुनने के बाद वे उनके अनुयायी हो गए। उन्हें लगा कि गांधी के भाषण में सिर्फ गांधी के विचारों की आवाज नहीं है, बल्कि देश की गरीब जनता की आवाज है। इसलिए क्रांतिकारी विचारधारा के बावजूद वे गांधीजी के रचनात्मक अहिंसा के विचारों के प्रति समर्पित हो गए। सन् 1917 में जब महात्मा गांधी ने चंपारण सत्याग्रह की शुरुआत की, तब श्रीकृष्ण सिन्हा ने किसानों के जत्थे का नेतृत्व किया। सन् 1919 में रॉलेट ऐक्ट के विरुद्ध गांधीजी के आंदोलन में भी श्री बाबू ने साथ दिया। इसके बाद उनके जीवन की धारा ही बदल गई।

सन् 1920 में गांधीजी ने असहयोग आंदोलन शुरू किया। प्रथम विश्व युद्ध, रॉलेट ऐक्ट, जलियाँवाला बाग और चेम्सफोर्ड के सुधारों ने इसकी नींव रखी। जून 1920 में खिलाफत कमेटी की बैठक इलाहाबाद में हुई। कलकत्ता में 1920 में कांग्रेस का अधिवेशन हुआ, जिसमें श्री बाबू शामिल हुए और विधिवत् उनके राजनीतिक जीवन की शुरुआत हो गई। वर्ष 1922 से 1929 के राजनीतिक घटनाक्रम में साइमन आयोग की रिपोर्ट प्रमुख थी। 1929 में लाहौर में कांग्रेस का अधिवेशन हुआ और 'पूर्ण स्वतंत्रता' की घोषणा कर दी गई। गांधीजी के नमक कानून तोड़ो, विदेशी कपड़ों का त्याग, शराब की दुकानों पर धरना, किसानों के लगान नहीं देने जैसे विभिन्न आंदोलनों में श्री बाबू शिरकत करते रहे।

सविनय अवज्ञा आंदोलन के दौरान गांधीजी ने गुजरात में साबरमती आश्रम से लगभग 340 किलोमीटर की पद-यात्रा कर दांडी में अंग्रेजी हुकूमत के काले

नमक कानून को भंग किया था। उनके आह्वान पर बिहार में श्रीकृष्ण सिन्हा ने मुंगेर से गंगा नदी पार कर करीब 100 किलोमीटर लंबी दुरूह और कष्टप्रद पद-यात्रा कर गढ़पुरा के दुर्गा गाछी में अपने सहयोगियों के साथ अंग्रेजों के काले नमक कानून को तोड़ा था। गढ़पुरा के इस ऐतिहासिक नमक सत्याग्रह के बाद महात्मा गांधी ने उन्हें 'बिहार का प्रथम सत्याग्रही' कहा था।

श्रीकृष्ण सिन्हा की छवि और कद निरंतर बढ़ता गया। सन् 1935 में भारत सरकार अधिनियम के अधीन प्रांतों को अधिक स्वायत्तता देकर उत्तरदायी सरकार के गठन की प्रक्रिया में 1937 में चुनाव हुए। 11 में से 7 प्रांतों में कांग्रेस की जीत हुई। 20 जुलाई, 1937 को बिहार के प्रीमियर (प्रधानमंत्री) के रूप में श्रीकृष्ण सिन्हा ने शासन की बागडोर सँभाली। वर्ष 1937 से 1939 तक विधानसभा का कार्यकाल चला। 1939 में द्वितीय विश्व युद्ध शुरू हो गया। इसमें ब्रिटेन कूद पड़ा। युद्ध में भारतीय सैनिक जबरन शामिल किए गए। ब्रिटिश सरकार ने कांग्रेसी मंत्रिमंडल से सलाह लेने की भी जरूरत नहीं समझी। इसके विरोध में जोरदार आवाज उठी। 16 अक्तूबर, 1939 को प्रधानमंत्री श्री बाबू ने कांग्रेस की योजना के अनुरूप भारत को स्वाधीन देश घोषित करने की घोषणा कर दी और 31 अक्तूबर, 1939 को अपने मंत्रिमंडल का इस्तीफा सौंप दिया। इसका बिहार में जोरदार स्वागत हुआ।

वर्ष 1946 में बिहार में प्रांतीय असेंबली के चुनाव में श्री बाबू विधायक दल के नेता के रूप में पुनः निर्वाचित हुए। 2 जनवरी, 1946 को वे दूसरी बार बिहार के प्रीमियर बने। उन्होंने बिहार के निर्माण के लिए महत्त्वपूर्ण निर्णय लिये। 15 अगस्त, 1947 को प्रीमियर की भूमिका में श्री बाबू ने कहा, "हमारा तिरंगा झंडा 40 करोड़ हिंदुस्तानियों की आजादी का प्रतीक है। हम असेंबली में उन बच्चों को नहीं भूल सकते, जिन्होंने पटना सचिवालय पर झंडा फहराने के लिए गोली खाकर अपना बलिदान दिया। दो वर्षों में हमारे देश में गणतंत्र की स्थापना होगी और ब्रिटिश साम्राज्य का एक भी चिह्न नहीं रह जाएगा। भारत की सत्ता जनता के हाथों में होगी। इसके बाद हमारी जवाबदेही और बढ़ जाएगी।"

सन् 1947 में भारत को आजादी तो मिल गई थी, लेकिन ब्रिटिश साम्राज्य के शोषण, दोहन तथा लूट से पूरा भारतवर्ष कराह रहा था। बिहार की स्थिति

तो और भी भयावह थी। अशक्त बिहार, कल-कारखाना विहीन बिहार, गरीबी, अशिक्षा, भुखमरी, बेकारी और सामंती शोषण से त्रस्त बिहार श्रीकृष्ण सिन्हा के सामने था। बिहार में खनिज संपदा का विशाल भंडार तो था, लेकिन उनके उपयोग के लिए कल-कारखाने नहीं थे। बिहार के पास उपजाऊ भूमि तो थी, लेकिन बाढ़ एवं सुखाड़ की विभीषिका से किसान त्रस्त थे। सिंचाई सुविधा का घोर अभाव था। नई पीढ़ी को शिक्षित करने के लिए शिक्षण संस्थाओं का अभाव था, उच्च शिक्षा सुलभ नहीं थी। इसलिए मुख्यमंत्री की कुरसी पर आसीन होते ही उन्होंने बिहार को सही दिशा देने की कोशिश की।

श्री बाबू ने ग्राम्य जीवन को विकसित करने के लिए सबसे पहले सन् 1947 में पंचायती राज कानून बनाया। मंत्रिमंडल के गठन के दो माह के अंदर क्रांतिकारी कदम उठाते हुए जमींदारी प्रथा के उन्मूलन का विधेयक विधानसभा में पेश किया। उन पर चारों तरफ से दबाव पड़ने लगा कि यह विधेयक कानूनी स्वरूप ग्रहण नहीं कर सके। उस समय राजनीतिक, प्रशासनिक, सामाजिक तथा आर्थिक तंत्र पर जमींदारों का जबरदस्त प्रभाव था। विधानसभा में भी जबरदस्त विरोध हुआ। लेकिन श्रीकृष्ण सिन्हा ने किसी की न सुनी। 18 सितंबर,1947 को बहस का जवाब देते हुए श्रीकृष्ण सिन्हा ने इस विधेयक को बिहार के इतिहास में एक नए युग की शुरुआत बताया। उन्होंने विधेयक के विरोधियों को शिक्षा लेने की सलाह देते हुए कहा था कि जब संस्थाएँ जन-आकांक्षाओं को पूरा करने में असफल होती हैं तो क्रांति आती है। उसके बाद जमींदारी प्रथा समाप्त कर दी गई।

रैयतवाड़ी कानून में कई सुधार हुए। 27 फरवरी, 1948 को देवनागरी लिपि में लिखी हिंदी भाषा को बिहार की भाषा की स्वीकृति मिली। उन्होंने भूमि सुधार को भी सर्वोच्च प्राथमिकता दी। भूमि सुधार कानून 1950 में पास हुआ। श्री बाबू ने अपने शासन काल की इन उपलब्धियों से बिहार में गणतंत्र की नींव रखी। पिछड़ों को आगे लाने, अछूतों को समाज में सम्मान का दर्जा दिलवाने, अल्पसंख्यकों को निर्भयता प्रदान करने जैसे अनेक कार्य बिहार में क्रांतिकारी बदलाव के मील के पत्थर बने। उन्होंने जाति और राजनीति से ऊपर उठकर बिहार को आगे बढ़ाया। देवघर के मंदिर में एक हरिजन के साथ प्रवेश करने

का साहस दिखाया। बिहार को तकनीकी क्षेत्र में आगे बढ़ाया। कोशी नहर योजना, बरौनी की तेल शोधक इकाई, हटिया में भारी इंजीनियरिंग और बोकारो का इस्पात कारखाना उनके मुख्यमंत्रित्व काल में स्थापित हुआ। दामोदर घाटी निगम उनके कार्यकाल में ही स्थापित हुआ। श्री बाबू पूर्ण रूप से बिहार के अभिभावक हो गए। श्री बाबू जिस तरह अपनी शारीरिक बनावट की सुदृढ़ता से प्रतिष्ठित थे, उसी प्रकार उनके सिर पर हमेशा गांधी टोपी भी विराजती थी—सौम्यता का प्रतीक बनकर। उनके व्यक्तित्व का दूसरा बड़ा पक्ष है—ओजस्वी व अध्ययनपरक जीवन, जिसका पुट उनके प्रलयंकर भाषणों में प्रकट होता था। जब भी मौका मिलता, वे अपने विशाल पुस्तकालय कक्ष में बैठ जाते थे।

डॉ. श्रीकृष्ण सिन्हा के राजनीतिक सहयोगी रहे कांग्रेसी नेता और पूर्व मंत्री ललितेश्वर प्रसाद शाही ने अपने एक संस्मरण में उनके पुस्तक-प्रेम का जिक्र कुछ यूँ किया है—"जिला समस्तीपुर में सन् 1938 में एक सामाजिक उत्सव मनाया गया। उसमें श्री बाबू आए और मैं भी अपने पिता के साथ निमंत्रण पर पहुँचा। वहीं पर श्री बाबू से मेरी पहली मुलाकात हुई। श्री बाबू को देखकर मुझे थोड़ा आश्चर्य हुआ। वह व्यक्ति, जिसे 'बिहार केसरी' कहते हैं, जो ओजस्वी वक्ता है, दिन भर किताबों में डूबा हुआ है। मिलनेवालों से एक-दो बात से ज्यादा बात नहीं करते और फिर किताबों में लग जाते हैं। सिंह की तरह दहाड़नेवाले व्यक्ति को क्या हो गया है कि वे बहुत कम बोलते हैं। मेरी दूसरी मुलाकात उनसे हजारीबाग सेंट्रल जेल में सन् 1943 में हुई। दिन भर अपने ही 'सेल' में पड़े रहना, किताबों के बीच ही डूबे रहना। यदि कोई उनके सेल के पास पहुँचा तो एक-दो बातें कर लेना और फिर किताबों में ही डूबे रहना। जेल में हम नौजवान लोगों में से कुछ लोग खेल-कूद में, कुछ लोग क्लास लेने या करने में, कुछ लोग भोजन में तो कुछ लोग तिकड़म में लगे रहते थे। वहीं श्री बाबू किताब में डूबे रहते थे।"

जब श्रीकृष्ण सिन्हा जन सभाओं और विधानमंडलों में बोलते थे, तब उनकी शालीनता और विद्वत्ता सूर्य की तरह बिंबित होती थी। यही श्री बाबू की अपूर्व विलक्षण छविमयता थी, जो हमेशा बिहार में और दिल्ली तक छाई रहती थी। शरीर और मन की दृढ़ता का आधार उनके व्यक्तित्व का बिंब भी था।

नाटे कद के श्री बाबू जब बोलते थे तो मानो सरस्वती बोलती थीं। सुप्रसिद्ध साहित्यकार आचार्य शिवपूजन सहाय ने उन्हें 'ओजस्वी वक्ता' बताते हुए अपने एक संस्मरण में लिखा है—"पटना में आपका भाषण सर्वप्रथम सुना। नए खून में उबाल-सा आ गया। देखा कि आप बोलते समय स्वदेशाभिमान से उन्मत्त हो चुके हैं। बोलते-बोलते आपके मुख से फेन निकलने लग जाता, यहाँ तक कि आप हाँफने लग जाते। गले की नसें खूब तन जातीं, भुजाएँ फड़कतीं, उछलती रहतीं। बँधी मुट्ठी से दृढ़ संकल्प का संकेत मिलता। पैरों की धमक पृथ्वी को सचेत करती। कभी-कभी पानी पीकर आप कुछ दम लेते, फिर पानी पी-पीकर निर्भीक स्वर में विदेशी सरकार को कोसते। तेजस्वी वाणी के उत्तेजक स्वर से सभा-स्थल गूँजता रहता। आपके चेहरे की तमतमाहट लोगों में जीवट भर देती। मेरे तो रोंगटे खड़े हो गए। आँखों में रह-रहकर आँसू उमड़ पड़ते। रगों में बिजली दौड़ गई। दिल में नई उमंगें लहराने लग गईं। उन दिनों आपकी जवानी पूरे ओज पर थी। लाउडस्पीकर का वह युग नहीं था। बड़ी-से-बड़ी सभा में भी नेता या वक्ता को अपनी वाणी शक्ति की ही आजमाइश करनी पड़ती थी। आपकी वाणी निस्संदेह बड़ी शक्तिशालिनी थी। राष्ट्रीय जोश का ज्वार-भाटा जितना उन दिनों हहास बाँटकर आता रहा, उतना अब संभव भी नहीं। फिर भी, यह कहना पड़ेगा कि आपकी समर्थ वाणी ही आपके लिए 'बिहार केसरी' की उपाधि लाने में समर्थ हुई। जिन्होंने गांधीजी के अहिंसात्मक आंदोलन के आरंभिक युग में आपके सनसनीदार भाषण सुने थे, वे कभी यह कहते न हिचकेंगे कि सचमुच आप बोलते नहीं, दहाड़ते थे।"

श्रीकृष्ण सिन्हा के व्यक्तित्व की एक और बड़ी खूबी यह थी कि वे एक गैर-समझौतावादी नेता थे। उन्होंने अपने मूल्यों एवं सिद्धांतों से कभी समझौता नहीं किया। चाहे राजनीति हो या प्रशासन, उसके सही कार्यों और निर्णयों में उन्होंने अपने राजनीतिक नफे-नुकसान की कभी परवाह नहीं की। सिद्धांतत: किसी भी चुनाव के समय दो-तीन महीने पहले से वे अपने चुनाव-क्षेत्र में नहीं जाया करते थे। सन् 1952 के विधानसभा चुनाव के दौरान के एक प्रसंग से उनकी मूल्यपरक एवं गैर-समझौतावादी राजनीति का अंदाजा लगाया जा सकता है। उस प्रसंग का वर्णन पशुपति नाथ सिंह ने अपने एक आलेख

'व्यक्तित्व और कृतित्व' में कुछ इस प्रकार किया है—"1952 के चुनाव में श्रीकृष्ण सिन्हा मुंगेर जिला के खड़गपुर विधानसभा क्षेत्र से चुनाव लड़ रहे थे। यहाँ उनका अपने प्रतिद्वंद्वी से कड़ा मुकाबला था। सिद्धांततः वे चुनाव के समय अपने क्षेत्र में नहीं जाया करते थे। उनके निर्वाचन-क्षेत्र के शुभचिंतकों व समर्थकों ने सोचा कि अगर श्रीकृष्ण सिन्हा एक बार अपने क्षेत्र में चले आएँ तो उनकी जीत सुनिश्चित हो जाएगी। उनके चुनाव को संचालित कर रहे प्रसिद्ध स्वतंत्रता सेनानी नंदकुमार सिंह ने पटना में उनसे कहा कि 'आपके निर्वाचन क्षेत्र की जनता आपके दर्शन करना चाहती है।'

उन्होंने तुरंत भाँप लिया कि उन्हें खड़गपुर जाकर मतदाताओं से मिलने तथा वोट माँगने की सलाह दी जा रही है। श्रीकृष्ण सिन्हा ने छूटते ही कहा, 'मैं किसी से अपनी सिफारिश करने नहीं जाऊँगा। मैं अनेक वर्षों तक मुंगेर की जनता के बीच रहा हूँ। यथाशक्ति मैंने उनकी सेवा की है और करता रहूँगा। फिर भी, यदि मैं चुनाव हार जाता हूँ तो मैं यही समझूँगा कि जन-सेवा में कहीं-न-कहीं मुझसे त्रुटि हुई है। मैं काम करने में विश्वास करता हूँ। मैं न कभी चुनाव के मौके पर अपने निर्वाचन क्षेत्र में गया हूँ और न कभी जाऊँगा। जनता मुझे जानती है और अगर वह आज मुझे छोड़कर किसी दूसरे को अपना प्रतिनिधि चुनना चाहती है तो उसे अपनी इच्छा पूरी करने का पूर्ण अधिकार है। जनता जो भी फैसला करेगी, वह मुझे मान्य होगा।" इसके बाद उन्होंने खड़गपुर जाना अस्वीकार कर दिया। नंदकुमार बाबू खाली हाथ लौट गए। उस समय यह आम चर्चा का विषय था कि इस बार श्रीकृष्ण सिन्हा चुनाव में विजयी नहीं होंगे। फिर भी, चुनाव क्षेत्र में जाने से इनकार कर जनता में अपार विश्वास रखने का अद्वितीय साहस उन्होंने दिखाया था। लोकतांत्रिक व्यवस्था के इतिहास में अपनी जनता के प्रति अटूट विश्वास की यह खासियत रही है कि वर्ष 1937 से 1957 के बीच किसी चुनाव में उन्हें वोट माँगने के लिए अपने निर्वाचकों के नजदीक नहीं जाना पड़ा और वे हमेशा विजयी होते रहे। बहरहाल, इस चुनाव में भी श्रीकृष्ण सिन्हा विजयी रहे।"

चुनाव में विजयी होने के बाद कांग्रेस विधायक दल की बैठक हुई, जिसमें सर्वसम्मति से श्रीकृष्ण सिन्हा विधायक दल के नेता चुने गए। उनके नेतृत्व में

कांग्रेस की सरकार बनी और उन्हें नए संविधान के अंतर्गत बिहार का प्रथम मुख्यमंत्री होने का सौभाग्य मिला।

डॉ. श्रीकृष्ण सिन्हा का व्यक्तित्व हर दृष्टिकोण से राष्ट्रीय था। वे चाहते तो राष्ट्रीय राजनीति में जा सकते थे, लेकिन वे बिहार में ही बने रहे। उन्होंने जी भरकर अपने प्रांत की सेवा की। जब कभी यह प्रयास हुआ कि वे दिल्ली जाएँ, तो उन्हें यह मंजूर न हुआ और न बिहार की जनता को, क्योंकि यह आम धारणा थी कि श्रीकृष्ण सिन्हा के बिना बिहार सूना पड़ जाएगा।

सन् 1961 में बिहार के मुख्यमंत्री पद पर रहते हुए उनका देहांत हो गया। उनकी शवयात्रा में साथ-साथ अपार भीड़ भी पैदल चलती रही। वह भी एक स्मृति है। हर युग में एक महापुरुष पैदा होता है, जो समय से आगे का स्वप्न देखता है। डॉ. श्रीकृष्ण सिन्हा वैसे ही महापुरुष थे। श्रीकृष्ण सिन्हा आज हमारे बीच भले ही नहीं हैं, किंतु उनका आदर्श और कृतित्व युगों-युगों तक देशवासियों के मन-प्राण पर अमिट छाप छोड़ता रहेगा।

□□□